영남대학교 독도연구소
독 도 연 구 총 서 30

독도의 역사적 권원의 대체에 관한
역사 · 국제법 융복합 연구

김명기 · 이태우 · 김도은 지음

박문사

이 책은 2022년 대한민국 교육부와 한국연구재단의 지원을 받아 수행된 연구임
(NRF-2022S1A5C2A03090355)

머리말

신라 지증왕 13년(512년)에 신라 이사부 장군이 우산국을 정복하여 독도는 신라의 영토로 되었다. 우산국은 오늘날의 울릉도와 독도로 구성되어 있었다. 역사적 사실에 근거한 영토주권의 권원을 역사적 권원(historic title) 또는 본원적 권원(original title)이라 한다. 위의 이사부 장군의 우산국 정복에 의한 신라의 독도 영토주권의 권원은 역사적 권원이다. 국제법상 역사적 권원으로 인정될 뿐 그 권원은 국제법상 권원으로 인정되지 않는다. 따라서 신라의 우산국 정복에 의한 독도영토주권의 권원은 역사적인 권원일 뿐 국제법상 권원으로 인정되지 않는다. 역사적 권원은 현대 국제법상 권원으로 인정되기 위해서는 역사적 권원을 현대국제법상 권원으로 권원의 대체(substitution of title)를 이룩하여야 한다. 그러므로 신라 이사부장군의 우산국 정복에 의해 취득된 신라의 독도에 대한 역사적 권원을 오늘의 국제법상 권원으로 주장하기 위해서는 이 역사적 권원을 현대국제법상 권원으로 권원의 대체를 이룩함을 요한다. 권원의 대체를 이룩하지 않는 역사적 권원은 법적 효력이 없고 권원의 대체를 이룩한 역사적 권원은 국제법상 실효되고 있다.

고종황제는 1900년 10월 25일 "대한제국 칙령 제41호"를 발하여 신라의 독도에 대한 역사적 권원을 현대국제법상 권원으로 권원의 대체를 이룩한 바 있다. 따라서 "대한제국 칙령 제41호"는 독도의 역사적 권원을 국제법상 권원으로 권원의 대체를 이룩한 중대한 의미를 갖는다. 그러나 우리나라의 독도정책을 입안·결정하는 국가기관 담당자의 대부분은 물론 국민 대부분은 국제법상 역사적 권원의 대체의 의미와 그 효과를 이해하고 있지 않는 것이 현실인 것 같다. 이 작은 책자가 독도의 역사적 권원의 법리와 효과를 독도 정책의 입안·결정은 물론 우리 국민 모두에게 국제법상 역사적 권원의 대체의 법리와 효과를 보급하여 한국의 독도영토주권의 수호에 미호의 도움이 되었으면 하는 것이 저자의 작은 뜻임을 여기 표명하는 바이다.

시장성이 거의 없는 졸서의 출판을 받아준 박문사 윤석현 사장님의 독도수호의 애국적 의지에 경의를 표하며, 저자의 독도연구의 의로운 길에 격려를 준 대한국제법학회, 세계국제법학회, 독도조사연구학회, 영남대학교 독도연구소, 국립중앙도서관의 선후배, 동료 여러분께 감사드린다. 몸이 불편한 저자의 원고집필 작업을 도와준 가족 모두에게 진정 감사의 뜻을 전한다.

우리들 저자 각 3인은 비록 미력하나마 우리나라 영토를 수호하려는 숭고한 애국적 투지로 굳게 단합하여 공동연구를 수행하였다는 자긍심을 갖고 우리의 영토 독도를 수호하려는 선도적 연구를 계속할 것이며 우리들 3인의 연구를 격려해 줄 모든 이에게 진정 감사의 뜻을 전한다.

2023년 5월
저자 씀

故김명기 교수님을 추모하며

이 책은 故김명기 교수님이 쓰신 마지막 저술입니다. 지난 5월 초고를 완성하여 공동저자들(이태우·김도은)과 최종 교정 작업을 마무리 하시던 중 평소 지병이 악화되어 10월 초에 유명을 달리하셨습니다. 갑작스러운 교수님의 부음을 전해 듣고 우리 독도연구소는 애통함과 안타까운 마음을 감출 수 없었습니다.

교수님께서는 우리 독도연구소의 공동연구원으로 활동하신 지난 15년간 (2007~2022) 많은 업적을 남기시고, 연구소의 연구역량을 심화시키는데 큰 기여를 하셨습니다. 영남대 독도연구소에서 발간한 연구서만 10권, 발표한 논문만 20여 편이 됩니다. 영남대 독도연구소의 공동연구원으로서 각별한 열정과 애정으로, 만년에는 연구하신 연구서와 논문 대부분을 우리 연구소에서 간행하셨습니다.

교수님께서 영남대 독도연구소에 간행하신 저서와 논문을 일별해 보면 아래와 같습니다.

1. 영남대 독도연구소 발간 김명기 교수 연구서 목록

1. 독도연구총서 10. 『독도의 영유권과 국제해양법』, 선인, 2014, 738쪽.

2. 독도연구총서 11.『독도총람』, 선인, 2015, 1188쪽.

3. 독도연구총서 16.『대일평화조약상 독도의 법적 지위』, 선인, 2016, 586쪽.

4. 독도연구총서 17.『한국의 독도영토주권의 국제적 승인』, 선인, 2016, 379쪽.

5. 독도연구총서 20.『남중국해사건에 대한 상설중재재판소의 판정』, 선인, 2018, 350쪽.

6. 독도연구총서 22.『정부수립론의 타당성과 한국의 독도영토주권』, 선인, 2019, 375쪽.

7. 독도연구총서 24.『한일합방조약 부존재론과 독도의 법적 지위』, 선인, 2020, 526쪽.

8. 독도연구총서 25.『독도고지도에 대한 국제지도증거법 규칙의 분석적 적용효과』, 선인, 2021, 452쪽.(김도은 공저)

9. 독도연구총서 28.『독도경비대의 군경비대 대체에 관한 법적 제 문제』, 선인, 2022, 429쪽.(김도은 공저)

10. 독도연구총서 30.『독도의 역사적 권원의 대체에 관한 역사·국제법 융복합 연구』, 박문사, 2023.(이태우·김도은 공저)

2. 영남대 독도연구소 학술지『독도연구』발표 김명기 교수 논문 목록

1.「국제법상 일본의 독도영유권주장에 대한 대일 항의에 관한 연구」,『독도연구』제5호, 2008.12.

2.「국제법상 지도의 영토권원 인정 증거에 관한 연구」,『독도연구』제7호, 2009.12.

3. 「일본 총리부령 제24호와 대장성령 제4호에 의한 한국의 독도영토주권의 승인」, 『독도연구』 제9호, 2010.12.

4. 「국제법상 쇄환정책에 의한 독도영토주권의 포기여부 검토」, 『독도연구』 제10호, 2011.6.

5. 「국제법상 지리적 근접성의 원칙과 독도」, 『독도연구』 제11호, 2011.12.

6. 「사법적 재판의 사실상 법원성과 독도영유권의 역사적 권원의 대체」, 『독도연구』 제12호, 2012.6.

7. 「SCAPIN 제677호에 관한 한국정부의 견해 검토」, 『독도연구』 제13호, 2012.12.

8. 「독도영유권 분쟁의 국제연합 안보리에 의한 평화적 해결」, 『독도연구』 제14호, 2013.6.

9. 「맥아더 라인의 독도영토주권에 미치는 법적 효과」, 『독도연구』 제15호, 2013.12.

10. 「한국의 독도영토주권을 훼손한 한일어업협정에 관한 연구」, 『독도연구』 제16호, 2014.6.

11. 「일본 정부의 독도 영유권 문제에 관한 일방적 제소에 대한 대응조치」, 『독도연구』 제17호, 2014.12.

12. 「대일평화조약 제2조 (a)항에 규정된 울릉도에 독도의 포함여부 문제의 검토」, 『독도연구』 제18호, 2015.6.

13. 「밴프리트 귀국보고서의 대일평화조약의 준비작업 및 후속적 관행여부의 검토」, 『독도연구』 제19호, 2015.12.

14. 「대일평화조약의 독립승인조항과 권리포기조항에 의한 한일합방조약의 유효승인」, 『독도연구』 제20호, 2016.6.

15. 「독도연구의 기본 방향」, 『독도연구』 제22호, 2017.6.

16. 「미8군부사령관 Coulter 장군의 독도폭격 연습기지 사용인가 신청에 의한 미국정부의 한국의 독도영토주권 승인」, 『독도연구』 제24호, 2018.6.
17. 「대한제국칙령 제41호 전후 조선의 독도에 대한 실효적 지배 – 다케시마 10포인트 제6포인트 제7항에 대한 비판 – 」, 『독도연구』 제25호, 2018.12.(김도은 공저)
18. 「한국정부의 독도의 역사적 권원 주장에 관한 연구」, 『독도연구』 제29호, 2020.12
19. 「국제법상 주도와 속도의 법이론에 근거한 울릉도의 속도인 독도의 법적 지위에 관한 연구 – 학설과 판례를 중심으로 – 」, 『독도연구』 제31호, 2021.12.
20. 「동해에 위치한 독도의 중간수역의 문제점 분석연구」, 『독도연구』 제32호, 2022.6.(김도은 공저)

이 책의 출판은 작년 2022년 5월 김명기 교수님께서 영남대 독도연구소에 마지막 기여를 하고 싶다는 희망을 피력하시고 공동연구서 출판을 제안하시면서 시작되었습니다. 김명기 교수님께서 국제법 분야를, 공동저자인 이태우·김도은이 역사 분야와 부록 부분을 맡아 역사와 국제법 융복합 연구를 해보면 좋겠다는 의사를 표명하셨습니다. 교수님께서 쌓으신 연구업적에 비해 공동연구자들의 역량이 부족함에도 불구하고 교수님의 격려로 연구가 진행되었습니다. 그러나 아쉽게도 출판사에 최종원고를 넘기기 직전 마지막 원고를 검토하시던 중 작고하셨기에 불가피하게 최종 검토 작업을 애제자이신 유하영 박사님이 맡아주셨습니다. 바쁘신 중에도 최종 원고 검토를 해주신 유하영 박사님께 깊은 감사를 드립니다.

돌이켜 생각해보니 이 책은 교수님이 본인의 운명을 직감하시고 평소에 애정을 갖고 계신 영남대 독도연구소에 남긴 마지막 선물인 것 같습니다. 동시에 후배연구자들이 독도연구에 더욱 진력하라는 무언의 메시지라 생각합니다.

교수님께서 영남대 독도연구소에 끼친 영향이 지대하시기에 떠나신 빈자리가 더욱 커 보입니다. 교수님께서 평소 보여주신 독도 수호를 위한 애국심과 열정, 독도연구에 대한 애정은 영남대 독도연구소와 함께 영원히 기억될 것입니다. 다시 한번 故김명기 교수님의 명복을 빕니다.

영남대학교 독도연구소 일동

김명기 교수님 생전 사진

故김명기 교수님 만년 모습

대한국제법학회 독도학술조사단 일행 독도 방문 기념사진(1979.3.27., 독도국기게양대 앞에서). 좌로부터
홍순칠 독도의용수비대장, 박종성 단국대 교수, 김명기 교수(우측 군복차림, 당시 육군사관학교 교수)

〈2017 대한민국 독도 원로 라운드테이블(영남대)〉 회의에서 토론하는 모습

〈2017 대한민국 독도 원로 라운드테이블〉 회의에서 토론하는 모습(좌로부터 김도은 동해연구소 독도전문연구센터 연구원, 故김명기 교수, 최재목 영남대 독도연구소 소장)

목차

제1장

서론

"독도는 역사적·지리적·국제법적으로 한국의 고유영토이다."라는 것이 한국정부의 독도 영유권에 관한 기본입장이다. 독도가 역사적으로 한국영토인 근거로『삼국사기』의 기록을 인용하여 신라 지증왕 13년(512년) 이사부가 우산국을 정복하여 그때부터 독도는 한국영토로 귀속된 것이므로 독도는 역사적으로 한국영토라는 것이 한국정부의 주장이다. 한국정부가 독도의 영토주권이 한국에 귀속된다는 주장을 할 경우 예외 없이 신라 지증왕 13년에 이사부의 우산국 정복에 의한 독도 영토주권의 취득에 의한 신라의 역사적 권원의 취득을 제시한다. 그러나 역사적 권원은 현대국제법에 의해 타당한 권원으로 대체되지 않는 한 현대국제법상 법적 효력이 없다는 것이 판례와 학설에 의해 일반적으로 승인된 국제관습법이다. 이와 같이 역사적 권원의 대체에 관한 국제관습법에 의하면 한국정부가 주장한 한국의 독도 영토주권의 역사적 권원은 현대국제법에 의해 대체되지 않는 한 국제법상 독도 영토주권의 권원으로 법적 효력이 없는 것이다.

　상술한 바와 같이 한국정부는 한국이 독도 영토주권의 역사적 권원을 제시하지만 이 역사적 권원의 대체에 관해서는 아무런 논급이 없다. 따라서 한국정부가 주장하는 독도 영토주권의 역사적 권원은 현대국제법에 의해 대체되지 않으면 현대국제법상 법적 효력이 없는 것이다.

　이 연구는 한국정부가 주장하는 독도 영토주권의 역사적 권원은 현대국제법에 의해 대체되지 않으면 국제법상 효력이 없다는 것과 역사적 권원의 대체가 요구된다는 점을 지적하여 장차 독도 영유권의 역사적 권원을 주장하기 위해서는 역사적 권원의 대체 조치가 요구된다는 정책대안을 제의하기 위해 시도된 것이다.

　이 연구의 법사상적 기초는 '법실증주의'이며, 연구의 방법은 '법해석론적 접근'이다. 따라서 이 연구의 대상은 lex ferenda가 아니라 lex lata인 것이다.

이하 (i) 제2장 선제적 과제, (ii) 제3장 역사적 권원의 대체 일반, (iii) 제4장 독도의 역사적 권원의 취득, (iv) 제5장 독도의 역사적 권원의 대체, (v) 제6장 한국정부의 독도의 역사적 권원의 주장 내용과 비판 순으로 논급하고, (vi) 결론에서 몇 가지 정책대안을 제의하기로 한다.

제2장

선제적 과제

'역사적 권원의 대체'는 국제 판례와 학설에 의해 인정되는 것이므로 '역사적 권원의 대체'를 이해하기 위해서는 이에 앞서 국제법의 연원과 국제 판례에 관해 이해함을 요한다. 그러므로 '역사적 권원의 대체'에 앞서서 그의 선결 과제로 이 장에서 '국제법의 연원'과 '국제판례'에 관하여 개관하기로 한다. 이는 국제법학자 이외의 독자에게 '역사적 권원의 대체'의 이해를 돕기 위한 것이다.

제1절
국제법의 연원

I. 국제법의 연원의 개념

1. 국제법 연원의 다의성

법의 연원(source of law)이란 로마법의 법의 연원(fontes juris)에서 유래한 용어로 국내법에서와 마찬가지로 국제법에서도 다음과 같이 극히 다의적으로 사용되고 있다.[1]

가. 법의 효력의 타당근거

법의 효력의 타당근거란 법이 효력을 가졌다고 하기 위하여서는 타당성과 실효성을 가져야 하는바 법의 타당성의 궁극적인 이유, 즉 법은 어떠한 기초 위에 성립되는가를 의미한다. 신념, 이성, 민족정신, 근본규범, 법적 확신 등은 이런 의미의 법원이다.

---

1 P.E. Corbett, "The Consent of States and the Source of the Law of Nations," *BYIL.*, Vol.6, 1925, pp.21-25; GJH. van Hoof, *Rethinking the Source of International Law* (Deventer: Kluwer Law and Taxation, 1983), pp.7-9; Robert Jennings and Arthur Watts(eds.), *Oppenheim's International Law*, 9th ed., Vol.1(London: Longman, 1992), p.23; Hans Kelsen, *Principles of International Law*, Robert W. Tucker(ed.), 2nd ed.(New York: Holt, 1967), p.347.

나. 법의 인식자료

법의 인식자료란 법의 존재의 인식을 가능케 하는 유형물, 즉 법의 존재를 확증하는 자료를 의미한다. 외교문서, 조약집, 학회의 결의서, 학자의 논문과 저서 등은 이런 의미의 법원이다.

다. 법의 존재형식

법의 존재형식이란 법의 정립·변경·폐기의 양식, 즉 법의 발현형식을 의미한다. '성문법·불문법'은 이런 의미의 법원이다.

2. 일반적 의미의 국제법 연원과 국제사법재판소의 준칙

가. 일반적 의미의 국제법 연원

일반적으로 국제법의 연원이란 법의 존재형식(existence in certain forms)의 의미로,[2] 즉 국제법 규칙의 창설방법(methods of creation of international legal rules)의 의미로 사용되며[3] 이를 '전통적 국제법의 법원'(traditional source of International Law)이라 한다. 그런 의미의 법원에는 성문법인 국제조약과 불문법인 국제관습법이 있다.[4]

나. 국제사법재판소의 준칙

국제사법재판소규정 제38조 제1항에 의하면 재판의 준칙으로 (ⅰ) 국제조약, (ⅱ) 국제 관습법, (ⅲ) 법의 일반원칙, (ⅳ) 판례와 학설을 들고 있다. 이것은 곧 국제사법재판소의 규정이라는 조약의 당사자가 국제사법재판소에서

---

2 Alf Ross, *A Textbook of International Law* (London: Longmans, 1947), p.79.

3 Michael Vially, "The Sources of International Law," in Max Sørensen(ed.), *Manual of Public International Law* (New York: Macmillan, 1968), p.120.

4 Mark W. Janis, *An Introduction of International Law* (Boston: Little Brown, 1988), p.4; Ross, *supra* n.2, p.79; Jennings and Watts(eds.), *supra* n.1, p.23.

재판을 받을 경우에 국제법의 법원을 표시한 것이다.

따라서 국제사법재판과정에서 당사자가 아닌 국제법의 주체에 대해서는 법의 일반원칙, 판례 등은 국제법의 법원이 될 수 없다고 보아야 할 것이다.

Ⅱ. 국제법의 연원

1. 국제조약

가. 의의

조약이란 문서에 의한 국제법주체간 합의를 내용으로 하는 성문국제법이다.[5]

(ⅰ) 조약은 명시적인 합의로서 문서(written form)에 의한 합의이며 구두에 의한 합의(oral agreement)는 그 자체로는 조약과 같이 법적 구속력이 있으나 그것을 조약으로 보지 않음이 일반적이다.[6] 그리고 문서는 하나의 문서에 서명하는 것이 일반적이나 교환공문, 교환각서처럼 별개의 문서에 서명하는 경우도 있다. 이와 같이 문서에 의한 합의의 형식은 제한이 없으며 그 형식은 조약당사자가 정한다.[7]

---

5 T.O. Elias, *The Modern Law of Treaties* (Leyden: Sijthoff, 1974), pp.13-14; George Schwarzenberger and E.D. Brown, *A Manual of International Law*, 6th ed.(Milton: Professional Books, 1976), pp.121-22; Lord McNair, *The Law of Treaties* (Oxford: Clarendon, 1961), pp.3-4.

6 Jennings and Watts(eds.), *supra* n.1, p.1201; Gerhard von Glahn, *Law Among Nations*, 4th ed.(New York: Macmillan, 1981), p.503; McNair, *supra* n.5, pp.7-8; Vienna Convention, Art, 2,1(a); ICJ., *Reports,* 1952, p.220; ICJ., *Reports,* 1962, pp.474-79.

7 Jennings and Watts, *supra* n.1, p.1208; ICJ., *Reports,* 1961, p.31.

(ⅱ) 조약은 국제법 주체간의 합의이나, 수동적 주체에 불과한 개인은 조약을 체결한 당사자능력이 없으며 능동적 주체인 국가 국제기구 교전단체 반도단체 등은 조약 당사자능력이 있다.[8]

(ⅲ) 국제연합 총회의 결의는 국가의 합의나, 조약은 아니다.[9] 이는 가끔 관습국제법의 근거가 되며[10] 또는 국제법 발전에 영향을 준다.[11] 이와 같이 법적 구속력은 없으나 형성과정에 있는 법을 연성법(soft law)이라 한다.[12]

나. 명칭

조약의 명칭은 여러 가지가 있으며 어느 것이나 국제법상 조약이며 체약당사자를 구속하는 효력에는 차이가 없다. 조약 · 협약 · 협정 · 약정 · 결정서 · 의정서 · 선언 · 규정 · 규약 · 합의서 · 각서 · 교환공문 · 잠정협약 · 헌장 등의 명칭을 사용하는 데 관한 국제법상 규정은 전혀 없다.[13]

다. 법원성

(ⅰ) 특수조약의 법원성

조약은 일반조약이든 특수조약이든 불문하고 법적 구속력을 갖는다.

---

8 Schwarzenberger and Brown, *supra* n.5, p.122.

9 Janis, *supra* n.4, p.43.

10 *Ibid.*; ICJ., *Reports,* 1975, pp.12, 31-37.

11 Janis, *supra* n.4, p.44; United Nations, General Assembly Resolution 3232(xxix), November 12, 1974, Preamble.

12 Mark E, Villiger, *Customary International Law and Treaties* (Dordrecht: Martinus, 1985), p.xxix.

13 Jennings and Watts(eds.), *supra* n.1, p.1208; McNair, *supra* n.5, pp.30-31; Schwarzenberger and Brown, *supra* n.5, p.121; JG.Starke, *Introduction to International Law,* 9th ed.(London: Butterworth, 1984), p.417; Glahn, *supra* n.6, p.481; Richard N. Swift, *International Law* (New York: John Wiley & Sons, 1969), pp.442-43; Kelsen, *supra* n.1, p.455; Gerard J. Mangone, *The Elements of International Law: Casebook* (Homewood: Dorsey, 1963), p.71.

(ⅱ) 국제법의 법원으로서의 지위

(가) 역할
국제 관습법이 조약보다 국제법의 법원으로서 더 중요한 역할을 한다.

(나) 효력순위
국제 관습법과 국제조약 간에 효력상 우열이 없다. 즉 양자는 동위의 국제법의 연원이다.

2. 국제관습법

가. 의의와 본질
국제관습법은 국제법으로서 수락된 일반적 관행을 말한다.[14] 그 본질에 관하여는 학설이 나누어져 있다.

(1) 묵시적 합의설
이 설에 의하면 국제관습법은 국제관행에 대한 국제법 주체간의 묵시적인 합의에 의한 국제불문법이라고 한다.[15]

(2) 법적 확인설
이 설에 의하면 국제관습법은 국제관행에 의하여 국제사회가 그것을 준수하는 것이 법적 의무라는 확신에 도달한 국제불문법이라고 한다.[16]
전설에 의하면 국제관습법은 묵시적인 합의에 의한 것이라고 하나, 그것은 의제에 불과하며 묵시적 합의가 있었다는 것을 증명할 수 없으며, 국제관습

---

14 Schwarzenberger and Brown, *supra* n.5, p.22.

15 *Ibid.*

16 *Ibid.*

의 형성에 참여하지 않았던 국가, 예컨대, 신생국가에도 국제관습법은 적용되며, 또 '국제사법재판소규정'은 조약에 관하여는 '분쟁당사국이 명시적으로 일정한 규제를 정립하는 일반 또는 특수조약'이라고 표시하여 조약은 명시적 합의로 이루어진다는 것을 명백히 하고 있으나 국제관습법에 관하여는 '법으로서 수락된 일반적 관행의 증거로서의 국제관습'이라고 표현하여 분쟁당사국에 의하여 승인됨을 필요치 않는 것으로 되어 있으므로 전설은 부당하다.[17] 전설은 일반적으로 국제법의 기초에 관한 자기제한설의 입장에 입각한 것이며, 후설은 법적 확신설의 입장에 입각한 것이다.

나. '성립요건'

(1) 관행의 존재

국제법 주체 간에 일정한 관행이 있어야 한다. 즉 일정한 사항에 대하여 동일한 내용의 행위가 반복 · 계속되고 있다는 사실이 존재해야 한다.[18] 이러한 관행은 일정기간 계속되어 형성된다. 그러나 최근에 단시일 안에 여러 국가의 관행이 광범하고 균일적으로 행하여지면 족하고 시간적 요인은 고려하지 아니하는 경향이 있다. 예컨대, 1963년의 '우주공간을 규율하는 법원칙선언', 1970년의 '심해저를 규율하는 원칙선언'과 같은 국제연합의 결의는 국제관습법의 선언이라는 것이다. 이렇게 성립된 관습법을 '즉석관습법' 또는 '속성관습법'(instant customary laws, hat cooked law)이라 한다.[19]

---

17 *Ibid.*; p.122; Arnold D. McNair, "The Functions and Differing Legal Character of Treaties," *BYIL*, Vol.11, 1930, p.105.

18 *Ibid.*; p.47, 56.

19 Jennings and Watts(eds.), *supra* n.1, p.30; Ross, *supra* n.2, p.27; Hoof, *supra* n.1, p.86; Villiger, *supra* n.18, p.27.

(2) 법적 확인의 존재

국제관행이 국제사회에 의하여 법으로 준수되는 법적 확인이 있어야 한다.[20] 1950년의 *Columbian-Peruvian Asylum* Case에 관한 국제사법재판소의 판결은 이점을 명백히 하였으며, 국제사법재판소 규정도 '관습법은 법으로서 수락될 것'을 요건으로 하고 있다. 그러나 법적 확인의 존재를 확인하는 일은 용이하지 않다.

다. 분류

조약의 경우와 달리 국제관습법에 있어서는 (ⅰ) 체약당사자가 없으므로 이를 표준으로 한 2 당사자간 국제관습법, 다수당사자간 국제관습법이라는 분류는 있을 수 있으며, (ⅱ) 국제관습법에 가입이란 생각할 수 없으므로 개방국제관습법과 폐쇄국제관습법의 구분도 있을 수 없다. (ⅲ) 국제관습법에 의해 일회적 지급이나 사건의 처리를 목적으로 하는 국제관습법은 성질상 성립될 수 없으므로 국제관습법은 모두 입법적 성질을 가진 것이다. 따라서 국제관습법은 적용범위를 표준으로 한 다음의 구별만이 가능하다.

(1) 보편국제관습법

보편국제관습법(universal international customary law)은 국제사회의 모든 국가를 규율 대상으로 하는 국제관습법이다. 즉, 보편적 국제관습에 의한 국제관습법이다. 보편국제법은 관습법의 형태로만 존재하며 사실상 조약의 형태로는 존재하기 어렵다.

---

20 *Ibid.*; pp.25-72; Hoof, *supra* n.1, p.85, 91; Anfhony A. D'Amato, *The coneep of Custom in International Law* (Ithaca: Cornell University Press, 1971), p.47, 66.

(2) 일반국제관습법

일반국제관습법(general international customary law)은 국제사회의 대부분의 국가를 규율대상으로 하는 국제관습법이다. 즉, 일반적 국제관행에 의해 성립되는 국제관습법이다.

(3) 특수국제관습법

특수국제관습법(partial international customary law)은 국제사회의 몇몇 국가만을 규율대상으로 하는 국제관습법이다. 즉, 특수적 국제관행에 의하여 성립되는 국제관습법이다.[21]

라. 국제관습법의 법원성
(1) 특수적 국제관습법의 법원성

보편국제관습법이든, 일반국제관습법이든, 특수국제관습법이든 모두 구별 없이 국제법의 법원이 된다.[22]

(2) 국제법의 연원으로서의 지위

(가) 역할: 현 단계의 국제사회에서는 조약보다 국제관습법이 국제법의 연원으로서 더 중요적 역할을 담당하고 있음은 전술한 바다.[23]

(나) 적용순위: 조약과 국제관습법간에 적용의 순위에 있어서 전혀 우열의 차가 없다.[24]

---

21 Villiger, *supra* n.12, pp.33-34; D'Amato, *supra* n.20, p.246.

22 *Supra* n.17.

23 *Supra* 1. 다. 〈ii〉.

24 Michael Akehurst, "The Hierarchy of the Sources of International Law," *BYIL,* Vol.47, 1974-75, pp.274-75; Mark E. Villiger, *Customary International Law and Treaties*

3. 법의 일반원칙

가. 의의

'법의 일반원칙'(general principles of law)이란 '문명국에 의하여 인정된 법의 일반수칙'(general principles of law recognized civilized nations)을 말한다. 이는 자연법상의 원칙이라는 견해, 국내법상의 원칙이라는 견해, 국제법과 국내법상의 원칙이라는 견해의 대립이 있다.

'법의 일반원칙'의 예로 '신의성실의 원칙', '금반언의 원칙', '기판력의 원칙' 등을 들 수 있다.

'국제사법재판소 규정' 제38조 제1항 제C호는 '문명국에 의하여 인정된 법의 일반원칙'을 재판의 준칙으로 규정하고 있다.

나. 법원칙

'법의 일반원칙'이 국제사법재판의 경우 재판의 준칙, 즉 법원이 됨은 '국제사법재판소규정' 제38조 제1항 제C호에 의해 명백하나, '국제사법재판소규정'을 떠나 일반국제법상 법원이 되느냐에 관해서는 긍정설과 부정설의 대립이 있으나 부정설이 타당하다고 본다.

다. 효력순위

'국제사법재판소규정'상 '법의 일반원칙'은 국제조약, 국제관습법 다음의 순위의 효력을 갖는 데 불과하다. 일반국제법상 '법의 일반원칙'의 법원성을 긍정해도 그의 효력순위는 국제조약, 국제관습법에 우선할 수 없다.

(Dordrecht: Martinus, 1985), pp.35-36.

4. 재판상의 판결과 학설

가. 의의

(1) 재판상의 판결

'재판상의 판결'(judicial decisions)은 국제제판과 국내재판을 포함하며,[25] 국제재판은 국제법원사법재판과 국제중재재판을 구분하지 아니한다.[26] 국제사법재판은 분쟁사건에 대한 재판뿐만 아니라 권고적 의견을 포함한다.[27]

(2) 학설

'학설'(teachings), 즉 '국의 가장 우수한 국제법학자의 학설'(the teaching of the most highly qualified publicists of the various nations)이란 국제법의 여러 문제에 관한 학자 · 전문가 · 법관의 견해를 말한다. 우수한 국제법학자의 학설, 국제재판에서 재판관의 반대의견(dissenting opinion)과 별도의견(separate opinion),[28] 국제법위원회에서 공식소견과 다른 개별소견,[29] 국제법 관계학회의 결의,[30] 국제사무국의 의견[31] 등이 포함된다.

'국제사법재판소규정' 제38조 제1항 제d호는 재판상의 판결과 학설을 보조적 법원으로 규정하고 있다.

---

25 Jennings and Watts(eds.), *supra* n.1, pp.41-42; Schwarzenberger and Brown, *supra* n.5, pp.29-30; Isagani A. Cruz, *International Law* (Quezon: Central Lawbook, 1985), p.24.
26 Ian Brownlie, *Principles of Public International Law*, 3rd ed.(Oxford: Clarendon, 1979), p.20.
27 *Ibid.*, pp.22-23.
28 *Ibid.*, p.26; PCIJ., *Series A/B,* No.70, 1937, pp.76-77; ICJ., *Reports,* 1950, p.146; ICJ., *Reports,* 1962, p.39; ICJ., *Reports,* 1959, p.174.
29 Brownlie, *supra* n.26, p.26.
30 *Ibid.*
31 *Ibid.*

나. 법원성

(1) 국제사법재판소규정

'국제사법재판소규정'상 국제사법재판의 경우 재판상의 판결과 학설은 '국제사법재판소규정'에 따라 보조적 법원으로 인정된다. 판결과 학설이 법원으로 인정되기 위해서는 다음의 요건을 구비하여야 한다.

첫째, '국제사법재판소규정' 제59조의 규정을 따를 것을 조건으로 법원성이 인정된다. 제59조는 "재판소의 판결은 당사국간 및 그 특정사건에 관하여서만 구속력이 있다"고 규정하여 '선례 구속의 원칙'(doctrine of stare decisis)을 부인하고 있다. 따라서 판결은 '선 약속의 원칙'을 따르지 않을 조건으로 법원성이 인정된다.[32]

둘째, 법칙결정의 보조적 수단(subsidiary means)으로서 법원성이 인정된다. 보조적 수단은 '법규칙의 결정'(determination of rules of law), 즉 무엇이 법인가를 결정하는 수단을 뜻한다.[33] 환언하면 존재가 확실하지 아니한 국제법의 규칙을 찾기 위하여 판결과 학설을 수용할 수 있을 뿐이다. 판결과 학설은 성문조약법의 규칙보다 불문관습법의 규칙의 존재 결정에 보조적 수단이 된다.

(2) 일반국제법

'국제사법재판소규정'을 떠나 일반국제법상 판결과 학설이 국제법의 법원이 되느냐에 관해 긍정설과 부정설의 대립이 있으나 부정설이 다수설로 타당하다.[34]

---

32 *Ibid,* p.22.

33 Hoof, *supra* n.1, p.170; C. Parry, *The Sources and Evidences of International Law* (Manchester: Manchester University Press), p.15; Jennings and Watts(eds.), *supra* n.1, p.41.

34 Hoof, supra n.1, p.167, 178; George Grafton Wilson, *International Law,* 9th. ed. (New York: Silver Burdett, 1935), pp.42-43.

다. 효력순위

판결과 학설은 국제법의 규칙의 존재를 결정하는 수단으로서 법원이 되는 것이므로 그것이 국제법 자체인 조약이나 국제관습법과의 효력순위는 문제되지 아니한다. 즉, 조약과 판결, 학설 또는 국제관습법과 판결, 학설 중 어느 것이 우선하느냐는 문제되지 않는다.

5. 형평과 선

가. 의의

'형평과 선'(ex. deque et bono)이란 공평성(fairness), 합리성(reasonableness)을 뜻한다.[35] 또는 공평(fairness), 정의(justice), 신의성실(good faith)을 의미한다고 할 수 있다.[36] 이를 법원의 하나로 긍정하는 입장에서는 이를 자연법이라고 설명한다. 따라서 '형평과 선'은 정의 또는 '자연법'을 뜻하는 것이라 할 수 있다.

'국제사법재판소규정' 제38조 제2항은 "당사자의 합의가 있는 경우에는 재판소가 형평과 선에 의하여 재판을 행할 권한을 해하지 아니한다"라고 규정하여 형평과 선이 재판 준칙이 될 수 있음을 인정하고 있다.

나. 법원성

(1) 국제사법재판소규정

'형평과 선'은 '국제사법재판소규정'상 국제사법재판의 준칙으로 되어 법원이 될 수 있다. '형평과 선'이 법원으로 되기 위하여는 다음의 요건을 구비해야 한다.

---

35 Brownlie, *supra* n. 26, p. 27.
36 Werner Levi, *Contemporary International Law*(Boulder: Westview, 1979), p. 42.

첫째, 당사자의 합의가 있어야 한다. 이 합의는 분쟁발생 전의 조약으로 할 수도 있으며, 분쟁발생 후의 개별적 합의로 할 수도 있다. 이러한 합의를 규정한 조항을 '형평재판조항'이라 한다. 당사자의 합의가 없는 경우 법원은 '형평과 선' 그 자체를 준칙으로 재판할 수 없으나 '법의 일반원칙'을 당사자의 동의 없이 준칙으로 하여 재판할 수 있다.[37]

둘째, 재판소가 법원성을 인정해야 한다. 당사자의 합의가 있으면 '형평과 선'은 당연히 법원으로 되는 것이 아니라 재판소가 이에 의하여 재판을 행할 권한(the power of the court to decide)을 가질 뿐이다. 따라서 재판소는 당사자가 합의한 경우에도 '형평과 선'에 의해 재판하지 아니할 수도 있는 것이다.[38]

(2) 일반국제법

'국제사법재판소규정'을 떠나 일반국제법상 '형평과 선'은 국제법의 법원이 되느냐에 관해 긍정설과 부정설이 대립되어 있으나 후자가 통설이다.[39]

다. 효력순위

'형평과 선'은 당사자가 이에 의해 재판을 받을 것을 합의하고, 재판소가 이에 의해 재판하는 경우에도 '형평과 선'은 조약이나 국제관습법에 우선하는 법원이 될 수 없음은 물론이다.

---

37 M.W. Janis, "Equity in International Law," *EPIL*, Vol.7, 1984, p.75; PCIJ, *Series A/B*, 1937, No.70, p.73.
38 Brownlie, *supra* n.26, p.28.
39 *Ibid.*, p.27.

6. 국제조직의 결의

가. 의의

국제조직의 결의(resolution of international organizations)는 국제조직의 성립기초에 의해 부여된 권한의 범위 내에서 만들어지는 국제조직에 의한 결정(decision made by an international organization)을 말한다.[40] 그것은 국제조직을 구성하는 국가의 정부의 행위가 아니라 국제조직 자체의 행위(acts of organizations themselves)인 것이다.[41] 국제조직의 결의는 그 국제조직을 구성하는 국가 간 합의의 형식(form of inter-state agreement)은 아닌 것이다.[42]

'국제사법재판소규정'은 국제조직의 결의를 국제법의 준칙의 하나로 규정하지 않고 있다.

나. 법원성

(1) 국제사법재판소규정

'국제사법재판소규정'은 국제조직의 결의를 조약, 국제관습법과 같은 직접적인 재판준칙으로는 물론이고, 판결, 학설과 같은 법칙결정의 보조적 수단으로서 간접적 재판준칙으로도 규정하고 있지 않다. 따라서 '국제사법재판소규정'상 국제조직의 결의는 그 자체로서 재판의 준칙, 즉 법원이 되지 못한다.[43]

(2) 일반국제법

일반국제법상 국제조직의 결의가 그 자체로 국제조약, 국제관습법과 독립된 국제법의 법원이 아님은 물론이다.

---

40 Henry G. Schermers, "International Organizations, Resolutions," *EPIL*, Vol.5, 1983, p.160.
41 *Ibid.*
42 *Ibid.*
43 *Ibid.*

국제연합의 결의는 다음과 같이 여러 가지 내용을 표현하게 된다. 따라서 결의의 법원성은 다음과 같이 구분하여 보아야 한다.[44]

(i) 내부규칙(internal rules): 결의의 내용이 내부규칙인 경우 그것은 국제연합현장에 의거하여 체결된 것일 경우, 예컨대, 제21조에 의거 체결된 '총회의 절차규칙', 제30조에 의거 체결된 '안전보장이사회의 절차규칙' 등은 구속력을 가진 법규칙이다.[45] 이 경우 결의의 법원성은 인정된다.

(ii) 권고(recommendations): 결의의 내용이 권고인 경우 권고는 법적 구속력을 가지지 아니한 행위를 단순히 권하는 것을 의미한다.[46] 따라서 이에 따르느냐 아니하느냐는 전적으로 국제연합의 기관이나 가맹국의 자유이다.[47] 그러나 가맹국이 이를 공식적으로 수락한 경우는 수락(acceptance)으로서 법적 구속력을 갖는다.[48] 이 경우도 권고는 그 자체로서 법원이 되는 것이 아니다.

(iii) 선언(declaration): 결의의 내용이 선언인 경우가 있다. 선언은 여러 가지 의미로 사용되며 정책의 예비적 성명(preliminary statements of policy)의 의미로 사용된다.[49] 국제연합기관 특히 총회의 선언은 특정 결정의 법적 중요성(legal importance of a particular decision)을 강조하기 위해 행하여진다.[50]

---

44 *Ibid.*, Hoof, *supra* n.1, pp.180-81.
45 Schermers, *supra*. n.40, p.160.
46 *Ibid.*
47 Hans Kelsen, *The Law of the United Nations* (New York: Praeger, 1951), p.61.
48 Schermers, *supra* n.40, p.160.
49 *Ibid.*
50 D.P.O'Connell, *International Law*, Vol.1, 2nd ed.(London: Stevens, 1970), p.198.

국제연합은 선언과 권고를 임의로 선택할 수 있으며, 선언 그 자체로서는 권고보다 강한 법적 구속력을 가진 것은 아니다.[51] 선언은 때로는 현재 관습 국제법이나 현존 법의 일반원칙의 존재를 확인하는 경우도 있다. 이 경우도 선언 그 자체로서 법원이 되는 것이 아니다.[52]

(ⅳ) 협약(conventions): 결의의 내용이 협약인 경우가 있다. 즉 국제연합 총회의 결의를 조약문의 형식으로 표현하는 경우가 있다. 이 경우 국가가 이에 비준함으로써 그 결의는 조약으로서 당사국에 대해 법적 구속력을 갖게 된다.[53] 따라서 조약문을 채택하는 결의 그 자체는 법원이 되지 못한다. 다만 국제연합의 주요기관이 조약문을 결의로 채택한 경우 보조기관과 사무직원은 이에 반하는 행위를 할 수 없다는 효과가 인정된다.[54]

(ⅴ) 구속력 있는 결정(binding decisions): 결의의 내용이 법적 구속력 있는 결정인 경우가 있다. 예컨대, 평화에 대한 위협, 평화의 파괴, 침략행위의 경우 안전보장이사회는 국제평화의 유지와 회복을 위해 필요한 조치를 결정할 수 있고(국제연합헌장 제41조, 제42조) 이는 국제연합 가맹국에 대해 법적 구속력을 갖는다.[55] 따라서 이 결의는 법원성을 갖는다 할 수 있다.

51 Schermers, *supra* n.40, p.160.
52 *Ibid.*
53 *Ibid.*
54 *Ibid.*
55 *Ibid.;* Leland M. Goodrich, Edrard Hambro and Anne Patricia Simons, *Charter of the United Nations*, 3rd ed.(New York: Columbia University Press, 1969), pp.300-302.

다. 효력순위

국제조직의 결의가 법적 구속력을 갖게 되어 그의 법원성이 인정되는 경우도 이는 그 국제조직 내부에서의 법원성이 인정되며,[56] 이는 국제조직의 기본법인 조약에 의거한 것이므로, 그보다 하위의 효력을 가질 뿐이다. 즉 결의의 법원성이 인정되는 경우도 그 효력은 조약보다 하위의 것에 불과한 것이다.

재론 하거니와 이 절 '국제법의 연원'을 읽게 될 국제법 비전공자의 편의를 제공하기 위한 것일 뿐이다.

---

56 G. I. Tunkin, *International Law* (Moscow: Progress, 1986), p.69.

독도의 역사적 권원의 대체에 관한
역사 · 국제법 융복합 연구

제2절
판례의 법원성

Ⅰ. 국제사법재판소규정

'국제사법재판소규정' 제38조 제1항은 사법적 재판의 적용에 관해 다음과 같이 규정하고 있다.

> 법칙 결정의 보조적 수단으로서의 사법적 재판 및 가장 우수한 국제법 학자의 학설, 다만, 제59조의 규정에 따를 것을 조건으로 한다(subject to the provisions of Article 59, judicial decisions and teachings of the most highly qualified publishers of the various nations, as subsidiary meas for the determination of rules of law).

위의 규정 중 "사법적 재판"(judicial decisions)에는 국제재판과 국내재판을 포함하며,[57] 국제재판에는 국제사법재판과 국제중재재판을 포함하며,[58] 국제사법재판에는 분쟁사건에 대한 재판과 권고적 의견을 포함하며,[59] 재판에는 판결 이외에 명령 등 기타 재판을 포함한다.[60]

---

[57] Robert Jennings and Arthur Watts(eds.), *Oppenheim's International Law*, 9th ed. (London: Longman, 1992), pp. 41-42; G. Schwarzenberger and E. D. Brown, *Manual of International Law*, 6th ed. (Milton: Professional Books, 1976), pp. 29-30.

[58] Ian Brownlie, *Principles of Public International Law*, 5th ed.(Oxford: Oxford University Press, 1988), p. 20.

[59] *Ibid.*, pp. 22-23.

[60] Shaibtai Rosenne, *The Law and practice of the International Court of Justice*, vol. 4, 3rd

'법칙결정'(determination of rules of law) 중 '법칙'은 국제조약(제1항), 국제관습법(동), 법의 일반원칙(동)의 규칙을 뜻하며[61] 가장 일반적으로는 국제관습법을 뜻하게 된다.[62]

'보조적 수단'(subsidiary means)이란 법칙의 존재와 사용을 지정하는 수단(means of indicating the existence and content of rules of law),[63] 즉 적용하여야 할 법의 애매성을 명백히 하는 수단(means of clarifying ambiguities in the law which is to be applied)을 의미하며,[64] 제2차적 수단(secondary means)을 뜻하는 것이 아니라[65] 국제법의 간접적 법원(indirect source of international law)이란 의미인 것이다.[66] 그러므로 사법적 재판은 그 자체 법칙, 즉 국제조약, 국제관습법, 법의 일반원칙의 규칙이 아닌 것이다. 따라서 국제법상 선례구속의 원칙(principle of precedent)은 적용되지 않는 것이다.

Ⅱ. 학설

사법적 재판의 사실상 법원성은 학설에 의해 승인되고 있다.

　　　ed. (Hauge: Martinus, 1997), pp.1920-1926.
61　Hans Kelsen, *The Law of the United Nations*(New York: Praeger, 1951) p.523; Rosenne, *supra* n.30, p.1607.
62　*Ibid.*, p.1608.
63　Mihel Virally, "The Source of International Law", in Max Sorensen (ed.), *Manual of Public International Law*(New York: Macmillan, 1968) p.150.
64　Hons-Jurge Schlochauer, "The international Court of Justice" *EPIL*, Vol.1, 1981, p.81.
65　Virally, *supra* n.7. p.152.
66　Jennings and Watts, *supra* n.1, p.41.

1. Peter Malanczuk

Malanczuk는 국제법상 보통법체계에서 인정되는 선례구속의 원칙은 없으나 국제재판소는 재판의 일관성을 유지하고 편견을 피하기 위해서는 재판을 따라 재판한다고 명시적으로 선례구속의 원칙을 인정하고 있지 않으나 간접적으로 이를 인정하여 결국 판례의 법원성을 간접적으로 인정하고 있다. 그의 기술은 다음과 같다.

사법재판과 중재재판은 관습법의 증거로 될 수 있다. 그러나 보통법체계에서 알려진 바와 같은 공식적인 선례구속의 원칙은 없다. 국제법상 국제재판소는 선 재판을 따라야 할 의무가 없다. 그러나 국제재판소는 선 재판을 고려한다.
재판관 역시 새로운 법을 참조할 수 있다는 것은 아마도 진실인 것이다. 이 점에서 국제재판소는 특별한 의미를 갖는다. 동 재판소의 많은 재판이 후속적으로 일반적인 수락을 가져 온 국제법의 혁신을 유도했다…. 국제재판소가 후의 사건에 있어서 그러한 재판을 따를 높은 개연성이 있다. 왜냐하면 사법적 일관성은 편견의 비난을 피하는 아주 명백한 수단이기 때문이다.[67]

2. Shobtai Rosenne

Rosenne는 상설 재판소의 재판은 판례적 가치를 갖고 재판은 재판의 일관성과 안정성의 요구를 반영하기 위해 선례를 따르게 된다고 다음과 같이 기술

---

67 judicial and arbitral decisions can be evidence of customary law. There is no formal stare decisis doctrine, as know in common law system. In international law international courts are not obliged to follow previous decisions, although they almost always take previous decisions into account. ··· It is probably true to say that judges can also create new law. The International Court of Justice is particularly important in this respect. Many of its decision introduced innovation in to international law which have subsequently won general acceptance. ··· There is strong probability that international court follow such decisions in later cases, since accusations of bias Peter Malanczuk(ed.), *Akehurst's Modern Introduction to International Law*, 7th ed.(London: Routledge, 1987), p.51.

하여 간접적으로 사법적 재판의 "사실상" 법원성을 인정하고 있다.

> 상설 재판정의 재판은 판례적 가치를 갖는다는 것을 승인하는 추세는 모든 재판정에 의해 자연스러운 것이다. … 더러는 재판소가 선례에 있어서 법적 문제를 취급할 경우 재판소의 사례법에 있어서 일관성과 안전성을 위한 일반적인 욕구를 반영한다.[68]

3. David H. Ott

Ott는 다음과 같이 '국제사법재판소규정'상 선례구속의 원칙은 없으나 합리적 이유로 된 재판은 법의 발전 과정에 영향을 주며 사법적 재판은 규정 제38조의 엄격한 해석보다 넓은 해석을 하게 한다고 하며 판례의 "사실상" 법원성을 인정하고 있다.

> '국제사법재판소규정'상 선례구속 또는 판례구속의 원칙은 없다. … 합리적 이유로 된 재판은 법의 발전 과정에 영향을 준다. 따라서 사법적 재판의 효과는 제38조가 제시하는 엄격한 읽음 보다 더 광범한 것이다.[69]

4. Valerie Epps

Epps는 재판소는 선례구속의 규칙이 적용되지 아니하나, 흔히 재판소는 선

---

68 the tendency to recognize that decisions of permanent tribunal have preaccidental value is a natural one for all tribunals … others reflect the general desire for consistency and stability in the courts case-law when the court is dealing with legal issues which have been it in previous case Rosenne, *supra* n.4 p.1610.

69 there is no doctrine of stare decisis or binding precedent under Statute. … A well-reasoned decisions is bound to influence the course of the law's development the effect of judicial decisions thus rather more subtle than a strict reading of Article 38 might suggest David H. Ott, *Public International Law in the Modern World* (London: Pitman, 1987), p.29.

행 사건을 인용한다고 하여 다음과 같이 사법적 재판의 '사실상' 법원성을 간접적으로 승인하고 있다.

재판소는 선례구속의 규칙을 적용하지 아니한다. 국제 사법적 재판은 흔히 미래의 재판에 영향을 주며 국제재판소는 흔히 선행 사건을 인용한다.[70]

5. Mark W. Janis

Janis는 재판은 관습법 또는 법의 일반원칙의 증거로 다른 재판에 인용된다고 하여 결국 사법적 재판의 법원성을 간접적으로 인정하고 있다. 그의 서술은 다음과 같다.

재판소의 재판, 특별히 국제재판소의 재판은 관습국제법 또는 법의 일반원칙의 증거로서 흔히 다른 재판에서 인용된다.[71]

6. Robert Jennings and Arthur Watts

Jennings와 Watts는 재판은 국제법의 보조적 간접적 법원이지만 사법적 재판의 권위와 설득력은 중요한 의미를 갖는다고 하여 '사실상' 법원임을 다음과 같이 간접적으로 인정하고 있다.

재판소와 재판정의 재판은 국제법의 보조적 간접적 법원이다. '국제사법재판소규정' 제38조는 제59조에 따를 것을 규정하고 있다. 재판소는 사법적 재판을

---

70 the court does not apply the rule of stare decisis. Nonetheless international judicial decisions often influence future decisions and international court often cites earlier cases Valerie Epps, *International Law*, 4th ed. (Druhorn: Carolina Academic Press, 2009), p.28.
71 the decisions of court, especially those of the international court, are often employed in other forums as evidence of customary international law or of general principles of law Mark W. Janis, *An Introduction to International Law* (Boston: Little Brown, 1998), p.69.

법칙결정의 보조적 수단으로 적용해야 한다. 그럼에도 불구하고 사법적 재판은 국제법의 발전에 아주 중요한 요소로 되어 왔고 사법적 재판의 권위와 설득력은 경우에 따라 그들이 향유하는 형식보다 더 중요한 의미를 부여할 수 있다.[72]

7. Ian Brownlie

Brownlie는 사법적 재판은 엄격한 의미에서 법원은 아니나 다음과 같이 법의 존재의 유권적 증거로 간주된다고 하여 사실상 법원임을 간접적으로 표시하고 있다.

사법적 재판은 엄격히 말해서 형식적인 법원이 아니다. 그러나 어떠한 경우에 있어서 최소한 법의 존재의 유권적 증거로 간주된다. 제38조 제1항(d)의 "보조적 수단" 표시의 실질적 의미는 과장되지 아니한다. 법학의 논리체가 법을 위한 중요한 결과를 자연스럽게 갖게 된다.[73]

사법적 재판의 '사실상' 법원성은 Malcolm N. Show,[74] Hans-jurgen Sehlochauer[75] 등에 의해서도 수락되어 있다.

---

72 decisions of courts and tribunals are a subsidiary and indirect source of international law. Article 38 of the State of the International Court of Justice provides that subject to Article 59, the Court shall apply judicial decisions as a subsidiary means for the determination of rules of law. Nevertheless, judicial decision has become a most important factor in the development of international law, and the authority and persuasive power of judicial decisions may sometimes give them greater significance than they enjoy formally Jennings and Watts, *supra* n.1, p.41.

73 judicial decisions are not strictly speaking a formal source, but in some instances at least they are regarded as authoritative evidence of the state of the law, and the practical significance of the label "subsidiary means" in Article 38(1)(d) is not to be exaggerated. A coherent body of jurisprudence will naturally have important consequences for the law Brownlie, *supra* n.2, p.19.

74 Malcolm N. Shaw, *International Law*, 4th ed.(Cambridge: Cambridge University Press, 1997), p.86.

75 Schlochauer, *supra* n.8, pp.80-81.

Ⅲ. 판례

사법적 재판의 '사실상' 법원성을 인정한 판례와 선재판을 인용하여 사법
적 재판의 '사실상' 법원성을 인정하는 판례를 보기로 한다.

1. 법원성을 인정한 판례

가. *Anglo-Iranian Oil Co.* Case(1952)

Anglo-Iranian Oil Co. Case(1952)에서 국제사법재판소는 사법적 재판은 재
판의 기초가 된다고 다음과 같이 판시 한 바 있다.

> 규정 제38조는 명령이며 임의가 아니다. 이는 재판소에게 법칙결정을 위한
> 보조적 수단으로서 사법적 재판을 적용할 것을 요구하고 있다. "사법적 재판"이
> 라는 표현은 확실히 이 재판소와 상설국제사법재판소의 법리학을 포함하고 있
> 다. 본인은 재판소의 재판의 기초로의 재판소에 의해 적용된 원칙을 포함한다고
> 의심하지 아니한다.[76]

나. *Barcelona Traction* Case(Second phase)(1970)

Barcelona Traction Case(1970)에서 국제사법재판소는 전 재판을 인용하고
있으며 이 일반화에 어떠한 문제를 제기할 수 없다고 다음과 같이 판시했다.

> 많은 경우에 있어서 재판은 재판소 또는 청구위원회의 관할권을 성립하고 보
> 호를 향유할 수 있는 권리를 결정하는 의존된 문서의 조항을 인용했다. 그들은

---

[76] Article 38 of the Statutes is mandatory, and not discretionary. It requires the Court to
apply judicial decisions as a subsidiary means for the determination of rules of law. The
expression "judicial decisions" certainly includes the jurisprudence of this Court, and of
Permanent Court. I have no doubt that it includes the principles applied by the Court as
the basis of its decisions ICJ, *Reports*, 1952, p.143.

각 경우에 특수 사정을 낮게 보는 일반화에 문제를 제기할 수 없다.[77]

2. 선 사법적 재판을 인용한 판례

가. *Jaworzina* case(1923)

Meerauge case(1902)의[78] 판정이 인용되었다.

나. *Polish Postal Service* Case(1925)

Piuus Funds of the California Case(1902)와[79] 판결이 인용되었다.

다. *The Lotus* Case(1927)

Costa Rica Pocket Case(1897)의[80] 판결이 인용되었다.

라. *The Legal Status of Eastern Greenland* Case(1933)

Palmas Island Case(1928)의[81] 판정이 인용되었다.

마. *Minquiers and Ecrehos* Case(1953)

The Legal States of Eastern Greenland Case(1933)의[82] 판결이 인용되었다.

---

77 in the most case the decisions cited rested upon the terms of instrument, establishing the jurisdiction of the tribunals of claims commission and determining what rights might enjoy protection; they cannot therefore give rise to generalization going beyond the special circumstances of each case ICJ, *Reports*, 1970, p.40.
78 PCIJ, *Series B*, No.8, 1923, pp.42-43.
79 PCIJ, *Series B*, No.11, 1925, p.30.
80 PCIJ, *Series B*, No.10, 1927, p.26.
81 PCIJ, *Series A/B*, No.53, 1933, p.45.
82 ICJ, *Reports*, 1953, p.42.

바. *Nottebohm* Case(1953)

Alabama Arbitration(1872)의[83] 판정이 인용되었다.

사. *Certain Frontier Land* Case(1959)

Genocide Case(1951)의[84] 판결이 인용되었다.

아. *Temple of Preah Vihear* Case(1961)

Polish Postol Service in Damzig Case(1925),[85] *Anglo-Iranian Oil Co.* Case (1952),[86] *Airial Incident of July 27, 1955* Case(1955)[87]

South West Africa Voting Procedure Case(1955)[88]의 판결이 인용되었다.

자. *Gulf of Maine* Case(1984)

Anglo-Franch Continental shelf Case(1977)의 판정이[89] 인용되었다.

차. *Lond, Island and Maritime Frontier* Case(1990)

Northern Cameroons Case(1963)[90] *Military and Paramilitary Activities* Case (1986),[91] *Gulf of Maine* Case(1984),[92] *Free Zone of Upper Savoy and District of Gex* Case(1932),[93] *Border and Transponder Armed Ailerons* Case(1988),[94]

---

83 ICJ, *Reports*, 1953, p.119.
84 ICJ, *Reports*, 1959, p.257.
85 ICJ, *Reports*, 1961, p.38.
86 ICJ, *Reports*, 1961, p.32.
87 ICJ, *Reports*, 1961, p.37.
88 ICJ, *Reports*, 1961, p.38.
89 ICJ, *Reports*, 1984, pp.302-303.
90 ICJ, *Reports*, 1990, p.143.
91 ICJ, *Reports*, 1990, p.20.
92 ICJ, *Reports*, 1990, p.23, 50.

North Sea Continental Shelf Case(1969),[95] *Effect of Awards of Compensation made by the United Nations Administrative Tribunal*(1954),[96] *Certain Norwegian Loans* Case(1957),[97] *Continental Shelf* Case(Tunisia Libya)(1981)의 판결이[98] 인용되었다.

카. *Maritime Delimitatian and Territory Question* Case(1994), *Factory of Charzow* Case(1927),[99] *Land, Island and Maritime Frontier Dispute* Case(1992)의 판결이[100] 인용되었다.

타. *The Territorial Dispute(Libya/Chad)* Case(1994)

Certain Frontier Land Case(1959),[101] *Acquisition of Polish Nationality, Advisory Opinion*(1923),[102] *Lighthouses Case(1934),*[103] *Aegean Sea Continental Shelf* Case(1987),[104] *Temple of Preah Vihear* Case(1962),[105] *Land, Island and Maritime Frontier Dispute* Case(1992),[106] *Western Sahara* Case(1975),[107] *Frontier Dispute* Case(Brukina Faso/Mali)(1986),[108] *Rights of Nationals of The United States America*

93 ICJ, *Reports*, 1990, p.27.
94 ICJ, *Reports*, 1990, p.27.
95 ICJ, *Reports*, 1990, p.38.
96 ICJ, *Reports*, 1990, pp.42-50.
97 ICJ, *Reports*, 1990, p.46.
98 ICJ, *Reports*, 1990, p.46.
99 ICJ, *Reports*, 1994, p.18.
100 ICJ, *Reports*, 1990, p.18.
101 ICJ, *Reports*, 1994, p.22.
102 ICJ, *Reports*, 1994, p.25.
103 ICJ, *Reports*, 1994, p.25.
104 ICJ, *Reports*, 1994, p.23.
105 ICJ, *Reports*, 1994, p.35, 47, 78.
106 ICJ, *Reports*, 1994, p.49, 89.
107 ICJ, *Reports*, 1994, p.49.

in Morocco Case(1952),[109] *Eastern Greenland* Case(1933),[110] *Fisheries* Case
(1951)[111]의 판결이 인용되었다.

파. *Request for Interpretation or the Judgement in the Land and Maritime*
Boundary Case(Cameroon/Nigeria)(1999)

United Nations Administrative Tribunal, Advisory Opinion(1973),[112] *Continental*
Shelf Case(Tunisia/Libya)(1995),[113] *Factory of Charzow* Case(1927),[114] *Military*
and Paramilitary Activities Case(1994)의[115] 판결이 인용되었다.

하. *Case Concerning Sovereignty Over Puiau Ligitan and Pulau*
Sipadon(2001)

Continental Shelf Case(Libya/Malta)(1981),[116] *Land, Island and Maritime*
Frontier Dispute Case(1990),[117] *Continental Shelf* Case(Libya/Malta)(1981)[118]의
판결이 인용되었다.

거. *Case Concerning the Land and Matitime Boundary*(2002), *Frontier*
Dispute Case(Brukina Faso/Mali)(1986),[119] *Territorial Dispute*

---

108 ICJ, *Reports*, 1994, p.59.
109 ICJ, *Reports*, 1994, p.70.
110 ICJ, *Reports*, 1994, p.77.
111 ICJ, *Reports*, 1999, p.78.
112 ICJ, *Reports*, 1999, p.13.
113 ICJ, *Reports*, 1999, p.13.
114 ICJ, *Reports*, 1999, p.21.
115 ICJ, *Reports*, 1999, p.31.
116 ICJ, *Reports*, 2001, p.32.
117 ICJ, *Reports*, 2001, p.32.
118 ICJ, *Reports*, 2001, p.32.
119 ICJ, *Reports*, 2002, p.54

Case(Libya/Chad)(1994),[120] *Land, Island and Maritime Frontier Dispute* Case(1992),[121] *Minquiers and Ecrehos* Case(1953),[122] *Western Sahara, Advisory Opinion*(1975),[123] *Continental Shelf* Case (Tunisia/Libya)(1982)[124]의 판결이 인용되었다.

너. *Genocide* Case(2007)

Military and Paramilitary Activities Case(1984)의[125] 판결을 인용했다.

더. *Case Concerning Pedra Branca*(2008)

Pulou Ligatan and Pulau Sipadan Case(2002),[126] *Temple of Preah Vihear* Case(2007),[127] *Genocide* Case(2007),[128] *Eastern Greenland* Case(1933),[129] *Island of Palmas* Case(1928),[130] *Genocide* Case(2007),[131] *Gulf of Maine* Case(1984),[132] *Fisheries* Case(1951),[133] *North Sea Continental Shelf* Case(1969),[134] *Nuclear Test* Case(1974)[135]의 판결이 인용되었다.

---

120 ICJ, *Reports*, 2002, p.54.
121 ICJ, *Reports*, 2002, p.55.
122 ICJ, *Reports*, 2002, p.116.
123 ICJ, *Reports*, 2002, p.116.
124 ICJ, *Reports*, 2002, p.119.
125 ICJ, *Reports*, 2002, para.207.
126 ICJ, *Reports*, 2008, para.32.
127 ICJ, *Reports*, 2008, para.43.
128 ICJ, *Reports*, 2008, para.45.
129 ICJ, *Reports*, 2008, para.63.
130 ICJ, *Reports*, 2008, para.76.
131 ICJ, *Reports*, 2008, para.45.
132 ICJ, *Reports*, 2008, para.121.
133 ICJ, *Reports*, 2008, para.225.
134 ICJ, *Reports*, 2008, para.228.
135 ICJ, *Reports*, 2008, para.229.

제3장

역사적 권원의 대체의 일반

독도의 역사적 권원의 대체의 개념과 대체의 필요성

I. 역사적 권원의 대체의 개념

1. 권원의 의의

영토주권의 권원(title to territorial sovereignty)이란 타 국가에 대한 영토주권의 주장 근거 (the validity of claims to territorial sovereignty against other states)를 의미한다.[136]

2. 역사적 권원의 의의

영토에 대한 주권의 현시(display of sovereignty), 즉 실효적 지배(effective control)가 요구되는 것은 '권원의 대체'(replacement of title), '권원의 취득' (acquisition of title) 또는 '권원의 유지'(maintenance of title)를 위해서이다.

영토주권의 권원은 시간의 경과의 축에서 구분해 볼 때, '현대국제법상 권원'과 그 이전 의'역사적 권원'으로 구분된다. 그 중 역사적 권원(historical title)은 고전적 권원(ancient title), 본원적 권원(original title), 봉건적 권원(feudal title) 등 현대국제법 이전의 영토주권의 타당 근거를 말한다. 역사적 권원은

---

136 Ian Brownlie, *Principles of Public International Law*, 5th ed.(Oxford: Oxford University Press, 1998), p.121.

전법적 주권(pre-legal sovereignty)의 권원, 즉 국제법 이전의 권원을 뜻한 다.[137] 따라서 역사적 권원은 엄격한 의미에서 법적 권원이라 할 수 없다. 물론 역사적 권원이 성립할 당시에 타당한 현대국제법 이전의 규범으로 관렴하면 역사적 권원도 법적 권원이라 할 수 있으나 그것은 현대국제법상 권원이라고는 할 수 없다. 현대국제법은 1648년의 웨스트파리아 조약(Treaty of Westphalia) 이 후에 성립된 것으로 보는 것이 일반적인 견해이므로[138] 결국 역사적 권원은 1648년 이전 근대국가성립 이전의 권원을 의미한다고 할 수 있다. 이는 특정 국가가 국가로서 성립한 이후에 후속적으로 증가된(subsequent increase) 권 원과 구별된다.[139]

---

137 G. Schwarzenberger and E. D. Brown, *A Manual of International Law*, 6th ed.(Miton: Professional Book, 1972), p.96.

138 Stephan Verosta, "History of Law of Nations, 1648 to 181" *EPIL*, Vol.7, 1984, pp.160-162; B.S. Chimni, *International Law and World Order* (London: Sage, 1993), p.226; John Westlake, *International Law*(Cambridge :CUP, 1895), p.59; Triggs, *Infra* n.13, p.10; D. P. O'connell, "A Cause Celebre in the History of Treaty Making," *BYIL*, Vol.42, 1967, pp.71-90; Antonio Cassese, *International Law*(Oxford: OUP, 2001), p.19.; John O'Brien, *International Law* (London: Cavendish, 2001), p.15; Turan Kayaglu, *Legal Imperialism* (Cambridge: CUP, 2010), pp.14, 27; Steven Wheatley, *The Democratic Legitimacy of International Law* (Oxford: Hart, 2010), p.124; Leo Gross, The Peace of Westphalia 1648~1948, *AIIL*, Vol.42, 1948, pp.20, 29; J. R. Strayer, *On the Medieval Origins of Modern State*(Princeton: PUP, 1979), pp.9-10; Mark W. Zocher, "The Territorial Integrity Norm," in B. A. Simmons and R. H. Steinberg(eds.), *International Law and International Relations* (Cambridge: CUP, 2006), p.260; Alind Kaczorowska, *Public International Law*, 4th ed.(London: Routledge, 2011), pp.11-12; Rechard Joyce, "Westphalia: Event, Memory, Myth," in F. Johns, R. Joyce and S. Papahuja (eds.), *Events: The Force of International Law* (London: Routledge, 2011), pp.55-56; Paul F. Diehl and Charlatte Ku, *The Dynamic of International Law*(Cambridge: CUP, 2012), p.28.

139 Antonio Tores Bernordez, "Territory, Acquisition," *EPIL*, Vol. 10, 1987, p.498.

3. 역사적 권원의 대체의 의의

시제법(時際法, intertemporal law)상 권리 획득시의 법과 권리 존재시의 법은 다른 것이다. 권리의 취득에 관해서는 그 취득 당시에 타당한 법이 적용되는 것이며 권리의 존재에 관해서는 오늘 평가 시에 타당한 법이 적용되는 것이다. '권원의 대체'란 역사적 권원을 현대국제법에 의해 타당한 다른 권원(another title valid by modern International law)으로 대체(replacement)하는 것을 말한다.[140] 즉 역사적 권원이 그 후의 역사적 발전의 효과에 의해 대체(superseded)되는 것을 뜻한다.[141] 요컨대, 고전적 권원, 본원적 권원, 봉건적권원 등 역사적 권원을 현대국제법에 의해 타당한 새로운 권원으로 변경하는 것을 역사적 권원의 대체라 한다. 이를 '권원의 교체'(supersede of title), '권원의 변경'(change of title) 또는 권원의 변형(transformation of title)이라고도한다.

권원의 대체는 새로운 권원을 취득하는 '권원의 취득'과 구별되고, 기 취득한 권원의 현상을 유지하는 '권원의 유지'와 구별된다.

II. 역사적 권원의 대체의 필요성

권원의 대체는 '권원의 객체의 현대화' '권원의 주체의 현대화', 그리고 '권원의 시간의 현대화'를 위해 요구된다.

---

140 ICJ, *Reports*, 1953, p.56.
141 David H. Ott, *Public International Law in the Modern World* (London: Pitman, 1987), p.109.

1. 권원의 객체의 현대화

권원의 대체의 필요성은 권원의 객체의 현대화를 위해 요구된다. 역사적 권원의 객체는 사법상의 토지 소유권이었다. 이를 현대 국제법상의 객체로 변경하기 위해 권원의 대체가 요구된다. 주로 유럽에 있어서 왕(king) 또는 제후(prince)가 지배하는 영토에 대한 소유권으로 당시 로마법에 의해 인정된 사법상의 권원이 영토에 대한 국제법상 권원으로 인정될 수 있느냐의 문제이다.[142] 근대국가(modern state)의 형성에 의해 근대국제법이 성립되었으며, 근대국제법 사회는 1648년 10월의 웨스트파리아 회의(Conference of Westphalia)를 그 시발점으로 하여 형성되었다.[143] 이 회의는 중세 이래 존속하여 온 유럽의 전통적인 봉건적 사회조직의 종말을 선언하고 근대국가로 형성되는 근대국제법 사회의 출발점을 제시했다. 이에 따라 근대국제법의 체계가 형성되게 되었다.[144] 그러므로 근대국제법 체계의 형성 이전에 성립된 봉건적 권원, 즉 로마법상 소유권은 국제법상 권원으로 인정될 수 있느냐의 문제가 제기되는 것이다. 이 문제를 해결하기 위해 권원의 대체가 요구되는 것이다.

2. 권원의 주체의 현대화

권원의 대체의 필요성은 권원의 주체의 현대화를 위해 요구된다. 역사적 권원의 주체는 왕 또는 제후였다. 이를 현대국제법의 주체인 국가로 변경하기 위해 권원의 대체가 요구된 다. 봉건적 사회에서 왕 또는 제후가 지배하는 영토와 그 영토 내의 주민으로 구성된 공동체(community)의 로마법에 의한

---

142 Peter Malanczuk, Akehurst's *Modern Introduction to International Law*, 7th ed. (London: Routledge, 1987), p.155.

143 Stephan Verosta, "History of the Law of Nations 1648 to 1815", *EPIL*, Vol.7, 1984.8., p.160-162.

144 Leo Gross, "The Peace of Westphalia", *AJIL*, Vol.42, 1948, pp.20-41.

법인격자가 국제법상 권원의 주체가 될 수 있는 국제법상 국가로 인정될 수 있느냐의 문제이다.[145] 전술한 바와 같이 봉건국가(feudal state)를 대체한 근대국가(modern state)의 형성으로 국제법 체계가 형성되었으므로 그 이전의 봉건적 권원 의 주체가 국제법상 권원의 주체인 국가로 인정될 수 있느냐의 문제가 제기되는 것이다. 이 문제를 해결하기 위해 고전적 권원, 원시적 권원, 봉건적 권원 등 역사적 권원은 국제법상 권원으로 인정될 수 없는 것이다. 역사적 권원을 국제법상 권원으로 대체하기 위해, 즉 역사적 권원의 주체인 왕 또는 제후를 국가로 변경하기 위해 권원의 대체가 요구되었다.

3. 권원의 시간의 현대화

권원의 대체의 필요성은 권원의 적용시간의 현대화를 위해 요구된다. 역사적 권원에 적용되는 법은 그 권원이 창설될 당시의 법이며 오늘의 현대국제법이 아니다. 권원의 성립 당시의 법을 권원의 평가 당시의 오늘의 국제법으로 변경하기 위해 권원의 대체가 요구된다.

---

145 James Crawford, *The Creation of States in International Law* (Oxford: Clarendon, 1979), pp.5-15, 176-184.

독도의 역사적 권원의 대체에 관한
역사 · 국제법 융복합 연구

역사적 권원의 대체의 요건과 대체의 효과

I. 역사적 권원의 대체의 요건

역사적 권원의 대체로 인정할 수 있는 권원은 다음과 같은 요건을 구비하여야 한다.[146]

첫째로, 현대국제법상 권원으로 대체되는 것이므로 현대국제법이 성립되었다고 볼 수 있는 '1648년 이후'의 권원이어야 한다.

둘째로, 권원의 대체로 인정될 수 있는 권원은 영토에 대한 실효적 지배로 인정될 수 있는 권원이어야 한다.

II. 역사적 권원의 대체의 효과

가. 대체된 권원의 발효

역사적 권원의 대체로 효력이 인정되지 않았던 역사적 권원은 대체된 당시의 법에 따라 새로운 권원이 성립·발효되게 된다.[147]

---

146 Peter, Malanczuk, (ed), Akelnurst's Modern International Law, 7th (London Routledge, 1987), p.155.
147 ICJ, *Reports*, 1953, p.56.

나. 역사적 권원의 실효

역사적 권원의 대체로 역사적 권원은 법적으로 실효되게 된다. 그러므로 역사적 권원은 대체 이후 법적 권원으로 주장될 수 없게 된다.[148]

---

148 *Ibid.*

역사적 권원의 대체를 인정한 판례와 학설

역사적 권원을 현대국제법상 타당한 새로운 권원으로 대체하지 아니하면
현대국제법상 효력이 없으며, 역사적 권원은 대체된 이후에는 법적 효력을
상실하게 된다는 것은 판례와 학설에 의해 일반적으로 승인되어 있다.

그 판례와 학설을 보면 다음과 같다.

Ⅰ. 판례

1. *The Island of Palmas* Case(1928)

The Island of Palmas Case(1928)에서 Huber 중재관은 권리의 창조와 권리의
존속에 적용되는 법은 각기 다르다고 전제한 다음 법의 존재에 적용되는 법은
법의 발전에 의해 요구되는 조건에 따라야 한다고 하여 역사적 권원의 대체라
는 용어는 사용하지 아니했으나 다 음과 같이 간접적으로 역사적 권원의 대체
필요성을 판시했다.

> 법적 사실은 그 사실과 같이 이는 현재의 법의 관점에서 평가되어야 한다. …
> 권리 의 창조행위가 권리가 발생되는 때에 효력이 있는 법을 따라야 한다는 동일
> 한 원칙은 권리의 존속, 다시 말해 권리의 계속적인 현시는 법의 발전에 의해 요

구되는 요건을 따라야 한다는 것을 요구한다 (a judicial fact must be appreciated in the right of the law contemporary with it, ···the same principle which subjects the act creative of a right to the law in force at the time the right arises, demands that existence of the right, in other words its continued manifestation, shall follow the conditions required by the evolution of law).[149]

2. *Minquiers and Ecrehos* Case(1953)

Minquiers and Ecrehos Case(1953)에서 국제사법재판소는 봉건적 권원은 대체 당시의 법에 따라 유효한 권원으로 변경되지 않으면 효력이 없다고 다음과 같이 판시하였다.

> 재판소의 의견으로는 본 건을 재판하기 위하여 그러한 역사적 논쟁을 해결할 필요가 없다. (···not necessary to solve these historical controversies). ···프랑스 왕이 Channel Island에도 고유의 봉건적 권원을 가졌었다 할지라도 그러한 권원은 1204년 및 그 이후의 사건의 결과 실효(失效)되었음이 분명하다.
> 그렇게 주장된 고유의 봉건적 권원은 대체 당시의 법에 따라 다른 유효한 권원으로 대체된 것이 아니면 오늘에 어떤 법적 효과도 발생하지 아니한다. 그 대체의 입증 책임은 프랑스 정부에 있다(such an alleged original feudal title could today produce no legal effect, unless it had been replaced by another title valid according to the law of the time of replacement. It is for the French Government to establish that il was so replaced).[150]

3. *Western Sahara* Case(1975)

Western Sahara Case(1975)의 권고적 의견에서 국제사법재판소는 권원의 전환 (transforming title)에 있어서 합의서의 기능을 다음과 같이 승인했다. 종

---

149 UN, *RIAA*, Vol.2, 1949, p.839.
150 ICJ, *Reports*, 1953, p.56.

전까지는 "권원의 대체"에 있어서 "실효적 지배"의 기능을 인정해 온 것에 비해 특별한 의미를 갖는다. 동권 고적 의견은 다음과 같다.

그러한 영토의 사건에 있어서 주권의 취득은 무주지의 본원적 권원에 의한 무주지의 선점을 통해 일방적으로 영향을 받는 것으로 일반적으로 생각되지 아니했다. 그러나 지방적 지배자와 체결된 합의서를 통해 … 그러한 합의서는 권원의 파생적 근거로서 인정되었고 무주지의 선점에 의해 취득된 본원적 권원이 아닌 것으로 인정되었다(in the case of such territories the acquisition of sovereignty was not generally considered as effected unilaterally through the occupation of terra nullius by original title but through agreements concluded with local readers … such agreements … were regarded as derivative roots of title, and not original titles obtained by occupation of terra nullius).[151]

4. *Land, Island and Maritime Frontier Dispute* Case(1992)

Land, Island and Maritime Frontier Dispute Case(1992)에서 국제사법재판소는 *Minquiers and Ecrehos* Case(1953)의 판결을 인용하여 동 판결은 모든 고전적 권원이 단순히 무시되는 것이 아니라 대체되지 아니한 권원이 무시되고 대체된 최근의 권원에 기초하여 재판한 것이라고 다음과 같이 판시한 바 있다.

이 사건에서 재판소는 고전적 권원을 단순히 무시하지 아니했고, 더 최근의 주권의 현시에 기초하여 재판한 것이다(the Court in this case did not simply disregard the ancient titles and decide on a basis of more recent display of sovereignty).[152]

---

151 ICJ, *Reports*, 1975, p.39.
152 ICJ, *Reports*, 1992, paras. 343-344.

5. *Territorial and Maritime Dispute in the Caribbean Sea* Case(2007)

Territorial and Maritime Dispute in the Caribbean Sea Case(2007)에서 온드라스는 역사적 기초(historical basis)에 근거한 전통적 경계선(traditional boundary line)의 확인을 요구했다. 재판소는 전통적 경계선을 용인하지 아니했다.[153] 전통적 경계선은 역사적 권원에 근거한 것이다.

6. *Pedra Branca* Case(2008)

Pedra Branca Case(2008)에서 말레이시아는 "태고로부터"(forme time immemorial) Pedra Branca는 조오르왕국의 주권 하에 있었다고 주장했고,[154] 재판소는 역사적 권원(historical title)은 말레이시아에 귀속되나 실효적 지배를 해온 싱가포르에 권원이 이전되었다고 판시했다. 재판소는 판결문에서 역사적 권원 (historical title)이란 용어를 사용했다. 이상 이외에 역사적 권원은 *Rann of Kuch Arbitration* (1968)호 판결에서 인정되었다.[155]

이와 같이 국제사법재판소는 역사적 권원은 대체 당시에 유효한 법에 의해 대체되지 아니 하면 효력이 없고, 대체된 이후에는 역사적 권원은 법적으로 실효되게 된다고 판시했다.

---

153 ICJ, *Reports,* 2007, para. 259.
154 ICJ, *Reports,* 2008, para. 48.
155 ILR, Vol.50, p.494.

Ⅱ. 학설

역사적 권원은 대체되지 아니하면 현대 국제법상 효력이 없고, 대체된 이후에는 법적 효력이 없다는 것이 학설에 의해서도 일반적으로 수락되어 있다.

1. Gillian D. Triggs

Triggs는 *The Island of Palmas* Case에서 Max Huber 중재관의 판정을 인용하여 본원적 봉건적 권원은 그 후에 발전된 실효적 선점의 법에 따라 취득되게 된다고 하여 역사적 권원의 대체를 다음과 같이 기술하고 있다.

> 후속적인 국제재판소는 시제법에 관한 후버의 접근을 채택해왔다. Palmas Island Case에서 후버 판사는 발견에 기초한 스페인 선행자의 권원은 홀랜드에 의한 실효적인 선점의 추후 행위에 우선할 수 없다는 것을 발견했다. 국제사법재판소는 Minquiers and Ecrehos Case에서 어떠한 본원적 봉건적 권원은 1204년 이후의 사건의 결과로서 소멸되었다. 그리고 그 권원은 실효적 선점의 관습법의 발전에 따라 후속적으로 취득되었다. subsequent international tribunals have adopted the Huber approach to intertemporal law. In Island of Palmas Case, Judge Huber found that the prior Spanish title based on discovery could not prevail over the late acts of effective occupation by the dutch. The ICJ in the Minquiers and Eclehus Case also Found that any original feudal title had lapsed as a consequence of events of after 1204 and that title was subsequently acquiaced in accordance with the developing customary law of effective occupation).[156]

---

156 Gillan D. Triggs, *International Law* (Australia: Butterworth, 2006), p. 225.

2. Richard K. Gardiner

Gardiner는 *Island of Palmas* Case에서 Huber 중재관의 판정을 인용하고 권리의 창조와 권리의 존재 간에 기본적인 차이가 있다고 하면서 국제법규칙의 발전을 배경으로 한 사 가의 연속적 고리의 문제는 시제법의 원칙으로 해결할 수 없으며 본원적 권원을 귀속시키는 계속적인 실효적 주장에 주목하여야 한다고 하며 다음과 같이 역사적 권원의 대체를 승인하고 있다.

> 이 원칙(시제법의)은 의미 있는 법적 효과를 갖는 행위는 그 행위가 야기된 때의 국제법의 관점에서 판단되어야 한다고 한다. … 시제법은 한 특정 시간에 있어서 권리의 식별을 가능하게 하는 반면 국제법의 발전적 규칙의 배경에 대해 주장되어 온 계속적 사건의 연쇄가 있는 경우 문제를 해결하지 아니한다. … 본원적 권원이 계속적인 선점 자에게 정확히 귀속될 수 있을 경우에 법적 지위는 안정적으로 보여줄 수 있다 (this principle states that acts which have a significant legal effect must be judged in the light of international law at the time that they occurred while the intertemporal law may enable identification of rights at one particular time, it does not resolve the problem where there is a continuous chain of event to be asserted against a background of developing rules of international law. … where the original title can be correctly ascribed to the continuous occupant the legal position can be seen as secure).[157]

3. David H. Ott

Ott는 고전적 권원은 그 후의 역사적 발전에 의해 대체되게 될 경우 그 대체 전의 고전적 권원은 거의 의미가 없다고 하여 고전적 권원의 대체의 필요성을 다음과 같이 논하고 있다.

---

157 Richard K. Gardiner, *International Law* (London Longman, 2003), p.177.

고전적 권원과 그와 유사한 개념(ancient title and similar concept)은 그들이 그후의 역사적 발전의 효과에 의해 사실상 오랜 기간 대체되어 온 영토(territory which has in fact long been superseded by the effects of later historical development)에 대한 역사적 관련(historic connection)을 소홀히 한 청구의 기초를 의미할 경우 이는 거의 의미가 없다는 것이다.[158]

이와 같이 Ott는 고전적 권원이 그 후의 역사적 발전에 의해 대체되게 된 경우 이는 의미 가 없는 것으로 되며, 대체된 권원이 의미를 갖게 된다고 하여, 고전적 권원은 역사적 발전 에 따라 새로운 권원으로 대체되어야 권원으로 인정될 수 있다고 논하고 있다. 즉, 고전적 권원의 대체의 필요성을 강조하고 있다.

4. Santiago Terres Bernardez

Bernardez는 역사적 권원의 평가는 그 권원이 발단된 때의 국제법에 의해 평가되어 왔다고 주장한다. 그러나 그는 다음과 같이 불소급의 원칙은 *Island of Palmas* Case (1928) 이후 제한되게 되었다고 하여, 즉 역사적 권원은 그 "권원의 발생 당시의 법"이 아니라 그 권원의 "대체된 평가 당시의 법"에 의해 평가되게 된다고 하여 역사적 권원의 변경의 필요성을 제의하고 있다.

역사적 권원에 대해 사례법(case-law)은 시제법의 원칙(intertemporal law principle)을 적절히 고려할 필요성을 강조하고 있다. 이에 따르면 관계권원의 평가는 권원이 주장된 발단의 시기에 효력이 있는 국제법(international law in force at the time of its alleged inception)의 기초 위에 이루어져야 한다. 그러나 이 불소급의 원칙은 *Island of Palmas* Case에서 Max Huber의 중재 판정에 의해 제한되게 되었다.[159]

---

158 Ott, *supra* n. 6, p.109.
159 Bernordez, *supra* n. 4, p.499.

이와 같이 Bernardez는 역사적 권원의 평가는 그 권원이 발생할 당시의 국제법이라는 원칙이 변경되어, 역사적 권원은 평가 당시의 국제법상 권원으로 변경되어야 함을 제의하고 있다.

5. Peter Malanczuk

Peter Malanczuk는 영토의 권원의 타당성을 결정하는 법은 취득의 순간에 효력이 있는 법이라고 하면서도, 이는 *Island of Palmas* Case 이후 훼손되고 말았다고 하여, 고전적 권원은 발전된 법의 요건을 구비하여야 한다고 다음과 같이 논하고 있다.

> 영토의 취득을 지배하는 규칙은 세기를 거쳐 변화되어 왔다. 어느 시기의 법이 영토 권원의 타당성을 결정(determine the validity of title to territory)하는 데 적용되어 야 하는가? 그것은 주장되는 취득의 순간에 효력이 있는 법(law enforce at the moment of the alleged acquisition)이다. 이는 법은 소급해서 적용될 수 없다는 일반 원칙의 한 예에 불과하다. 그러나 이러한 견해는 Palmas Isand Case에 의해 훼손되었다.[160]

6. Georg Schwarzenberger

Schwarzenberger는 역사적 권원은 법 이전의 권원이라고 다음과 같이 논하고 있다.

> 영토권원의 역사적 출발점은 전(前) 법적 주권이다(The historical starting point of titles to territory is pre-legal sovereignty). 즉 제후가 그 자신의 이름으로 영토를 방위할 권한을 갖고 영토에 대한 실효적 지배를 한 것이다.[161]

---

160 Peter Malanczuk(ed.), *Akehurst's Modern Introduction to International Law*, 7th ed. (London: Routledge, 1987), p.155.

위의 기술 중 "전(前) 법적"이란 "전(前) 국제법적"이라는 의미임은 물론이다. 위의 기술은 봉건적 권원(feudal title)은 "국제법 이전의 권원"이라는 것이다. 이는 "국제법 이전의 권원"인 봉건적 권원은 국제법으로 평가할 수 없는 권원이라는 것을 의미하며, 이는 봉건적 권원은 "국제법 이후의 권원"으로 대체되지 않으면 국제법으로 평가될 수 없다는 것을 당연히 전제로 한 설명인 것이다. 요컨대, Schwarzenberger는 봉건적 권원은 국제법적 권원으로 대체되어야 국제법상 효력이 있는 것으로 보고 있다.

7. Ian Brownlie

Brownlie는 역사적 권원에 적용될 법에 관해 시제법의 원칙에 따라 역사적 권원이 성립한 당시에 존재한 법이라는 원칙은 더 이상 유지될 수 없게 되었다고 다음과 같이 기술하고 있다.

> 많은 경우에 있어서 이 원칙은 작용할 수 없다. 즉 그의 이론적 한계 (theoretical extent)는 승인, 묵인, 금반언, 시효의 효과에 의해(by the effect of recognition, acquiescence, estopper, prescription) 감소하게 되었다.[162]

이와 같이 Brownlie는 역사적 권원에 적용되어야 할 법은 그 권원이 성립할 당시의 법이라는 원칙은 승인, 묵인, 금반언에 의해 새로운 권원으로 변경된다는 것을 인정한 것이다. 즉, 역사적 권원은 승인, 묵인, 금반언 등의 권원의 근거(root)에 의해 오늘의 국제법상 다른 권원으로 대체되어야 법적 효력이 있음을 승인하고 있다.

이상의 주장 이외에 역사적 권원의 대체 필요성은 P. C. Jessup,[163] F. C.

---

161 Schwarzenberger and Brown, *supra* n. 2, p.96.
162 Brownlie, *supra* n. 1, p.129.

Wade,[164] R. Y. Jennings,[165] M. N. Shaw,[166] D. H. N. Johnson[167] 등에 의해 주장되고 있다.

163 P. C. Jessup, "The Palmas Island Arbitration", *AJIL*, Vol.22, 1928, pp.739-740.
164 E. C. Wade, *The Minquiers and Ecrehos* Case, Grotius Society transactions for year 1954, Vol.40, 1954, pp.98-99.
165 Robert Y. Jennings, *The Acquisition of Territory in International Law* (Dobbs Ferry: Oceana, 1963), pp.28-31.
166 Malcolm N. Shaw, *International Law*, 4th ed. (Cambridge: CUP, 1997), p.347.
167 D. H. N. Johnson, "Acquisitive Prescription in International Law", *BYIL*, Vol.27, 1950, p332.

제4장

독도의 역사적 권원의 취득

제1절
독도의 역사적 권원의 변천과 대체

국가의 특정 영토의 영유권에 대한 권원은 시간의 발전축에서 볼 때 변화의 과정을 거치게 된다. 따라서 권원은 그 권원을 주장하는 시점에 따라 다를 수밖에 없는 상대적인 개념인 것이다. 한국의 독도 영유권의 권원도 그를 주장하는 시점에 따라 다를 수밖에 없는 상대적인 것이다.

(i) 신라시대에 독도 영유권의 권원은 지증왕 13년(512년) 이사부의 우산국 정복에 의해 취득된 역사적 권원이었다.

(ii) 고려시대에 독도 영유권의 권원은 신라로부터 승계된 독도 영유권의 권원의 유지를 위한 적극적인 통치권의 행사에 의한 유지된 역사적 권원과 실효적 지배에 의한 권원이었다.

(iii) 조선시대에 독도영유권의 권원은 고려시대와 마찬가지로 고려로부터 승계한 역사적 권원의 유지를 위한 소극적인 통치권의 행사를 역사적 권원과 실효적 지배에 의한 권원이었다.

(iv) 대한제국시대에는 1900년 10월 "대한제국 칙령 제41호"에 역사적 권원을 현대 국제법상의 권원으로 권원의 대체를 이루었다.[168] 따라서 대한제국시대에 독도 영유권의 권원은 "대한제국 칙령 제41호"였다.

---

168 김명기, "대한제국 칙령 제41호에 의한 역사적 권원의 대체에 관한 연구", 독도조사 연구학회, 「독도논총」, 제5권 제 1 · 2 통합호, 2010, pp. 13-27.

이와 같이 독도의 역사적 권원은 대한제국시대에 이르러 현대국제법상의 권원으로 대체되게 되었다.

제2절
신라의 독도의 역사적 권원의 취득

I. 서론

한국의 독도영유권의 역사적 권원(historical title, historic title)은 신라 지증왕 13년(512년) 이사부의 우산국정복에 있다. 흔히 영토분쟁에서 당사국은 역사적 권원을 주장하고 그 역사적 권원을 전제로 그 뒤의 실효적 지배에 의한 권원을 주장하는 것이 일반적이다.

그간 역사학자에 의해 「삼국사기」에 기록된 이사부의 우산국 정복에 관해 심도 있는 연구를 수행하여 왔고, 특히 우산국에 독도가 포함되지 아니한다는 일본측의 주장에 대해 우산국에 독도가 포함된다는 반론을 확고히 정립해 왔다고 본다. 2010년 이사부학회의 발족으로 이사부의 우산국정복에 관한 연구가 가일층 활성화되고 있다.

우리 정부당국은 이사부의 우산국 정복에 의한 독도의 역사적 권원에 관해 지극히 소극적 입장을 견지해 왔다. 그것은 아마도 "정복"은 침략행위를 구성하고 영토취득의 합법적인 방법이 아니고 따라서 영토취득의 법적 효과를 가져 오지 아니 한다는 이론을 근거로 한 것이 아닌가 추측된다.

이 연구는 오늘의 국제법에 의하면 정복은 위법한 행위로 영토취득의 효과를 가져오지 아니하나, "정복에 의한 영토취득에 적용되는 법은 영토취득시법, 즉 정복 당시의 법이며 이를 평가하는 오늘의 국제법이 아니므로" 신라에 의한 우산국 정복에 적용되는 법은 정복 당시의 국제법이므로 신라에 의한 우산국 정복은 합법적인 영토취득의 방법이라는 법이론을 제시하고 역사적 권원의 대체를 위해 역사학자와 국제법학자에 의한 학제연구의 필요성을 강조하려 시도된 것이다.

이하 (i) 독도의 역사적 권원, (ii) 정복에 관한 일반적 고찰, (iii) 정복의 위법화와 영토취득의 시제법, (iv) 신라의 우산국정복의 정복요건, 정복효과 및 합법성 검토 순으로 논하고, (v) 결론에서 정부당국에 대해 몇 가지 제의를 하기로 한다.

II. 독도의 역사적 권원

1. 독도의 역사적 권원의 기록

한국의 독도영유권의 역사적 권원은 신라 지증왕 13년(512년)에 이사부에 의한 우산국의 정복에 있다. 「삼국사기」에는 다음과 같이 기술되어 있다.

우산국이 항복하여 해마다 토산물을 조공으로 바쳤다. 우산국은 명주의 정동쪽에 있는 해도로서 혹은 울릉도라 한다. 사방이 100리로 지형이 험한 것을 믿고 복속하지 않았다. 이찬 이사부가 하슬라주 군주가 되어 말하기를 "우산국 사람들은 어리석고 사나와서 위협으로 복종시키기 어려우니 계략으로 항복시키는 것이 좋겠다"하고 목사자를 만들어 전선에 나누어 싣고서 우산국 해안에 이르러 속여서 이르기를 "너희가 만약 항복하지 않으면 이 맹수들을 풀어 너희를 밟아 죽이겠다"하니 우산국 사람들이 바로 항복했다.[169]

---

169 「삼국사기」 권4, 지증 마립간 6년 2월조; 손승철 번역(손승철, "이사부 연구사 축제 그리고 '동해학'을 위한 시설", 동북아역사재단 독도연구소 제5회 정기 독도연구 콜로키움, 2010.3.3.~5., p.8).

이 기록에 의하면 신라가 우산국을 정복하여 우산국의 영토(울릉도와 독도)가 신라의 영토로 귀속된 것이므로 독도영유권의 역사적 권원의 취득유형(mode of acquisition)은 정복(conquest)인 것이다.

2. 독도의 역사적 권원에 관한 정부의 공식적 견해

신라 이사부에 의한 우산국 정복에 의한 독도의 영유권의 역사적 권원에 관해 우리정부의 견해는 지극히 소극적이다.

1951년 1월 18일의 한국정부에 의한 "평화선 선언" 이후 한일간의 독도의 영유권문제에 관한 구술서를 통한 논쟁의 전개 이래 한국정부의 이사부에 의한 512년의 우산국 정복에 관한 공식적 표현이 없다. 즉 1953년의 "한국정부의 견해(Ⅰ),"[170] 1954년의 "한국정부의 견해(2),"[171] 2008년 2월의 일본외무성의 "다케시마 문제를 이해하기 위한 10포인트"에 대한 2008년 4월의 한국해양수산개발원의 "독도는 과연 일본영토였는가?"[172] 그리고 2008년의 동북아역사재단의 "독도의 진실"[173]등에 512년 신라 이사부의 우산국 정복에 관한 기술이 없다.

다만, 1959년의 "한국정부의 견해(3)"에[174] 다음과 같은 반박 기술이 있다.

---

170 The Korean Government, The Korean Government's Rufutation of the Japanese Goremment's View Concerning Dokdo(Takeshima) dated July 13, 1953(September 9, 1953)

171 The Japanese, Government, The Korean Government's Refuting the Japanese Government's View of the Territorial Ownership of Dokdo(Takeshima) Taken in the Note Vervale No. 15/A2 of the Japanese Ministry of Foreign Affairs dated February 10, 1954(September 25, 1954)

172 한국해양수산개발원, 『독도는 과연 일본의 영토였는가?-일본외무성 독도홍보자료에 대한 비판-』 2, 2008. 4. 16.

173 동북아 역사재단, 「독도는 과연 일본의 영토였는가?-일본외무성 독도홍보자료에 대한 비판-」 2, 2008. 4. 16.

174 The Korean Government, The Korean Government's View Refuting the Japanese

신라 지증왕 당시에 우산국이 신라에 귀속되었다는 사실과 그 우산국은 이조 초기에 이르러서는 분명히 울릉 우산 양도를 포함한 것으로 인지되어 관찬지리 지를 비롯한 기타 공식기록에 수록되었다. 따라서 울릉도의 속도인 우산도 즉 독도도 영역의 일부로 분명히 간주되어 있었다는 사실에 추호의 의문을 품을 여 지가 없다(제3항 2).

신라의 우산국 정복에 관한 정부의 유일한 견해인 상기 기술 중 "역사적 권 원", "영토의 취득" 그리고 "정복"이라는 표현이 없다. 따라서 독도의 역사적 권원을 국가성립에 기초인 본원적 권원(original title)으로 보는 것인지 국가성 립 이후 추후의 정복에 의한 취득권원 (acquisitive title)으로 보는 것인지 명백 하지 아니하다. 다만 "신라에 귀속되었다"는 표현에 중점을 두어 보면 신라의 취득 권원으로 보는 것 같이 추정된다.

우리 역사학자들은 신라의 우산국 귀복을 "정복"으로 보고 있는 것이 일반 적이라 할 수 있다.[175]

Government's Version of the Ownershif of Dokdo dafed September 20, 1956(January 1, 1959)

175 512년 신라 이사부에 의한 우산국의 복속을 "정복" 또는 "정벌"로 표현한 표현은 다음 과 같다.
(i) 손승철, "이사부 연구와 축제, 그리고 동해학을 위한 서설" 동북아 역사재단 독도 연구소, 「제5회 정기 독도연구 콜로키움」, 2010.3.3.~5., p.8.
(ii) 윤명철, "이사부, 우산국 정복의 역사적 가치와 21세기적 의미," 강월일보·삼척 시·강원개발연구원, 「이사부 그 다이나믹한 동해의 기억 - 그리고 내일」, 2008.
(iii) 강봉룡, "이사부 생애와 활동의 역사적 의의," 한국이사부학회, 『이사부와 동 해』, 창간호, 2010, pp.250, 262, 263, 264, 267.
(iv) 한국근대사자료연구협의회, 「독도연구」, 서울: 문광사, 1980, p.83.
(v) 박관숙, "독도의 지위," 독도학회, 『한국의 독도연구사』, 서울: 독도보전 협회, 2003, p.15.
(vi) 해양수산부, 「독도생태계 등 기초조사연구」, 서울: 한국해양연구소, 2000, p.772.
(vii) Myung-Ki Kim, *Territorial Sovereignty over Dokdo and International Law* (Claremont, California: Paige Press, 2000), p.40.

III. 정복에 관한 일반적 고찰

1. "정복"은 "debellatio", "conquest", "subjugation", "annexation" 등 여러 가지 용어로 사용되나 이들 용어를 우리말로 모두 "정복"이라 표현하기로 한다.

Debeilatio, conquest, subjugation, annexation 등의 개념의 구분과 이들 개념 간의 관계에 관해 학자의 견해가 구구 각각이며, 아직 일치된 견해가 없다.[176] 그러나 이들 정의의 최소한의 내용은 "한 교전국가가 전체적으로 패망했기 때문에 그의 반대국가 또는 반대 국가들이 패망국가의 영토의 운명을 단독으로 결정할 수 있는 것이다(one of the belligerent states has been defeated so totally that its adversary or adversaries are able to decide alone the fate of the territory of that state … will be)"[177] 따라서 정복은 "패망국가의 존재를 종료시키고 그 국가의 영토를 정복자의 국가주권하에 두는 병합(very annexation which Uno actual makes the vanquished state cease to exist, and brings the territory under the conqueror's state sovereignty)",[178] "패망국가의 전영토의 병합(all territory of the vanquished state is annexed),"[179] "정복자가 정복을 완전히 수립하고 전쟁상태가 종료된 후에 공식적으로 그 영토를 병합하는 경우에 영토취득의 한 유형(a mode of acquisition only if the conqueror, after having fully

---

176 Karl-Ulrich Meyn, "Debellatio," *EPIL,* Vol.3, 1982, pp.145-46.

177 *Ibid.*, p.46.

178 J. L. Kunz, "The Legal Status of Occupied Germany under International Law: Legal Dilemma?," *West Pol. Q.,* Vol.3, 1950, p.553.

179 Oscar Svarlien, *An Introduction to the Law of Nations* (New York: MacGraw-Hill, 1955), p.177.

established, and the state of war having come to an end, then formally annexed the territory)"[180] 또는 "전시에 한 교정자가 적국영토의 전부 또는 일부를 그 영토에 대해 자신의 국가주권을 확장할 의사로 점령한 힘의 행위(or act of force by which, in time of war, a belligerent occupied a part or whole of the territory of enemy state with the intention of extending its own national sovereignty over that territory)"[181]라고 할 수 있다.

나. 구별되는 개념

(1) 점령

정복은 점령(belligerent occupation, military occupation)과 구별된다. 점령은 전시에 일방교전당사가가 타방교전당사자의 영토내에 침범하여 적의 세력을 배제하고 영토의 일부 또는 전부를 사실상 군대의 지배하에 두는 상태, 즉 적의 세력을 배제하고 주민의 반항이 끝이고 질서가 유지된 상태를 말한다.[182]

(i) 정복은 전쟁종료 후에 성립되나, 점령은 전쟁 중에 성립하며,[183] (ii) 정복으로 적의 영토주권이 취득되나, 점령으로 적의 영토를 사실상 지배하나 영유권을 취득하는 것은 아니다.[184] (iii) 18세기 이전에 정복은 영토취득의 효과가 인정되었으나 오늘에는 이는 금지되나, 점령은 전쟁법상 금지하지 아니한다.[185]

---

180 Robert Jennings and Arthur Watls(eds.), *Oppenheim's International Law,* Vol.1, 9th ed.(London: Longman, 1992), p.699.

181 Erich Kussbach, "Conquest," *EPIL,* Vol.3, 1982, p.120.

182 Michael Bothe, "Occupation, Belligerent," *EPIL,* Vol.4, 1982, p.64.

183 Michael Bothe, "Belligerent Occupation," *EPIL,* Vol.4, 1982, p.64.

184 J. G. Starke, *Introduction to International Law,* 9th ed.(London: Butlerworth, 1984), p.537.

185 Gorg Schwarzenberge, *International Law: The Law of Armed Conflict*(London: Stevens,

(2) 조차

정복은 조차(lease)와 구별된다. 조차는 일국이 타국과의 특별한 합의에 의하여 타국 영역의 일부를 차용하는 것을 말한다.[186]

(i) 정복은 영토취득의 효과를 가져 오나 조차는 영토취득의 효과를 가져오지 아니한다.[187] (ii) 정복은 영구적이나 조차는 일시적이다.[188] 정복은 무력행사의 금지로 금지되나, 조차는 금지되지 아니한다.[189]

2. 정복의 성립요건

상술한 바와 같이 우리말로 "정복"을 뜻하는 debellatio, conquest, subjugation의 개념이 학자에 따라 구구 각각으로 정의되고 있으므로,[190] 정복의 요건 또한 이들 개념이 다름에 따라 달라질 수밖에 없다. 여기서는 정복을 debellatio로 보고 그의 요건을 제시해 보기로 한다. 물론 debellatio의 개념도 일정된 바 없으므로 여기서는 가장 일반적인 개념으로서의 debellatio를 "정복"으로 보고 이에 관한 성립요건을 개관하기로 한다. 따라서 "정복"을 conquest 또는 subjugation으로 볼 경우 후술하는 정복의 성립요건은 다소의 차이가 있을 수 있음을 밝혀 두기로 한다.

1968), p.317.
186 Christian Rumps, "Territory, Lease," *EPIL,* Vol.10, 1987, p.507.
187 Jennings and Watts, *supra* n.12, p.699.
188 Rumps, *supra* n.18, p.507.
189 Kussbach, *supra* n.13, p.120; 1878년 이래 영국의 행정권하에 있던 싸이프러스도를 1941년 영국과 터키간의 전쟁발발 이후 즉시 병합했고, 1922년의 로잔조약(Treaty of Lausanne) 제20조에 의해 터키는 1914년의 병합을 승인했다. 이도 "정복"은 아니다 (Jennings and Watts, *supra* n.12, p.699. n.3).
190 Meyn, *supra* n.8, pp.145-46.

가. 적국영토의 전부 정벌

정복은 패망 적국영토의 전부(all territory of the vanquished enemy state)를 정벌하여야 한다.[191] 영토의 일부의 정벌은 다른 영토로부터 전쟁을 계속할 수 있기 때문이다.[192] 적국영토의 일부를 정벌하는 경우는 그 일부 영토에 대해 할양(cession)이 있을 뿐 그것은 정복이 아니다.[193]

적국영토의 전부의 정벌은 적국이 멸망하는 한 순간 어느 국가에도 귀속되지 아니하는 무주지로 되었다가 정복국의 병합에 의하여 정복국의 영토로 되어 정복이 완결되게 된다.[194]

나. 전쟁의 종료

정복은 전쟁이 종료되어야 한다(the war had come to an end).[195] 완전한 정벌의 수립(established the conquest)은 전쟁상태가 종료되어야하기 때문이다.[196] 전쟁이 종료되기 이전에는 점령(belligerent occupation)만이 있을 수 있고 정복은 성립되지 아니한다. 전쟁의 종료에 의해 정벌자는 패망국의 영토로 병합하여 정복은 완결되게 된다.[197]

다. 영토 확장의 의사

정복은 정벌한 지역을 정복자의 국가주권으로 확장한 의사(intention of

---

191 Kunz, *supra* n.10, p.553; Svalien, *supra* n.11, p.177; Meyn, *supra* n.8, p.146.
192 *Ibid.*
193 Svarlien, *supra* n.11, p.177.
194 Kunz, *supra* n.10, p.553.
195 Jennings and Watts, *supra* n.12, p.699; Peter Malanczuk(ed.), *Akehurst's Modern Introduction to International Law,* 7th ed. (London: Routledge, 1987), p.251; Isagani A. Cruz, *International Law*(Queson: Central Lawbook, 1985), p.113.
196 Jennings and Watts, *supra* n.12, p.699.
197 *Ibid.*

extending its own national sovereignty)가 있어야 한다.[198] 영토 확장의 의사가 없으면 정벌은 점령(belligerent occupation)으로 끝나게 된다. 평화조약에 의해 이 의사는 확인되게 된다.[199]

라. 실효적 정벌의 수립

정복은 실효적 정벌을 수립하여야 한다(to establish effective conquest)[200] 즉, 정벌영토에 대한 확고히 수립된 지배(firmly established dominion over the conquered territory)가 있어야 한다.[201] 정벌자는 점유를 일정기간 계속하여야 한다(continue the possession for an indefinite period)[202]

적의 어떠한 저항도 효과적이고 최종적으로 전복하여야 한다(effective and final overthrow of any resistance).[203] 적국뿐만 아니라 적의 동맹국의 상실된 점유의 회복을 위한 투쟁(fight for recovery of the lost possession)이 없어야 한다.[204]

마. 적국 영토의 병합

정복은 적국 영토의 병합(annexation of the enemy territory)이 있어야 한다.[205] 정벌에 의해 패망국은 국제법의 주체인 국가로서 존속하지 아니하게

---

198 Kussbach, *supra* n.13, p.120; Georg G. Wilson, *International Law*, 9th ed. (New York: Silver, 1940), p.113; Clive Parry, "The Function of Law in International Community," in Max Sorensen(ed.), *Manual of Public International Law*(New York: Macmillan, 1968), p.18.
199 Wilson, *supra* n.31, p.113.
200 Meyn, *supra* n.8, p.147; Jennings and Watts, *supra* n.12, p.699; Parry, *supra* n.31, p.18.
201 *Ibid.*
202 Wilson, *supra* n.31, p.113.
203 Meyn, *supra* n.8, p.147.
204 Kussbach, *supra* n.13. p.120.
205 Kunz, *supra* n.10, p.553; Cruz, *supra* n.28, p.113; Meyn, *supra* n.8, p.147; Jennings and

되어 패망국의 영토는 일순간 어느 국가의 영토에도 속하지 아니하는 영토, 즉 무주지로 되었다가 정벌국의 병합에 의해 정복국의 영토로 귀속되게 된다.[206]

소멸된 패망국의 영토는 병합에 의해 정복국의 영토로 되고,[207] 정복국은 병합에 의해 패망국의 영토를 취득하게 된다.[208]

패망국은 국제법의 주체로서 소멸되게 되었으므로 이 병합은 정벌국의 일방적 선언에 의하게 된다.[209]

3. 정복의 효과

가. 영토의 취득

정복은 정복국이 패배한 적국 영토를 취득(acquisition of territory)하는 효과를 발생한다.[210] 정복국의 패배한 적국영토의 취득은 상속의 성질을 갖는다.[211] 따라서 정복국의 주권은 전자의 승계자인 것이다(sovereignty is the successor of the former).[212] 그러므로 취득 영토에 종속된 조약인 대물조약(real treaties)은 원칙적으로 정복국에 승계된다. "국가의 승계에 관한 비엔나 협약"(Vienna Convention on Succession of States in Respect of Treaties, 이하 "국가승계조약"이라 한다)은 국경제도(boundary regimes)에 관한 조약(제11조)

Watts, *supra* n. 12, p.699; Starke, *supra* n.16, p.160.

206 Kunz, *supra* n.10, p.553.
207 Svarlien, *supra* n.11, p.179.
208 Jennings and Watts, *supra* n.12, pp.698-99.
209 Rudolf Bernhardt, "Annexation," *EPIL,* Vol.3, 1981, pp.19-20.
210 Jennings and Watts, *supra* n. 12, pp.698-99; Kunz, *supra* n.10, p.553; Kussbach, *supra* n, 13, p.119; Meyn, *supra* n.8, p.145; Wilson, *supra* n.31, p.113; Malanczuk, *supra* n.28, p.152; Parry, *supra* n. 31, p.18.
211 Jennings and Watts, *supra* n.12, p.700.
212 *Ibid.*

과 기타 영토제도(other territorial regimes)에 관한 조약은 승계된다고 규정하고 있다(제11조).

정복의 패배한 적국 영토의 취득효과는 종전의 국제법상 효과이고 오늘의 국제법상 효과는 아니다. 이 점에 관해서는 후술(ⅳ)하기로 한다.

정복에 의해 영토를 취득한 예로 1860년에 이탈리아에 의한 에밀리아(Emilia) 정복, 1800년에 영국에 의한 미얀마(Burma)정복, 1896년에 프랑스에 의한 마다카스카르(Madaqascar)정복, 1900년에 영국에 의한 남아프리카 공화국 정복, 1900년에 영국에 의한 오렌지 자유국가(Orange Free State) 정복 등을 들 수 있다.[213]

나. 정복국의 국적 취득

정복국에 의해 취득된 패배한 적국의 영토에 주소를 갖고 있는 적국민은 정복국의 국민의 지위를 가지며 국적선택권의 부여되지 아니한다.[214] 그러나 적국의 영토에 주소를 갖지 아니하고 해외에 주소를 갖고 있는 적국민은 정복국의 국민의 지위를 갖지 아니한다.[215]

다. 제3국의 간섭권 부재

정복에 의한 정복국의 영토취득에 관해 제3국은 간섭할 권리(a right of intervention)가 없다.[216] 다만, 세력균형의 위협을 받거나 결정적 이익이 침해(vital interests were at stake)될 경우는 예외이다.[217]

---

213 M. M. Whiteman, *Digest of International Law,* Vol.2(Washington, D.C.: USGPO, 1963), P.1115; Cecil J. B. Hurst, "State Succession in Maters of Tort," *BYIL,* Vol.5, 1924, pp.164-73.

214 Jennings and Watts, *supra* n.12, p.700.

215 *Ibid.*

216 *Ibid.,* p.702.

217 *Ibid.*

라. 제3국의 승인

정복국의 취득한 영토에 대한 권원의 타당성(validity of the title)은 제3국의 승인 여부에 의존하지 아니한다.[218] 정복국이 취득한 영토가 정복국의 영토라는 제3국의 승인이 있어야 정복국의 영토로 인정되는 것이 아니다. 제3국의 정복국에 대한 항의도 법적 가치(legal weight)가 없는 것이다.

마. 정복의 효과에 적용법

정복의 효과에 적용되는 국제법은 정복에 의한 권원이 국제법에 의해 승인된 때로 소급된다(goes back the time when title by subjugation was recognized in international law)[219] 즉 정복의 효과에 적용되는 국제법은 오늘의 국제법이 아니라 정복당시의 국제법인 것이다. 이점 후술(ⅳ.2)하기로 한다.

Ⅳ. 정복의 위법화와 영토취득의 시제법

1. 정복의 위법화

"국가의 전쟁수행권과 정복권에 의한 영토취득권은 제한이 없었다(the right of states to go to war and to obtain territory by right of conquest was unlimited)".[220] 그러나 20세기 초부터 국가의 무력행사가 위법화되게 됨에 따라 정복권 또한 위법화되고 금지되게 되었다.[221]

국가의 무력행사의 위법화·금지화에 따라서 정복권의 위법화·금지화

---

218 *Ibid.*
219 *Ibid.*
220 *Ibid.*
221 Ian Brownlie, *International Law and the Use of Force by Sates*(Oxford; Clarendon, 1963), pp. 56ff.

가 실정법화 되는 과정을 보면 다음과 같다.

가. 1919년의 국제연맹규약

1919년의 "국제연맹규약"(the Covenant of the League of Nations)은 연맹회원국의 영토보전 및 정치적 독립 존중의 의무를 다음과 같이 규정하고 있다.

연맹회원국은 모든 연맹회원국의 영토보전 및 정치적 독립을 존중하고 또한 외부의 침략에 대하여 이를 옹호할 것을 약속한다(The Members of the League undertake to respect and preserve as against external aggression the territorial integrity and existing political independence of all Members of the League)(제10조)[222]

나. 1928년의 부전조약

1928년의 부전조약(Briand-Kellogg Pact)은 국가의 정책수단으로서의 전쟁을 포기한다고 다음과 같이 규정하고 있다.

체약국은 국제분쟁의 해결을 위하여 전쟁에 호소함을 불법으로 하며 국가의 정책수단으로서의 전쟁을 포기할 것을 그들의 각자의 국민의 이름으로 엄숙히 선언한다(the High Contracting parties solemnly declare in the name of ther respective peoples that condemn recourse to war tor the solution of international controversies, and renounce it as an instrument of national policy in their relations with one another)(제1조).[223]

다. 1945년의 국제연합헌장

1945년의 국제연합헌장(the Charter of the United Nations)은 회원국의 영토

---

222 *Ibid.,* p.217.
223 Part I of the Versailles Peace Treaty, 1919, Art.rl; Edmund Jan Osmanczyk, *Encyclopedia of the United Nations,* 2nd ed.(New York: Taylor, 1990), p.514.

보전과 정치적 독립에 대해 무력의 위협이나 행사의 금지에 관해 다음과 같이 규정하고 있다.

모든 회원국은 그의 국제관계에 있어서 다른 국가의 영토보전이나 정치적 독립에 대하여 또는 국제연합의 목적과 양립하지 아니하는 어떠한 기타 방법으로도 무력의 위협이나 행사를 삼가한다(all Members shall refrain in their international relations from the threat or use of force against the territorial integrity or political independence of any state, or in any other manner inconsistent with the purpose of the United Nations)(제2조(4)).[224]

라. 1949년의 미주국가조직 헌장

1948년의 미주국가조직 헌장(the Charter of the Organization of American State)은 국가의 영토는 불가침이라고 다음과 같이 규정하고 있다.

국가의 영토는 불가침이다. … 무력이나 기타 강제수단에 의해 획득된 영토 취득이나 특별이익은 승인되지 아니한다(the territory of a state is inviolable. … no territorial acquisitions or special advantages obtained either by force or by other means of coercion shall be recognized)(제20조).[225]

마. 1969년 조약법 협약

1969년의 "조약법에 관한 비엔나 협약"(Vienna Convention on the Law of Treaties, 이하 "조약법 협약"이라 한다)은 힘의 위협이나 행사에 의해 체결된 조약은 무효라고 다음과 같이 규정하고 있다.

국제연합헌장에 구현된 국제법의 제원칙을 위반하여 힘의 위협 또는 행사에 의하여 조약의 체결이 감행된 경우에 그 조약은 무효이다(a treaty is void if its

---

224 *Ibid.*, p.110; LN, *LNTS*, Vol.94, pp.57.
225 Osmanczyk, *supra* n.56, p.946.

conclusion has been procured by the threat or use of force in violation of the
principles of international law embodied in the Charter of the United Nations)
(제52조).[226]

바. 1970년의 우호관계 및 협조에 관한 국제법원칙의 선언

1970년 국제연합 총회에서 채택된 "국제연합헌장에 따라 국가간의 우호관
계 및 협조에 관한 국제법의 원칙 선언"(Declaration of Principles of International
Law Concerning Friendly Relations and Co-Operation among States in Accordance
with the charteur of the United Nations)은 국가의 영토는 무력의 위협이나 행
사에 대한 취득의 대상이 되지 아니한다고 다음과 같이 선언하고 있다.

> 국가의 영토는 힘의 위협이나 행사의 결과를 타국가의 취득의 대상이 되지 아
> 니한다. 힘의 위협이나 행사의 결과에 다한 영토취득은 법적으로 승인되지 아니
> 한다(the territory of a state shall not be object of acguisition by another state
> resulting from the threat or use of force. No territorial acquisition resulting from the
> threat or use of force shall be recognized as legal).[227]

사. 침략의 정의에 관한 결의

1974년 국제연합 총회에서 채택된 국제연합의 침략의 정의(UN Definition
of Aggression)는 무력을 행사하여 타국영토의 병합은 침략이라고 다음과 같
이 규정하고 있다.

> 일 국가의 군대가 타국가의 영토를 침범하거나 공격할 경우 또는 그와 같은
> 침범과 공격의 결과로 잠정적이나마 군사적으로 점령을 하거나 또는 무력을 사
> 용하여 타국영토의 전부나 일부를 병합할 경우(the invasion or attack by the
> armed forces of a state of the territory of another state, or any military occupation,

---

226 *Ibid.*, p.153.
227 *Ibid.*, p.1001.

however temporary, resulting from such invasion or attack, or any invasion by the use of force of the territory of an other state or part there of)(제3조 a)[228]

이와 같이 무력의 위협이나 행사는 금지되고 영토보전은 보장되게 됨에 따라 정복은 위법화·금지화되게 되었다.

2. 영토취득의 시제법

국제법의 시간적 저촉을 해결하는 규칙을 시제법(intertemporal law)이라 한다.[229] 신법(후법)과 구법(선법)이 저촉될 경우 시제법에 의하면 신법이 우선적으로 적용되게 된다. 이를 신법(후법) 우선이 원칙(rule lex posterior derogat prior)이라 한다.[230]

그러나 영토의 취득에 관하여 영토의 취득시법과 영토의 취득 평가시법이 저촉될 경우 취득시법이 평가시법에 우선하게 된다. 이는 신법의 불소급의 원칙(principle of retroactivity)의 적용의 한 예에 불과하다.[231] 이는 학설, 국제판례 그리고 국제협약에 의해 일반적으로 승인되어 있다.

가. 학설

Peter Malanczuk는 "영토의 취득을 규율하는 규칙(the rules governing acguisition of territory)은 수세기동안 변경되어 왔다. 일반적으로 승인된 견해는 영토권원의 타당성은 그 권원이 주장된 순간에 효력이 있는 법에 의존한다

---

228 GA Re 2625(XXV), Oct. 24, 1970; Osmanczyk, *supra* n.56, p.460.
229 GA Re 3314(XXIX) Dec.14, 1974; Osmanczyk, *supra* n.56, p.17.
230 Anthony D'Amato, "International law, Intertemporal Problems," *EPIL*, Vol.9, 1986, p.191.
231 Wolfram Karl, "Conflicts between Tredties," *EPIL*, Vol.7, 1984), p.469; Hans Kelsen, *Principles of International* Law, 2nd ed.(New York, Holt, 1967), p.469; Georg Schwarzenberger and E. D. Brown, *A Manual of International Law,* 6th ed. (Milton: Professional Books, 1976), p.131.

(the validity of title to territory depends on the law in force at the moment of the alleged acquisition)는 것이다. 이 해결은 법은 소급적으로 적용되지 아니한다(law should not be applied retroactively)는 실직적인 한 예에 불과하다"라고[232] 기술하여 영토취득에 관하여는 영토취득시법이 적용된다고 주장한다.

Malcolm N. Shaw는 "어떤 분쟁에 있어서 문제의 주장이나 사태(in a dispute claim or situation)는 그것이 형성된 후의 일자가 아니라 그것이 형성된 시간에 존재한 조건과 규칙에 따라 평가되어야 한다(has to be examined according to the conditions and rules in existence at the time it was made and not a late date)는 것이 일반적 규칙이다"라고[233] 기술하여 주장이 형성된 순간, 즉 권원이 취득된 시의 법이 적용된다고 주장한다.

Gerald Fitzmaurice는 문제의 사태에 적용되는 "규칙은 그것이 오늘 존재함이 아니라 그것이 존재했던 때의 국제법의 규칙(the rules of international law as they existed at the time and not at they exist today)이다"라고[234] 논하여 문제의 사태에 적용되는 법, 즉 영토의 취득에 적용되는 법은 그 취득시의 법이라는 견해를 표시하고 있다.

Ian Brownlie는 상기 Fitzmaurice의 기술을 그대로 인용하여[235] 취득시법이 적용된다는 견해를 표명하고 있다.

Anthony D'Amato는 영토의 취득에 관한 국제법의 발전과 변화에 따라 적용하여야 할 법에 관해 "국제법의 변화는 통상 장래로 향해 적용되고 소급해서 적용되지 아니하는 것으로 기대되어 있다(the Changes are normally expected

---

232 Malanczuk, *supra* n. 28, p. 157.
233 *Ibid.*
234 Malcolm N. Shaw, *International Law,* 4th ed. (Cambridge: Cambridge University Press, 1997), pp. 346-47.
235 Gerald Fitzmaurice, "The Law and Procedure of the International Court of Justice: General Principles and Source of Law," *BYIL,* Vol. 30, 1953, p. 5.

to apply prospectively and not retroactively)"라고[236] 논하여 변화된 법의 불소급의 원칙을 주장하고 있다.

Robert Jennings와 Arthur Watts는 정복에 의해 취득된 영토의 권원의 근거에 관해 "현재의 권원의 근거는 정복에 의한 권원이 국제법상 승인된 때로 되돌아간다(the root of present title goes back to the time when title by subjugation was recognized in international law)"라고[237] 표현하여 정복에 의한 영토취득에 적용되는 법은 정복시법, 즉 영토취득시법을 주장하고 있다.

이러한 취지의 견해는 E. T. Elias,[238] H. Thirlway[239] C. H. M. Waldock[240] 등에 의해 주장된다.

나. 국제판례

(1) *Island of Palmas* Case(1928)

Island of Palmas Case(1928)에서 Huber 중재관은 발견의 효과는 발견 당시의 국제법에 의해 결정된다고 다음과 같이 판시했다.

> 그러므로 스페인에 의한 발견의 효과는 16세기 전반에 효력이 있는 국제법의 규칙에 의해 결정된다(the effect of discovery by Spain is therefore to be determined by the rules of international law in fore in the first half of 16th century).[241]

---

236 Ian Brownlie, *Principles of Public International Law,* 5th ed. (Oxford: Oxford University Press, 1998), p.127.
237 D'Amato, *supra* n.63, p.192.
238 Jennings and Watts, *supra* n.12, p.702.
239 T. O. Elias, "The Doctrine of intertemporal Law," *AJIL,* Vol.114, 1980, p.285.
240 H. Thirlway, "The Law and Procedure of the International Court of Justice," *BYIL,* Vol.60, 1989, p.128.
241 C. H. M. Waldock, "Disputed Sovereignty in the Falkland Islands Dependencies," *BYIL,* Vol.25, 1945, p.320.

(2) *Minquiers and Ecrehos* Case(1953)

Minquiers and Ecrehos Case(1953)에서 국제사법재판소는 역사적 권원의 대체에 의한 새로운 권원은 오늘의 법이 아니라 대체 당시의 법 즉 취득시법에 의해 인정 된다고 다음과 같이 판시했다.

그와 같이 주장된 프랑스왕의 차넬도에 관한 본원적인 본건적 권원을 대체 당시의 법에 따라 타당한 다른 권원으로 대체되지 아니하는 한 법적 효력이 없다 (such an alleged original feudal title of the King of France, in respect of the Channel islands could produce no legal effect, unless it had been replaced by another title valid according to the law of the time of replacement).[242]

(3) *Western Sahara* Case(1975)

Western Sahara Case(1975)에서 국제사법재판소는 선점의 요건인 대상인 무주지는 성립을 "주장하는 시에" 무주지이여야 한다고 하여 시효에 의한 영토취득은 그 시효성립시법에 의한다고 다음과 같이 판시했다.

문제의 문언은 명백히 그 기간에 효력이 있는 법을 참조하여 해석되어야 한다. … 유효한 선점의 결정적 요건은 그 영토가 무주지 — 선점을 구성하는 주장된 행위의 시간에 누구에게도 속하지 아니하는 영토 — 이여야 하는 것이다. 따라서 재판소의 견해는 서사하라가 스페인에 의한 식민화의 시에 그것이 누구에게도 속하지 아니했다는 것이 성립된 경우에만 가능할 수 있다(the words of the question have to interpreted by reference to the law in force at that period. … it was a cardinal condition of valid occupation that the territory should be *terra nullius* — a territory belong to no one — at the time of the act alleged to constitute the occupation).[243]

---

242 Osmanczyk, *supra* n. 56, p. 1000.
243 UN, *RLAA*, Vol. 2, 1949, pp. 845-46.

(4) *Gkisbadra* Case(1907)

영토취득의 권원은 취득시법에 의해 결정된다는 판정은 *Gkisbadra* Case (1909)[244]에서도 판시된바 있다.

법은 장래로 향해 적용되고 소급해서 적용될 수 없다는 불소급의 원칙 (principle of non-retroactivity)은 다음과 같은 판결에 의해 승인되어 왔다.

> *Marvommatis Palestine Concession* Case(1924)에서 상설국제사법재판소는 "그 문서가 효력을 갖기 이전에 침범에 의해 승인된 권리의 보호를 위한 의정서의 조항의 규정이 제정되어 있지 아니한다면 문제의 권리의 보호를 위해 필요한 바로 그 기간에 의정서는 효력이 없는 것으로 된다(if provision were not made in the clauses of the Protocol for the Protection of the rights recognized therein as against infringements before the coming into force of that instrument, the Protocol would be ineffective as regards the very period at which the rights in question are most in need of protection)"고[245] 판결했다.

(5) *Ambatielos* Case(1952)

Ambatielos Case(1952)에 국제사법재판소는 다음과 같이 판시했다.

> "이의 어떠한 규정도 이전에 효력을 가져왔다고 생각하는 것을 견지하는 것은 불가능하다(it is therefore impossible to hold that any of its provisions must be deemed to have been in force earlier)."

(6) *Morocco* Case(1952)

Morocco Case(1952)에서 국제사법재판소는 조약의 문언은 그 조약이 체결된 때의 의미를 고려하여야 한다고 다음과 같이 판시했다.

---

244 ICJ, *Reports,* 1953, p.56.
245 ICJ, *Reports,* 1975, p.30.

"두개의 조약이 체결된 시간에 있어서 분쟁이란 단어의 의미를 고려할 필요가 있다(it is necessary to take into account the meaning of the word "dispute" at the times when the two treaties ware concluded)."[246]

다. 국제협약

"조약법에 관한 비엔나 협약"(Vienna Convention on the Law of international Treaties, 이하 "조약법 협약"이라 한다)은 조약의 불소급의 원칙을 다음과 같이 규정하고 있다.

별도의 의사가 조약으로부터 나타나지 아니하거나 또는 달리 확정되지 아니하는 한 그 조약의 규정은 그 발효이전에 당사자에 관련하여 발생하는 행위나 사실 또는 없어진 사태에 관하여 그 당사국을 구속하지 아니한다(unless a different intention appears from the treaty or is otherwise established, its provisions do not bind a party in relation to any act or fact which took place or any situation which ceased to exist before the date of the entry into force of the treaty with respect to that party)(제28조).[247]

힘의 위협이나 행사는 위법화·금지화 되고 영토보전은 보장되게 됨에 따라 정복에 의한 영토취득은 위법화·금지화 되게 되었다. 그러나 영토취득의 시제법은 영토취득시법이며 이를 평가하는 평가시법이 아니므로 정복에 적용되는 법도 점령시법이며 이는 평가하는 평가시법이 아니다. 따라서 1919년 이전의 정복은 정복사법에 의해 합법적인 것이다.

---

246 PCIJ, *Series A,* No.2, 1924, p.34.
247 ICJ, *Reports,* 1952, p.40.

V. 신라의 우산국 정복의 정복요건, 정복효과 및 합법성 검토

1. 정복의 요건 검토

가. 영토의 전부전멸

정복은 적국의 영토의 전부를 정벌함을 요한다.[248] 이사부는 우산국의 전 영토를 정벌했으므로[249] 이는 적국의 영토의 전부를 정벌함을 요한다는 요건을 충족한 것임은 검토의 여지가 없다.

나. 전쟁의 종료

정복은 정복국과 피정복국 간에 전쟁상태가 종료됨을 요한다.[250] 이사부의 우산국 정벌로 신라와 우산국 간의 전쟁상태는 종료된 것이므로[251] 이는 전쟁상태 종료를 요한다는 정복의 요건을 충족한 것이다.

다. 영토확장의 의도

정복은 정복국이 피정복국의 영토를 취득하여 정복국의 영토를 확장하려는 의도가 있음을 요한다.[252]

신라의 우산국 정복은 신라에게 이러한 의도가 있었음은 이사부가 우해왕의 항복을 받을 때 "우산국은 신라의 땅으로 강릉군수의 지배를 받는다"라

---

248 ICJ, *Reports,* 1952, p.189.
249 *Supra* n.24.
250 신라가 "우산국"의 항복을 받았다(「삼국사기」, 권4, 지증마립간 8월 2일조)는 것은 전 우산국의 전영토의 정복을 의미 한다.
251 *Supra* n.24.
252 우산국이 항복한 것(「삼국사기」, 권4, 지증마립간 8월 2일조)은 전쟁 상태의 종료를 의미한다.

고[253] 한 점, 정복 후 신라가 우산국의 영토를 반환하지 아니한 것으로부터 확인된다.

라. 실효적 지배의 수립

정복은 정복국이 피정복국을 실효적으로 지배함을 요한다.[254] 이 실효적 지배는 우산국의 우해왕이 항복한[255] 점, 그리고 신라는 우산국 정복 후 계속해서 조공을 받은[256]점으로 확인된다.

마. 전국영토의 병합

정복은 적국의 전국영토를 병합함을 요한다.[257] 이사부가 우해왕으로부터 항복을 받았고,[258] 우산국은 신라의 땅으로 강릉군수의 지배를 받는다고 한 것은[259] 우산국의 전국영토를 병합한 것이다.

이와 같이 512년 신라의 우산국 정벌은 정복의 요건을 모두 충족한 것이다. 그러므로 이는 다음과 같은 정복의 효과를 가져오게 한다.

2. 정복의 효과 검토

가. 영토의 취득

정복은 영토취득의 효과를 가져 온다.[260] 따라서 신라는 우산국 정벌로 우

---

253 *Supra* n.31.
254 강봉룡, "이사부 생애와 활동의 역사적 의의," 한국이사부학회, 『이사부와 동해』, 창간호, 2010, p.266.
255 *Supra* n.33.
256 강봉룡, 같은 책, p.266.
257 「삼국사기」 권4, 지증마립간 8월 2일조.
258 강봉룡, 같은 책, 같은 곳.
259 강봉룡, 같은 책, 같은 곳.
260 *Supra* n.44.

산국의 전 영토를 병합에 의해 신라의 영토로 취득하여 정복을 종료한 것이다.

나. 정복국의 국적취득

정복에 의해 정복한 영토에 거주하는 피정복국 국민은 정복국의 국적을 취득하게 된다.[261] 따라서 우산국의 국민은 신라의 국민이 된다.

다. 제3국의 간섭권 부재

정복국의 피정복 적국 영토의 병합에 대해 제3국은 어떠한 간섭도 할 수 없다.[262] 따라서 신라의 우산국 정복에 대해 제3국, 특히 일본은 어떠한 간섭도 할 수 없다.

라. 제3국의 승인

정복국의 피정복 적국 영토의 병합에 대한 제3국의 승인·불승인에 관계없이 정복국은 피정복 적국영토의 영유권을 취득한다.[263] 따라서 제3국, 특히 일본의 승인·불승인에 관계없이 신라는 우산국 영토의 영유권을 취득한다.

3. 정복의 합법성 검토

가. 정복 당시의 국제법에 의한 적법성

신라가 우산국을 정복한 512년 당시 개별 국가에 의한 무력의 행사는 금지되지 아니했고 따라서 정복에 의한 영토취득은 합법적인 것으로 인정되어 있었다.[264] 그러므로 신라의 우산국 정복에 의한 우산국 영토의 취득은 합법적

---

261 *Supra* n. 47.
262 *Supra* n. 49.
263 *Supra* n. 51.

인 것이였다.

나. 금일의 국제법에 의한 위법성

1919년 이래 개별국가에 의한 무력의 행사는 금지되고 따라서 정복은 침략행위이기에 정복에 의한 영토의 취득은 국제법상 위법한 것으로 되었다.[265] 그러므로 신라의 우산국 정벌에 위한 영토취득은 국제법상 위법한 것이다.

다. 시제법에 의한 적법성

영토의 취득에 적용되는 법은 영토취득 당시의 법이며 영토취득을 평가하는 당시의 법이 아니고, 법은 소급하여 적용되지 아니하므로[266] 512년 신라에 의한 우산국의 정복에 적용되는 법은 정복 당시의 법이므로 이는 적법한 것으로 된다.

Ⅵ. 결론

결론으로 상술한 바를 요약정리하고, 정부당국에 대해 몇 가지 제의를 하기로 한다.

첫째, 상술한 바를 다음과 같이 요약정리하기로 한다.

(ⅰ) 신라이사부에 의한 우산국정복은 국제법상 정복의 요건을 구비했고 따라서 정복의 효과로 신라는 우산국의 영토를 취득했다.

(ⅱ) 영토취득에 관한 시제법의 규칙에 의하면 영토취득에 적용되는 법은

---

264 *Supra* nn. 54.
265 *Supra* nn. 56-62.
266 *Supra* nn. 66-82.

영토취득시 법이고, 영토취득 평가시 법이 아니므로 512년 신라의 우산국 정복에 적용되는 법은 정복이 허용되는 512년 당시의 법이고 정복이 금지되는 오늘의 법이 아니므로 신라의 우산국 정복은 합법적인 영토취득의 효과가 인정된다.

둘째로, 정부당국에 대해 다음과 같은 제의를 하기로 한다.

(i) 신라에 의한 우산국 정복은 합법적인 것이므로 이 역사적 권원을 독도 영유권의 주장 근거로 적극 반영하는 독도정책을 수립·추진 한다.

(ii) 역사적 권원은 현대국제법상 유효한 새로운 권원으로 "권원의 대체" (replacement of title)가 요구되므로 신라의 우산국 정복에 의한 독도의 역사적 권원은 1900년의 "대한제국 칙령 제41호"로 대체하는 것을 독도정책에 적극 수용한다.

(iii) 상기 (i) 과 (ii) 를 위한 연구를 위해 역사학자와 국제법학자의 신라의 우산국 정복에 의한 역사적 권원에 관한 학제연구를 적극 독려하고 대폭적인 지원을 한다.

제3절
독도의 신라 고유영토성 여부
－독도는 한국의 고유영토인가 －

Ⅰ. 서론

영토는 국가의 성립요소의 하나이다. 영토가 없는 망명정부는 국가가 아니다. 국가의 영토는 국가가 성립할 당시 국가의 성립과 동시에 그 국가의 성립의 기초를 구성하는 영토와 국가가 성립된 이후에 그 국가가 선점·시효·정복·할양·첨부 등에 의해 사후적으로 취득한 영토로 대별할 수 있다. "취득영토"란 후자의 영토를 지칭하고, 전자는 국가의 성립에 의해 취득된 영토이지만 이를 취득영토라 하지 아니하고 "고유영토"라 부르는 것이 일반적이다.

독도는 신라 지증왕 13년(512년)에 우산국이 신라에 복속해 온 이래 한국의 영토로 되었다. 복속은 오늘의 국제법상 개념에 의하면 "정복"에 해당되는 것이므로 이는 영토취득의 한 유형에 해당된다. 따라서 독도는 "신라 지증왕 13년(512년)이래 신라의 "취득영토"로 된 것이므로 신라가 국가로서 성립할 당시(기원전 57년)에 국가의 성립요소인 영토가 아니었으므로 이를 신라의"고유영토"라고 할 수 있느냐의 문제가 제기된다.

일찍이 이한기 교수는 그의 학위논문 "한국의 영토"에서 독도는 일본의 고유영토인가의 문제를 제기한 바 있으나(제2장 제2절) 독도는 신라의 고유영토인가의 문제에 관해서는 논급한 바 없다.

이 연구는 독도영유권의 역사적 권원의 이론적 근거를 보다 정확히 정립하기 위하여 독도는 신라의 고유영토인가의 문제를 제기하기 위해 시도된 것이다.

이하 (ⅰ) 고유영토의 개념, (ⅱ) 고유영토의 취득이론, (ⅲ) 고유영토의 용어에 관한 국제판례와 한일정부간의 공식관행 순으로 기술하고, (ⅳ) 결론에서 고유영토 용어에 관해 역사학자와의 논의를 제기하기로 한다.

Ⅱ. 고유영토의 개념

1. 의의

"고유영토"(inherent territory)를 정의한 국제협약은 물론 국제회의의 협약안도 없으며, 국제판례도 없다. 국제판례는 "본원적 권원"(original title)이라는 용어를 표시하고 있으나[267] 역시 "본원적 권원" 또는 "본원적 권원에 근거한 영토"의 개념을 정의한 바 없다.

"고유영토"의 개념을 정의하는 문제는 조약문의 해석 문제는 아니지만 조약문의 해석은 통상적 의미(ordinary meaning)로 해석하여야 한다는 "조약법협약"의 규정을[268] 유추하여 "고유영토"의 개념을 정의할 때, 고유(inhere)는 "그 자신 이외의 다른 것이나 또는 다른 사람으로부터 주어지는 것이 아닌 것(not given from something or someone outside itself)"[269], "본디부터 저만이 갖

---

267 *Mnquiers and Ecrehos* Case: *ICJ, Reports,* 1953, pp.53-57; *Western Sahara* Case; *ICJ, Reports,* 1975, pp.42-43; *Land, island and Maritime Frontier Dispute* Case; *ICJ, Reports,* 1992, pp.564-65.
268 제36조 제1항: "…문맥에 부여되는 통상적 의미에 따라 성실하게 해석되어야 한다."
269 Henry Campbell Black, *Black's Law Dictionary* 5th ed. (St. Paul: West, 1979) p.704.

고 있는 것", 즉 "본디부터 갖고 있는 특유한 것"[270], "시작부터(*an initio*. from the beginning)"를 의미한다. 고유한 권리는 "실정법으로 부터 독립하여 존재하는 권리(right exists independently from positive law)"[271]를 의미한다.

그러므로 "고유영토"는 "국가성립 시부터 갖고 있는 영토", "국가성립 시에 본래부터(*ab origine*)[272] 영유한 영토"로 국가성립 후에 취득에 의한(by gains) 영토와 구별된다.

요컨대, "고유영토"는 국가성립 시 그 국가의 성립기초를 구성하는 영토로 국가의 성립(국가의 승인)에 의해 취득되는 영토이다[273].

2. 구별되는 개념

가. 취득영토와 구별

"고유영토"는 "취득영토"(territory acquired by gains)와 구별된다. 전자는 국가성립 시부터 국가의 성립기초로 영유한 영토이며, 후자는 국가성립 이후 후속적으로 취득한 영토이다. 양자는 다음과 같은 점에서 구별된다. (i) 전자의 취득원인은 국가의 성립(국가의 승인)이나, 후자의 취득원인은 선점·시효·정복·할양·첨부 등이다. (ii) 전자의 취득 시기는 국가의 성립(국가의 승인)시이나, 후자의 취득 시기는 국가의 성립 이후 시기이다.

나. 원시취득영토와 구별

"고유영토"는 "원시취득영토"(original acquisition territory)와 구별된다.

270　Naver, 「국어사전」; 동아출판사, 「동아 프라임 국어사전」, 서울; 동아출판사, 1987, p.166.

271　H. Kelsen, *The Law of the United Nations* (New York; Praeger, 1950), p.792.

272　Santiago Torres Bernardez, "Territory, Acquisition," *EPIL*, Vol.10, 1987, p.496.

273　G. von Glahn, *Law Among Nations*, 4th ed. (New Youk; MacMillan, 1981), p.315; Wesley L. Gould, *An International Law* (New York; Harper, 1957), p.350.

취득영토는 전주의 유무에 따라 원시취득영토와 승계취득영토(derivative acquisition territory)로 구분 된다[274]. 전자는 전주가 없는 경우의 취득영토로 그 예로 선점(occupation)·첨부(accretion)·시효(prescription)·정복(subjugation)를 들 수 있고, 후자는 전주가 있는 경우의 취득영토로 그 예로 할양(cession)을 들 수 있다[275].

이 원시취득영토는 결국 "취득영토"의 일종이므로 이는 고유영토와 구별된다. 다음과 같은 점에서 고유영토와 원시취득영토는 구별된다. (ⅰ) 전자는 취득영토가 아니나, 후자는 취득영토이다. (ⅱ) 전자의 취득 시기는 국가의 성립(국가의 승인)시이나, 후자의 취득 시기는 국가의 성립(국가의 승인)이후이다. (ⅲ) 전자의 취득원인은 국가의 성립(국가의 승인)이나, 후자의 성립원인은 선점·첨부·시효 등이다.

다. 본원적 영토와 구별

"고유영토"는 "본원적 영토"(original[276] territory), 즉 본원적 권원(original

---

274 국내 민법상 전주가 없는 취득을 "원시취득"이라하고, 전주가 있는 취득을 "승계취득"이라한다. 그러므로 여기서 "original"을 "원시"로, "derivative"를 "승계"로 각각 표기하기로 한다.

275 Robert Jennings and Arthur Watts (eds.), *Oppenheim's International Law,* 9th ed, Vol. 1, (London: Longman, 1992), p.679; Kurt Schushnigg, *International Law* (Milwaukee: Bruce, 1959), p.151; Marjorie M. Whiteman, *Digest of International Law,* Vol.2 (Washington, D.C.: USGPO. 1963), pp. 1028-86; Malcolm N. Shaw, *International Law,* 4th ed. (Cambridge; Cambridge University Press, 1997), p.338; Ian Brownlie, *Principles of Public International Law,* 5th ed. (Oxford; Oxford University Press, 1998) pp.131-33; Milan Sahovic and William W. Bishop, "The Autority of the State" in Max Sorensen (ed.), *Manual of Public International Law* (London; MacMillan, 1968), p.321; Bernardez, *supra* n.6. p.497; V. Lowe, International Law (Oxford: Oxford University Press, 2007), pp. 140-44. 그러나 양자의 예에 관해서는 논자마다 약간의 차이가 있다.

276 "Original"은 두가지 의미로 사용되고 있다. 그 하나는 "derivative"에 대립되는 개념이고(Brownlie, *supra* n. 9, p.130), 다른 하나는 "modern"에 대립되는 개념이다(*ibid,*

title)에 기한 영토와 구별된다. 본원적 영토는 봉건적 권원(feudal title), 고전적 권원(ancient title) 등 역사적 권원(historical title)에 기한 영토를 말한다.[277]

"고유영토"와 "본원적 영토"는 다음과 같은 점에서 구별된다. (i) 전자에 대립되는 개념은 "취득영토"이나, 후자에 대립되는 개념은 "대체된 영토" (superseded territory), 즉 현대국제법에 의해 대체된 권원(superseded title)에 기한 영토이다. (ii) 후자는 현대국제법 성립 이전의 권원에 기한 영토이나, 전자는 현대국제법 이전의 권원에 기한 영토인 것이 일반적이나 그 이후의 권원에 기한 것일 수도 있다. (iii) 전자는 반드시 현대국제법상 권원으로 대체를 요하는 것이 아니나, 후자는 현대국제법상 권원으로 대체되지 아니하면 현대국제법상 효력이 없다.[278]

Ⅲ. 고유영토의 취득이론

1. 국가의 승인에 의한 고유영토의 취득이론

상술한 의미의 고유영토는 국가의 성립(국가의 승인)에 의해 국가의 탄생과 동시에 국가가 취득하게 되는 영토라는 것은 다음과 같이 학설에 의해 일

---

p.146). 여기서는 전자를 "원시"(취득)로 후자는 "본원적"(권원)으로 각각 표기하기로 한다.

277 Ibid.

278 Bernardez., *supra* n.6, p.499; David H. Ott, *Public International Law in the Modern World* (London; Pitman, 1987), p.109; Peter Malanzuk(ed.), *Akehurst's Modern Introduction to International Law, 7th* ed.(London: Routledge, 1987), p.155; G. Schwarzenberger and E.D. Brown, *A Manual of International Law,* 6th ed. (Milton: Professional, 1976), p.96; Brownlie, *supra* n. 9, p.129; P. C. Jessup, "The Palmas Island Arbitration," *AJIL,* Vol. 23 1928, pp.739-40; Shaw, *supra* n. 9, p.347; D, H, N, Jhonson, "Acquisitive Prescription in International Law", *BYIL,* Vol.27, 1950, p.232.

반적으로 승인되어 있다.

가. Robert Jennings와 Arthur Watts

Jennings와 Watt는 현존국가의 영토취득과 신생국가의 영토취득은 혼동되어서는 아니되며, 신생국의 영토취득은 전통적 영토취득의 유형으로 설명될 수 없고 신생국의 국가승인과 동시에 그의 영토권원이 부여된다고 다음과 같이 기술하고 있다.

현존 국가가 국제공동체의 구성원에 의한 영토의 취득과 신생국가의 기초인 영토취득은 혼동되어서는 아니된다. … 신생국이 존재하게 되었을 때 그의 영토에 대한 권원은 영토취득의 전통적 "유형"으로 설명될 수 없다. … 신생국 영토권원부여는 승인과 보다 관계되어 있다. 왜냐하면 비록 특별한 경계와 정확한 영토의 한계가 의심스럽거나 또는 분쟁이 있는 곳에서 상속과 영토의 법적 역사 문제가 역시 포함되어 있다 할지라도 승인이 주어지자마자 신국가의 영토는 국제법의 주체의 영토로 승인되기 때문이다(the acquisition of territory … by existing state and member of international community should not be confused, … with the foundation of a new state, … when a new state comes into existence its title to its territory is not explicable in terms of the traditional "modes" of acquisition of territory, … the new state's territorial entitlement is more to do with recognition: for as soon as recognition is given, the new state's territory is recognized as the territory of a subject of international law, although questions of succession and of the legal history of the territory may also be involved where particular boundaries or the precise extent of the territory, are doubtful or disputed).[279]

나. Santiego Torres Bernardez

Bernardez는 국가의 본원적 영토주권의 문제와 후속적으로 증가한 영토주권의 문제는 기본적으로 차이가 있다고, 즉 기존국가에 의한 영토취득과 신

---

279 Jennings and Watts, *supra* n. 9, p.677.

생국의 탄생에 의한 영토취득은 구별된다고 다음과 같이 기술하고 있다.

　국가의 본원적 영토에 대한 국가주권의 문제는 후속적으로 증가된 영토에 대한 주권의 문제와 기본적으로 다른 것이다. … 따라서 현존국가와 신생국가에 의한 영토주권의 권원의 취득 간에는 후자의 창설에 대한 지배적 사정과 타국가에 의한 신생국 승인의 선언적 또는 창설적 효과에 관해 채택된 입장에 무관하게 차이가 존재하는 것이다(the question of state's sovereign over its original territory is basically different from that of subsequent increase in that territory. … There is thus a distintion to be made between the acquisition of title to territorial sovereign by on existing state and the birth of a new state, independent of circumstances leading to the creation of the latter and of the position adopted with respect to the declaratory or constitutive effect of its recognition).[280]

다. James Crawford

Crawford는 국가간의 영토취득에 관한 5개의 유형은 신국가에 의한 영토취득에 적합하지 아니하다고 다음과 같이 기술하고 있다.

　국가지위(필수적으로 영토의 취득을 포함하는)의 취득에 관한 규칙과 신국가에 의한 영토취득을 포함하지 아니하는 영토취득의 전통적인 유형을 조정할 필요가 있다. … 토지의 이전에 관한 로마법 규칙으로 부터 추론되는 5개의 영토취득 유형과 신국가에 의한 영토 취득은 이 형태에 적절하지 아니하다는 것이 명백하다(it is necessary to reconcile the rules relating to acquisition of statehood (which necessarily involves acquisition of some territory) with the traditional modes of acquisition of territory which do not include the acquisition of territory by new states. … five mode of acquisition of it territory, which were derived from Roman law rules relating to transfer of land. … it is clear the acquisition of territory by a new state does not fit into this pattern).[281]

280　Bernardez, *supra* n. 6, pp.496-97.
281　James Crawford, *The Creation of States in International Law* (Oxford: Clarendon, 1979),

라. Ian Brownlie

Brownlie는 권원은 신국가의 수립과 승인에 관한 법적 절차의 결과로도 취득될 수 있다고 다음과 같이 기술하고 있다.

> 신생국이 존재하게 되었을 때 통상적인 분석은 권원이 어떻게 취득 되느냐를 설명하지 아니한다. 신 법인의 설립과 승인에 관한 절차의 법적 결과로 권원은 창설된다(the usual analyses do not explain how title acquired when a new state comes into existence. Here title is created as a consequence of legal procedure relation to the establishment and recognition of new legal person).[282]

마. Malcolm N. Shaw

Shaw는 신생국의 영토취득 문제는 하나의 디렘마로 , 이는 영토의 취득 견지에서 보다 국가승인의 견지에서 접근해 왔다고 다음과 같이 기술하고 있다.

> 국제법상 신생국가 그 자신의 영토를 실질적으로 어떻게 취득하느냐의 문제는 하나의 난제이다. … 고전적 국제법상 한 신생국이 창설될 때까지 권원을 취득할 권한을 가진 존재는 법인으로 존재하지 아니한다. 영토권원 취득의 전통적 유형의 어느 하나도 영토권원의 취득 견지에서 보다 승인의 견지에서 전통적으로 접근해 왔다(the problem of how a state actually acquires its own territory in international law is a difficult one. … under classical international law, until a new state is created, there is no legal person in existence competent to hold title. None of traditional modes of acquisition of territorial title satisfactorily resolve the dilemma, the international community has traditionally approached the problem of new states in terms of recognition, rather than in terms of acquisition title to territory).[283]

---

pp.396-97.

282 Brownlie, *supra* n. 9, p.130.

283 Shaw, *supra* n. 9, p.335.

바. Robert Y. Jennings

Jennings는 현존 국가의 영토이전과 신국가의 등장에 의한 영토취득을 구분하여 전자에 관해서는 사법상 토지소유권 이전의 법이 유추 적용 되었으나 후자에 관해서는 주체의 출현에 착안해 왔다고, 즉 신국가의 승인에 착안해 왔다고 다음과 같이 기술하고 있다.

현존 국가 간의 영토의 이전에 있어서 … 법은 토지소유권의 이전을 유추한 매력적인 사법에 주로 영향을 받아왔다. 그러나 신국가의 등장의 경우 법은 영토주권의 영토의 요소보다 신 주체의 출현에 주로 착안해 왔다. … 그의 분쟁영토에 대한 권원의 승인을 의미하는 신국가의 승인의 대부분은 명백하게 아마도 그의 청구를 말살한다(in transfers between existing states the law … has been inspired chiefly the seductive private law analogy of transfers of ownership in land. But where a new state arises the law has looked chiefly to the emergence of the new subject rather than the territorial element of territorial sovereignty. … A sufficient number of recognition of the new state clearly implying recognition of its title to the disputed territory would presumably destroy the claim).[284]

사. Peter Malanczuk

Malanczuk는 신국가의 출현과 영토의 이전은 분리할 수 없으나 신국가의 탄생은 전통적 영토취득 유형에 적합하지 아니하다고 하여 간접적으로 신생국의 영토는 국가승인에 의해 취득되게 된다고 다음과 같이 기술하고 있다.

국가의 탄생과 영토의 이전은 분리할 수 없는 것이다. … 국가는 그의 영토내에 존재한다. … 그러나 신국가의 탄생은 전통적 영토취득의 유형목록에 적합하지 아니하다(the both of the state and the transfer of territory are in separate. ― a state is its territory. … but emergence of new states does not fit very well into the

---

284 Robert Y. Jennings, *The Acquisition of Territory in International Law* (Dobbs Ferry: Occeana, 1963), pp.8.38.

traditional list of modes of acquisition territory).[285]

2. 국가의 승인에 의한 고유영토의 취득이론에 제기되는 문제

가. 영토취득의 주체 문제

영토는 국가성립의 필수요소의 하나이다. 고유영토는 성립된 국가가 영유하는 바 그 국가성립 이전에는 영유의 주체가 없으므로 그 영토는 누구의 영유에 속하느냐의 문제가 제기된다. 즉, 새로 성립되는 국가가 창설되기 위해서는 영토를 영유하여야 하는 바 그 영토의 영유 주체는 누구인가? 국가로 성립하기 위해 영토를 영유하여야 하는 바 그 주체와 국가를 성립한 후 고유영토를 영유할 주체는 어떻게 구별되느냐의 논리적 문제가 제기된다.[286]

나. 국가의 승인의 창설적 효과와 선언적 효과의 문제

고유영토를 영유하는 국가는 국가의 승인에 의해 비로소 국가로 인정되어 고유영토를 영유한다는 창설적 효과설(constitutive theory)과 국가의 승인에 의해 사실상 국가로 성립된 시점까지 소급하여 고유영토를 영유한다는 선언적 효과설(declaratory theory)의 대립의 문제가 제기되게 된다.[287]

다. 원시취득과 승계취득의 문제

국가의 승인에 의해 영유하게 되는 고유영토는 취득영토의 원인은 아니지만 그 유형을 유추할 때 그것은 무주영토를 영유하는 원시취득(original acquisition) 인가 전 영유자가 있는 영토를 영유하는 승계취득(derivative acquisition)인가

---

285 Malanczuk, *supra* n, 12, p.147.
286 J. G. Starke, "The Acquisition of Title to Territory by Newly Emerged States", *BYIL,* Vol. 41, 1965~66, pp.413-14.
287 *Ibid,* p.413.

의 문제와 국가상속과 국가동일성의 문제가 제기된다.[288]

IV. 고유영토용어에 관한 국제 판례와 한일정부간의 공식관행

1. 국제판례

지금까지 영토분쟁에 있어서 국제재판소는 본원적 권원(original title), 역사적 권원(historical title), 태고적 권원(ancient title) 등의 용어를 사용하여 이들 권원에 기존 영토를 인정해 왔으나 "고유영토"라는 용어를 사용해 오지 아니했다. 그것은 본원적 권원의 주체가 국가가 아닌 봉건주의인 경우, 국가가 상실된 경우, 국가가 분할된 경우, 국가가 병합된 경우 등에 어느 실체를 성립된 국가로 보고 그의 성립기초인 영토를 고유영토로 인정하기에 어려움이 있기 때문인 것으로 보여 진다. 본원적 권원에 기초한 영토를 인정하면서 고유영토라는 용어를 사용하지 아니한 국제판례를 보면 다음과 같다.

가. *Minquiers and Ecrehos* Case(1953)

Minquiers and Ecrehos Case(1953)에서 영국은 Minquiers와 Ecrehos에 대한 "태고적 권원"(ancient title)을 주장했고,[289] 프랑스는 노르만의 전체에 대한 프랑스왕의 "본원적 봉건적 권원"(original and feudal title)을 주장했다.[290] 재판소는 프랑스의 본원적 봉건적 권원을 인정하면서도 동 권원은 대체 당시의

---

288 *Ibid,* p.412.
289 ICJ, *Reports,* 1953, p.53.
290 ICJ, *Reports,* 1953, p.56.

법에 의해 대체되지 아니하여 법적 효력을 발생하지 아니한다고[291] 판시했다.

동 사건에서 양 당사자와 재판소는 노르만디 대륙이 프랑스왕에 의해 선점된 것이라는 이유에서인지 "태고적 권원", "본원적 권원"이라는 표현을 사용했으나 고유한 권원(inherent title) 또는 고유한 영토(inherent territory)라는 표현은 사용하지 아니한다.

나. *Land, Island and Maritime Frontier Dispute* Case(1992)

Land, Island and Maritime Frontier Dispute Case(1992)에서 양당사자는 "태고적 역사적 권원"(ancient historical titles)을 주장했다.[292] 재판소는 영국에 의한 국가권능의 행사의 보다 강한 증거가 있다고 판시했다.[293] 그러나 본원적 혹은 역사적 권원(original or historic title)은 스페인 왕국에 배타적으로 귀속된다고 판시했다.[294]

동 사건에서 양당사자와 재판소는 "태고적 권원"(ancient title), "역사적 권원"(historical title), "본원적 권원"(original title)등의 용어를 사용했으나 "고유한 권원" 또는 "고유한 영토"라는 용어는 사용하지 아니했다.

다. *Territorial and Maritime Dispute in the Carbean Sea* Case(2007)

Territorial and Maritime Dispute in the Carbean Sea Case(2007)에서 온드라는 역사적 기초(historical basis)에 근거한 전통적 경계선(traditional boundary line)의 확인을 요구했다.[295] 재판소는 전통적 경계선을 용인하지 아니했

---

291 ICJ, *Reports,* 1953, p.56.
292 ICJ, *Reports,* 1992, p.564.
293 ICJ, *Reports,* 1992, p.564.
294 ICJ, *Reports,* 1992, p.565.
295 ICJ, *Reports,* 2007, *para.*86.

다.[296] 동 사건에서 역사적 기초에 근거한 "근본적 권원", "역사적 권원"에 해당되는 "전통적 경계선"이라는 용어는 사용되었으나 "고유한 경계선"이라는 표현은 사용되지 아니했다.

라. *Pedra Branca* Case(2008)

Pedra Branca Case(2008)에서 말레이시아는 "태고로부터"(from time immemorial) 조오르왕국의 주권하에 있었다고 주장했고,[297] 재판소는 Pedra Branca의 "역사적 권원"(historical title)은 말레이시아에 귀속되나 실효적 지배를 해 온 싱가포르에 이전되었다고 판시했다.[298] 재판소는 판결문에서 Pedro Branca의 "본원적 권원"(original title)이란 용어를 사용했다.[299]

동 사건에서 당사자는 "역사적 권원"(historical title), "태고로부터"(from time immemorial)라는 용어를, 재판소는 "본원적 권원"(original title)이라는 용어를 각각 사용했으나 "고유한 권원" 또는 "고유한 영토"라는 용어는 사용하지 아니했다. 특히 말레이시아는 조오르 왕국이 존재한 이래(since the kingdom came to existence) 조오르 왕국의 영토의 한 부분이었다고 주장하면서도 "고유한 영토"라는 표현을 사용하지 아니했다.

2. 한일간의 공식관행

독도의 영유권에 관한 한일정부간에 공식적인 관행은 한국정부도 독도를 한국의 "고유영토"라고 주장하지 아니하고 한국의 영토의 불가분의 일부(an integral part of Korean territory)라고 주장하고, 일본정부도 다케시마는 일본

---

296 ICJ, *Reports,* 2007, *para.* 259.
297 ICJ, *Reports,* 2008, *para.* 48.
298 ICJ, *Reports,* 2008, *para.* 273.
299 ICJ, *Reports,* 2008, title 5.3.1.

의 고유영토라고 주장하지 아니하고 일본영토의 불가분의 일부라고 주장해
온 것이 지금까지의 관행이다.

한국이 독도를 고유영토라고 주장하지 아니하는 것은 신라 지증왕 13년
(512년)에 우산국이 신라에 귀복해 온 것은 정복에 의한 "취득영토"이지 신라
가 국가로 성립할 당시에 성립의 기초인 영토라고 보기 어렵기 때문인 것으로
보여지며, 일본이 다케시마를 고유영토라고 주장하지 아니하는 것은 어느 일
본이 성립할 때도 다케시마는 일본의 고유영토라고 주장할 수 없기 때문인 것
으로 보여진다.

구술서의 형식으로 한국정부와 일본정부간에 교환된 독도의 영유권에 관
한 논쟁에 한국정부와 일본정부가 각기 표시한 독도의 영토의 성격을 표시한
용어를 보면 다음과 같다.

가. 한국정부의 공식관행

(1) 한국정부견해 (1)

1953년 9월 9일의 "한국정부견해 (1)"에는[300] 독도는 "대한민국영토의 일부
(a part of the territory of the Republic of Korea)"[301], "한국영토의 불가분의 부분
(integral part of Korean territory)"[302]으로 표시되어 있고, "한국의 고유영토"라
는 표현은 없다.

(2) 한국정부견해 (2)

1954년 9월 25일의 "한국정부견해 (2)"에는[303] 독도는 "한국영토의 일부(a

---

300 The Korean Government The Korean Government's Refutation of the Japanese
    Government's Views Concerning Dokdo("Takeshima") dated July 13, 1953 (September 9,
    1953)
301 Para. I.
302 Para. I. d.

part of Korean territory)"[304], "한국의 영토의 일부(a part of the territory of Korea)"[305], "한국영토의 불가분의 일부(a integral part of her territory)"[306]으로 표시되어 있고, "한국의 고유영토"라는 표현은 없다.

(3) 한국정부견해 (3)

1959년 1월 7일의 "한국정부견해 (3)"에는[307] 독도는 "한국영토의 불가분의 일부(a integral part of the Korean territory)"로[308] 표시되어 있고, "한국의 고유 영토"라는 표현은 없다.

(4) 한국정부의 항의

1962년 7월 13일의 "일본정부견해 (4)"에 대한 1965년 12월 17일 "한국정부의 항의"에는[309] 독도는 "대한민국영토의 불가분의 일부(an integral part of the territory of the Republic of Korea)"로[310] 표시되어 있으며 "한국의 고유영토"라는 표현은 없다.

---

303 The Korean Government, The Korean Government's View Refuting The Japanese Government's View of the Territorial Ownership of Dokdo(Takeshima), as Taken in the Note verbale No. 15/ As of Japanese Ministry of Foreign Affairs Dated February 10, 1954(September 25, 1954).

304 Para. I. 3. b: para. I. 3. d.

305 Para. III. 2.

306 Para. III. 3.

307 The Korean Government, The Korean Government's Views Refuting the Japanese Government's Version of the Ownership of Dokdo dated September 20, 1956(January 7, 1959)

308 Para. II. (2); para. III. (2); para. VI; para. VII.

309 The Korean Government, The Korean Government's Compliments to the Ministry of Foreign Affairs of Japan and, with reference to the Note Verbal No. 228/ASN dated July 13, 1962(December 17, 1965).

310 Para. I.

이상에서 본 바와 같이 한국정부의 공식견해에는 독도는 "한국의 고유영토"라는 표현을 단 한번도 사용한 적이 없다.

나. 일본정부의 공식관행

(1) 일본정부견해 (1)

1953년 7월 13일 "일본정부견해 (1)"에는[311] 다케시마는 "일본영토의 불가분의 일부(an integral part of her territory)"[312], "일본영토의 한 부분(a part of Japanese territory)"으로[313] 표시되어 있고, "일본의 고유영토"라는 표현은 없다.

(2) 일본정부견해 (2)

1954년 2월 10일 "일본정부견해 (2)"에는[314] 다케시마는 "일본영토의 한 부분(a part of the territory of Japan)"으로 [315] 표시되어 있고, "일본의 고유영토"라는 표현은 없다.

(3) 일본정부견해 (3)

1956년 9월 20일 "일본정부견해 (2)"에는[316] 다케시마는 "일본영토의 한 부

---

311 The Japanese Government, Compliments to the Korean Mission in Japan and, with reference to the Note of June 26, 1953(No. 186/A2) (July 13, 1953).

312 Para. 4.

313 Para. 7.

314 The Japanese Government, Views of the Japanese Government in Refutation of the Positive Taken by the Korean Government in the Note Verbal of the Korean Mission in Japan September 9, 1953(February 10, 1954)

315 Para. 3.

316 The Japanese Government, The Japanese Government's Views on the Korean Government's Version of Problem of Takeshima dated September 25, 1954(September 20, 1956)

분(a part of her territory)"[317], "일본영토의 한 부분"(a part of Japanese territory)[318]
으로 표시되어 있고, 한국은 다케시마가 "한국영토의 고유한 일부(an inherent
part of the Korean territory)"라는 것을 입증하여야 한다고[319] 표시하고 있다.

(4) 일본정부견해 (4)

1962년 11월 13일 "일본정부견해 (4)"에는[320] 다케시마는 "일본의 고유영토
(Japan's inherent territory)"로[321] 표시되어 있다. 일본정부가 다케시마가 "일본
의 고유영토"라고 주장한 것은 이것이 처음이다.

이상에서 본 바와 같이 일본정부의 공식견해에는 "일본정부견해 (4)"를 제
외하고는 다케시마는 "일본의 고유영토"라는 표현을 한 바가 있다.

V. 결론

첫째로, 상술한 바를 다음과 같이 요약정리하기로 한다.

(i) "고유영토"(inherent territory)란 국가가 성립할 당시에 그 국가의 성립
요소인 영토로, 이는 그 국가가 성립된 이후에 취득된 "취득영토"
(acquired territory)와 구별된다. 국제판례에도 본원적 권원(original
title), 고전적 권원(ancient title), 봉건적 권원(feudal title) 등에 기초한
영토라는 표현이 사용되고 있으나 "고유영토"라는 표현은 사용되고

---

317 Para. Ⅳ. (1).
318 Para. Ⅳ. (2).
319 Para. Ⅶ. (2).
320 The Japanese Govenment, The Japanese Government's Views on the Korean Government's
     Views of January 7, 1959(July 13, 1962)
321 Para (1).

있지 아니하다.

(ii) 한일정부간 독도의 영유권에 관한 양국의 공식적 견해에도 "일본정부 견해(4)"를 제외하고 "고유영토"라는 표현은 사용되고 있지 아니하다.

(iii) "고유영토"는 국가가 성립할 당시에 그 국가의 성립요소인 영토이므로 "신라 지증왕 13년(512년)에 우산국이 신라에 귀복해온 이래 독도는 신라의 고유영토로 되어 왔다"는 표현은 잘못된 표현임이 분명하다.

(iv) 지증왕 13년(512년)이전에 신라가 국가로 성립할 당시(기원전 57년) 우산국은 신라의 영토가 아니었기 때문이다. 우산국은 신라가 국가로 성립할 당시 그 국가성립의 기초인 "고유영토"는 아닌 것이다. 다만 통일신라(676년 성립)를 한국으로 보아 "독도는 통일신라 이후(676년 이후) 한국의 고유영토로 되어 있다"는 표현은 적절한 것이 될 수 있다.

(v) 물론 "독도는 통일신라의 고유영토였다", "독도는 과거의 고유영토였다", "독도는 조선의 고유영토였다", "독도는 대한제국의 고유영토였다" 그리고 "독도는 대한민국의 고유영토이다"라는 표현은 기원전 57년에 수립된 "신라"가 아니라 "통일신라"를 고려가 승계하고, 고려를 조선이 승계하여 통일신라·고려·조선·대한제국·대한민국이 모두 국가로서 동일성과 계속성이 있는 것으로 볼 때, 이들 표현은 부적절한 것이라고 볼 수 없다. 그러나 "신라"를 통일신라가 승계한 것으로 볼 경우 독도는 "신라"의 고유영토가 아니었으므로 이상의 표현은 부당한 것으로 된다. 결국 "독도는 한국의 고유영토이다"라고 하기 위해서는 한국은 기원전 57년에 "신라"에 의해 국가로 성립된 것이 아니라 676년에 "통일신라"에 의해 국가로 성립된 것으로 볼 경우만 가능한 것이다. 따라서 "'신라'이래 독도는 한국의 고유영토이다"라는 표현은 부당한 표현이다.

둘째로, 다음과 같은 제의를 하기로 한다.

(i) "독도는 신라 지증왕 13년에 우산국이 신라에 귀복해 온 이래 한국의
고유영토로 되어 왔다"는 표현의 부정확성에 관해 독도영유권의 역사
적 권원이 이론적 근거를 보다 정확히 정립하기 위해 역사학자와의 학
제연구를 제의해 본다. 또한 이사부의 우산국 귀복에 의한 독도의 "역
사적 권원의 성립"과 대한제국칙령 제41호에 의한 "역사적 권원의 대
체"에 관한 심도 있는 후속적 연구를 제의한다. 이러한 학제연구의 중
심역할이 한국이사부학회에 있음이 명백하므로 동 학회의 역할에 큰
기대를 가져 본다.

(ii) 정부관계당국에 대해 고유영토 표기에 관한 지침을 제공할 것과 상기
학제연구를 적극적으로 지원할 것을 제의한다.

독도의 역사적 권원의 대체에 관한
역사 · 국제법 융복합 연구

제4절
결 언

첫째로, 신라 이사부의 우산국 정복은 현대국제법에 의해 유추되는 당시의 국제법에 의해 정복의 요건을 구비한 것으로, 그 결과 신라는 우산국의 영토를 취득했다. 그리고 영토취득에 관한 시제법의 규칙에 의하면 영토취득에 적용되는 법은 정복이 허용되었던 512년 당시의 법으로 신라의 우산국 정복에 기초한 독도의 역사적 권원은 합법성을 갖는다.

둘째로, 고유영토는 국가가 성립할 당시 그 성립의 기초인 영토를 말하는 것으로, 그것은 국가가 국가로서 성립한 뒤에 사후적으로 취득하는 취득영토와 구별된다. 신라의 우산국 정복에 의한 독도영유권은 신라가 국가로 성립된 이후에 취득된 취득영토이므로 이는 신라의 고유영토가 아니다. 다만 통일신라를 한국이 국가로 성립한 것으로 볼 경우 독도는 통일신라의, 즉 한국의 고유영토로 생각할 수 있다. "독도는 512년 우산국이 신라에 귀복한 이래 신라의 고유영토로 되었다"는 표현은 부적절한 표현인 것이다.

요컨대 독도의 영유권에 관한 역사적 권원은 512년 우산국의 신라에 귀복에 의해 성립된 것이며, 당시의 법에 의해 합법적으로 성립된 역사적 권원이다. 그리고 독도는 신라가 정복에 의해 취득한 취득영토이고 고유영토가 아니다. 다만, 통일신라를 한국이 국가로 성립한 것으로 볼 경우 독도는 통일신라의, 즉 한국의 고유영토로 생각할 수 있다. "독도는 512년 우산국이 신라에 귀복한 이래 신라의 고유영토로 되었다"는 표현은 부적절한 표현인 것이다.

이와 같이 한국을 "신라"로 볼 것이냐 "통일신라"로 볼 것이냐에 따라 독도는 한국의 고유영토라는 표현의 타당성이 결정되게 된다. 후자로 볼 경우는 타당성이 인정되나, 전자로 볼 경우는 타당성이 부정된다.

제5장

독도의 역사적 권원의 대체

제1절
독도의 역사적 권원의 대체의 요건과
대체의 권원

Ⅰ. 독도의 역사적 권원의 대체 요건

역사적 권원의 대체로 인정할 수 있는 권원은 다음과 같은 요건을 구비하여야 한다.

첫째로, 현대국제법상 권원으로 대체되는 것이므로 현대국제법이 성립되었다고 볼 수 있는 '1648년 이후'의 권원이어야 한다.

둘째로, 한국정부에 의한 독도에 대한 실효적 지배로 인정될 수 있는 권원이어야 한다.

셋째로, 가능하면 일본이 주장하는 실효적 지배일자(1905년 시마네현 고시)보다 앞선 권원이어야 한다.

Ⅱ. 독도의 역사적 권원의 대체 권원

독도의 역사적 권원의 대체 권원을 현대국제법상 권원으로 '근원의 대체'를 이룩했다고 고려될 수 있는 권원으로 다음과 같은 것을 상정해 볼 수 있다.

(i) 1425년 세종의 우산무릉등처 안무사로 김인우를 임명하여 파견

(ii) 1454년 『세종실록지리지』의 편찬

(iii) 1808년 순조의 『만기요람』 편찬

(iv) 1882년 고종의 검찰사 이규원에 대한 지시

(v) 1883년 고종의 동남제도개척사 김옥균의 임명 · 파견

(vi) 1900년 고종의 '대한제국칙령 제41호'의 제정 · 발표

(vii) 1906년 심흥택 보고서

(viii) 1952년 평화선 선언

(ix) 1953년 독도의용수비대 독도 수호

(x) 1945년 항복문서

(xi) 1946년 연합군최고사령부 훈령 제677호

(xii) 1951년 대일평화조약

상기 (i)과 (ii)는 첫째 요건(1948년 이후)을 구비하지 못했고, (iii), (iv), (v) 그리고 (vi)은 첫째 요건(1948년 이후), 둘째 요건(실효적 지배) 그리고 셋째 요건(1905년 이전)을 모두 구비했다.

(vii), (viii) 그리고 (ix)는 첫째 요건(1948년 이후)과 둘째 요건(실효적 지배) 을 구비했으나 셋째 요건(1905년 이전)을 구비하지 못했다.

(x), (xi) 그리고 (xii)는 한국에 의한 실효적 지배가 아니므로 둘째 요건을 구비하지 못했다.

세 개의 요건을 모두 구비한 (iii), (iv), (v) 그리고 (vi) 중 (vi)은 법령을 제정한 실효적 지배이고, 동 법령을 관보에 게재하여 세계만방에 공시한 것 이므로, 국제법상 역사적 권원을 근대국제법상 권원으로 '권원의 대체'를 이 룩한 권원으로 채택하기로 한다.

독도의 역사적 권원의 대체 내용과 대체효과

Ⅰ. 대체의 내용

1. 칙령의 명령과 구성

가) 명칭: "칙령 제41호"의 명칭은 "울릉도를 울도로 개칭하고 도감을 군수로 개정하는 건"이다.

나) 구성: 동 칙령의 6개조로 구성되어 있다.

2. 제1조와 제2조의 규정

(1) 제1조: 울릉도를 울도로 개칭하여 강원도에 부속하고 도감을 군수로 개칭하여 관제에 편입하고 군의 등급을 5등으로 한다.

(2) 제2조: 군청 위치는 태하동으로 정하고 구역은 울릉 전도와 죽도 석도(石島)를 관할한다.

3. 제2조의 석도

가. 제2조의 규정

전술한 바와 같이 제2조는 울릉군의 관할구역을 "울릉전도와 죽도 석도"로 규정하고 있다. 여기 석도는 독도를 뜻한다.

나. 석도의 해석

(1) 한국 측의 주장

(가) 주장내용: 제2조에 규정된 석도는 독도를 뜻한다.

(나) 주장근거

<u>1.</u> 당시 울릉도 주민 대다수는 전라도 출신으로 전라도 방언에 의하면 돌섬인 독도를 지칭할 때, "돌"을 "독"이라 불렀다. 즉 돌섬을 독섬이라 불렀다.

<u>2.</u> 동 제2조에 규정된 죽도는 울릉도 옆에 있는 죽서도(竹敍島)를 뜻하고 독도를 뜻하는 것이 아니다.

(2) 일본 측의 주장

(가) 주장내용: 제2조에 규정된 석도는 독도를 뜻하는 것이 아니다.

(나) 주장근거

<u>1.</u> 동 칙령에 석도는 독도를 뜻한다는 어떠한 규정도 없다.

<u>2.</u> 한국의 어떠한 기록에도 석도가 독도라는 표현을 찾아 볼 수 없다.

4. 칙령 제41호의 현대 국제법상 의미

가. 신라 지증왕 13년(512년) 우산국의 귀복으로 독도는 신라의 영토, 즉 한국의 영토가 되었다. 이는 역사적 권원(historical title) 또는 본래적 권원(original title)에 의한 것 이다.

나. 역사적 권원은 현대 국제법상 권원으로 대체되어야 오늘날 권원으로 주장될 수 있다. 동 칙령은 독도에 대한 한국의 법령에 의한 실효적 지배로 이는 역사적 권원을 현대 국제법상 권원으로 대체한 의미를 갖는다.

Ⅱ. 대체의 효과

1. 역사적 권원의 실효

진술한 바와 같이 역사적 권원은 현대국제법상 권원으로 대체되게 되면 이는 법적 효력을 상실하게 된다.[322] 따라서 "대한제국 칙령 제41호"에 의해 대체된 역사적 권원은 1900년 10월 이전에는 독도 영유권의 권원으로 효력이 있었으나 1900년 10월 이후에는 그 효력을 상실하게 되었다. 그러므로 "오늘" 독도 영유권의 권원을 신라 이사부의 우산국 정복에 의한 역사적 권원에 있다고 주장할 수 없게 되고 만 것이다.

2. 대체 이후의 권원

가) 대체된 권원과 그 중단 대체 이후의 권원은 말할 것도 없이 "대한제국 칙령 제41호"이다.

그러나 불행히 1910년 8월 "한일합방조약"에 의해 이 권원은 사실상 중단되고 만다. 동 조약이 원초적으로 부존재 또는 무효이므로 "대한제국 칙령 제41호"에 의한 권원은 원초 적으로 중단되지 아니했다고 할 수 있으나 동 조약의 부존재[323]는 광복 이후에 와서 1910년에 소급하여 인정되는 것이므로[324] 광복 이전에는 동 조약은 사실상 부존재 또는 무효로 취급된 것이 아니므로 이 권

---

322 김명기, "대한제국 칙령 제41호에 의한 역사적 권원의 대체에 관한 연구", 독도조사 연구학회, 「독도논총」, 제5권 제1·2 통합호, 2010, pp.13-27.

323 김명기, "한일합방조약의 부존재와 독도영유권", 독도조사연구학회, 2020, p.281.

324 1965년의 "한일 기본관계에 관한 조약" 제2조의 "이미 무효"에 관해 한국 정부는 "원초 적으로 무효"로 보는데 반해 일본 정부는 "1948년부터 무효"라고 주장한다(Myung-Ki Kim, *The Korean War and International Law* (Elaremont, CA: The Paige Press, 1991). pp.10-11; S. Oda, "The Normalization of Relations between Japan and the Republic of Korea," *AJIL*, Vol.61, 1967, pp.40-41).

원의 중단은 사실상(de facto) 중단인 것이며 법상(de jure) 중단이 아닌 것이다. 이 권원을 "소멸"이라 쓰지 아니하고 "중단"이라 표현하는 것은 이권원은 연합국의 일련의 조치에 의해 회복되게 되기 때문이다.

나) 중단권원의 회복

사실상 중단되었던 권원은 연합국의 일련의 조치에 의해 회복되게 된다. 그 회복된 권원은 "대한제국 칙령 제41호"이고, 그 회복의 권원의 근거(root)는 연합국의 일련의 조치인 "카이로 선언", "포츠담 선언", "항복 문서", "SCAPIN 제677호", "대일평화조약"이다.

회복된 권원의 근거에 관해 "항복문서설",[325] "SCAPIN 제677호설",[326] 그리고 "대일평화조약설"[327] 등으로 학설이 나누어져 있다.

(i) "항복문서설": "항복문서"는 연합국과 일본 간의 정책선언의 합의이고 조약으로 보기 어렵고,[328] 항복은 일종의 절대행위의 종료방법이고 전쟁 상태의 종료 방법이 아니므로[329] 이를 독도와 한국의 분리의 근거로

---

325 P. B. Potter, "Legal Aspects of the Situation in Korea," *AJIL*, Vol. 44, 1950, n.709; 박관숙, "독도의 법적 지위에 관한 연구," 대한공론사, 『독도』, 서울: 대한공론사, 1905, pp. 60-61; 이한기, 『한국의 영토』, 서울: 서울대학교 출판부, 1969, pp. 268-269.

326 나홍주, "SCAPIN 제677호의 국제특별법령의 사격," 독도보전협회, 「한국의 독도영유권 증명과 일본의 독도 침탈정책 비판」, 2011년 학술대토론회, 2011.10.15, p.37 이하; 대한민국 정부, 1952.2.12., 구술서

327 D. P. O'Connell, "The Status of Formasa and the Chinese Recognition Problem," *AJIL*, Vol. 50, 1956, p.407; 김명기, "독도의 영유권과 제2차 대전의 종료", 대한국제법학회, 『대한국제법학회 논총』 제30권 제1호, 1985.6; 김석현 "독도의 영유권과 SCAPIN 677," 대한국제법학회·한국해양수산개발원, 학술세미나, 『독도문제와 국제법』, 2006.9.30; 이동원, "지정토론문", 한국독도연구원·국회독도지킴이, 『한국의 독도 어떻게 지킬 것인가』, 2011.11.4., p.113.

328 O'Connell, supra n.32, p.407.

329 H Lauterpacht (ed.), *Oppenheim's International Law*, Vol. 2, 7th ed. (London : Longmans,

보기 어렵다.

(ii) "SCAPIN 제677호설": "SCAPIN 제677호"는 점령군 사령관의 지령으로 동 지령을 독도를 포함한 한국의 분리의 근거로 보는 것은 교전 점령자는 점령 영토의 영토주권을 취득하는 것이 아니며 영토주권의 귀속은 평화 조약으로 규정되게 된다는 국제관습법에[330] 반하고, "SCAPIN 제677호"의 내용상 동 지령의 명칭과 각 항에 영토(territory), 주권(sovereignty) 또는 영토주권(territorial sovereignty)의 분리라는 표현은 없고 영역(area)이란 표현만이 있고 정치적 행정적 관할권(governmental and administrative jurisdiction)이라는 표현만이 있으므로 동 지령에 의해 분리되는 독도(제3항)와 한국(제4항 c)의 분리는 영토의 영유권(dominium)이 아니라 영역권(imperium)의 분리인 것이다.[331]

(iii) "대일평화조약설": 한국 정부가 "대일평화조약"이 효력을 발생한 1952년 4월 28일 이전인 1948년 8월 15일에 수립되었으므로 이에 저촉되는 것이 보이나 1946년 1월 29일의 "SCAPIN 제677호"에 의해 분리된 영역권(imperium) 위에 대한민국정부가 수립된 것이므로 이는 문제되지 아니한다. 정부의 수립 시 영토는 영유권(dominium)이 아니라 영역권(imperium)이기 때문이다.[332]

1952), p.562.

330 US, Department of the Army, *Law of Land Warfare*, FM 27-10, 1956, para. 358; British War Office, *Law of War on Land*, Part HI, 1958, para. 510; Ottmon Debt Arbitratiork (1925): *RIAA*, Vol.1, 1948, pp.554-555.

331 "SCAPIN 제677호 제6항"은 이를 명시적으로 규정하고 있다. "SCAPIN 제677호"에 의한 분리를 영유권(dominiunim)의 분리로 보면 동 지령에 의한 분리가 한국에 대한 분리가 아니라 한국점령군사령관에 대한 분리였으므로 한국점령군사령관 이 독도와 한국의 영유권을 취득했었다는 모순이 있다.

332 정부승인의 기초는 "새로운 실체 효과적인 영토적 통제 하에 있는 영역(area under the effective territorial control of the new entity)이다"(Schwarzenberger and Brown, *supra* n.5, p.58); 정부승인의 요건인 영토는 "그들이 통제를 행사하는 영역(area which they

1948년 8월 15일의 대한민국 정부의 수립을 "국가의 수립"으로 본다 할지라도 식민통치로부터 신국가가 수립되는 경우는 영역권(imperium)위에 신생국이 독립을 선언하고 다음 차후에 영토권(dominium) 취득하게 되는 것이 일반적이므로[333] 특히 제2차 대전 이후 탈식민 과정은 모국으로부터 분리되는 독립국이 "일방적인 독립선언"을 하고 그 후 모국과 분리 독립되는 신생국 간에 "이변적 독립 조약"을 체결하여 신생국은 모국과 동등한 국가의 지위를 획득하는 것이 일반적이므로 대한민국이 1948년 8월 15일에 영역권(imperium) 위에 수립되고 1952년 4월 28일에 "대일평화조약"에 의해 영유권(dominium)을 1948년 8월 15일에 소급하여 취득한 것으로 봄에 별 문제가 없다. 1948년 8월 15일에 대한민국이 국가수립을 선언하고 1952년 4월 28일에 효력을 발생한 "대일평화조약"에 의해 일본과 대등한 국가의 지위를 1948년 8월 15일에 소급하여 취득한 것으로 봄이 타당하다. 대한민국과 일본 간에 이변적 독립조약을 체결하지 아니한 것은 대한민국이 일본으로부터의 분리는 연합국의 조치에 의한 것이었으므로 이는 부득이한 역사적 제약으로 이해할 수밖에 없다.[334]

요컨대, 신라 지증왕 13년(512년)에 이사부의 우산국 정복에 의해 신라가 취득한 독도 영유권의 역사적 권원은 고려에 승계되어 적극적 실효적 지배로 강화 유지되었고, 이는 조선에 승계되어 소극적 실효적 지배로 유지되었다. 대한제국에 와서 1900년 10월 25일 "대한제국 칙령 제41호"에 의해 독도 영유권의 역사적 권원은 현대 국제법상의 권원으로 "권원의 대체"를 이룩하여 독

---

exercise control)이다"(Ott, *supra* n.9, p.54); 정부승인의 요건은 "영토의 통제 하에 있는 정부(government be in control of the territory)이다"(Jochen Abr. Frowein, "Recognition," *EPIL*, Vol.10, 1987, p.334).

333 Albert Bleckmann, "Decolonization," *EPIL*, Vol.10, 1987, pp.75-79.
334 "대일평화조약"으로부터 한국이 일본으로부터 분리된 것으로 보아야 할 것이냐 또는 "한일기본관계조약"으로부터 분리된 것으로 보아야 할 것이냐는 검토의 여지가 있다. 한국을 전자의 당사자는 아니나 후자의 당사자이고, 전자는 연합국에 의한 승인의 의미를 가지나 후자는 일본과의 관계 정상화의 의미를 갖기 때문이다.

도 영유권의 역사적 권원은 실효되게 되고 대체된 현대국제법상의 권원은 1910년 "한일합방조약"에 의해 불행히도 "사실상" 중단되고 말았다. 연합국의 일련의 조치에 의해 중단되었던 권원은 회복되게 되었으며 그 권원의 근거는 "대일평화조약"으로 봄이 타당하다고 본다. 따라서 오늘 독도 영유권의 권원의 근거를 신라 이사부의 우산국 정복, 고려 태종의 중앙집권 통치와 덕종의 요새화통치에 의한 적극적 실효적 지배, 조선 태종의 쇄환정책, 안용복의 도일활동 등 소극적 실효적 지배에 있는 것이 아니라 "대한제국 칙령 제41호"와 "대일평화조약"에 있다고 본다.[335] 따라서 "오늘" 독도 영유권의 권원은 역사적 권원에 있는 것이 아니라 중단되었다가 회복된 "대한제국 칙령 제41호"와 회복의 근거인 "대일평화조약"에 있으므로 "대한제국 칙령 제41호"와 "대일평화조약"의 심층적 연구가 요구된다.

---

335 "대한제국 칙령 제41호"는 "대일평화조약"에 의해 회복된 권원이므로 오늘 독도영유권의 권원은 양자 중 "대일평화조약"이라고 말할 수 있다고 본다. 여하간 전자는 후자에 의한 결과인 것이다. 즉 전자는 결과적 권원이고 후자는 원인적 권원이다.

독도의 역사적 권원의 대체에 관한
역사 · 국제법 융복합 연구

제3절
석 도

Ⅰ. 동 칙령 제2조에 규정된 석도의 의미

독도는 울릉도의 속도(屬島)이고 속도(屬島)의 법적 지위는 주도의 법적 지위와 동일하다. 따라서 속도(屬島)와 주도의 법적 지위는 동일하다는 국제법 원칙을 확인하고, 독도가 울릉도와 법적 지위는 동일하고 동 칙령상 울릉도와 독도에는 동 칙령이 적용되고 울릉도와 독도에 동 칙령이 적용된다면, 동 칙령이 적용된다고 규정한 제2조의 규정에 따라 석도는 독도를 규정한 것으로 된다.

이를 위해 다음과 같은 연구·실증이 요구된다.

첫째, 독도는 울릉도의 속도(屬島)로 재편해왔다.

둘째, 속도(屬島)의 법적 지위는 주도의 법적 지위와 동일하다는 것이 국제법의 한 원칙이다.

셋째로, 주도인 울릉도에 관한 규정을 들면서 그 외 속도(屬島)인 독도에 관한 규정을 들지 않을 이유가 없다.

넷째로, 위 셋째의 이유가 없다는 것은 동 칙령에 독도에 관한 규정이 있다는 것을 의미한다. 비록 그 명칭이 어떠한 것이든 간에 만일 석도가 독도 이외의 섬이라면 석도는 어느 섬인가? 또한 독도는 어느 섬인가? 결국 동 칙령에 명시적으로 규정되어 있는 섬은 독도일 수밖에 없는 것이다.

Ⅱ. 동 칙령 제2조에 규정된 석도가 독도이기위해 실증을 요하는 사항

동 칙령 제2조에 규정된 석도가 독도이기 위해 실증을 요하는 사항은 다음과 같다.

첫째, 독도는 울릉도의 속도(屬島)이다. 역사적으로 한국정부는 독도를 울릉도의 속도(屬島)로 실효적 지배를 해 왔다.

둘째, 특히 고종은 독도에 많은 관심을 갖고 울릉도의 속도(屬島)로 실효적 지배를 해왔다.

셋째로, 속도(屬島)의 법적 지위는 주도의 법적 지위와 동일하다는 것이 국제 판례와 학설에 의해 확인된 국제관습법상 국제법의 원칙의 하나이다.

넷째로, 동 칙령에 독도에 동 칙령을 독도에 적용되지 않는다는 영문 규정을 들지 않는다. 그러므로 국제법의 원칙에 따라 동 규정은 독도에 적용된다.

Ⅲ. 동 칙령 제2조에 규정된 석도의 실증 입증

칙령 제2조에 규정된 '석도'가 '독도'를 지칭한다는 사실의 입증을 요하지 않고, 동 칙령의 규정은 독도에 적용된다. 다만, 독도가 동 칙령이 적용되는 울릉도의 속도(屬島)라는 사실의 입증이 요구된다.

그 결과 독도가 울릉도의 속도(屬島)라는 입증만으로 독도의 역사적 권원은 현대국제법상 권원으로 권원의 대체를 한 것이다.

제6장

한국정부의 독도의
역사적 권원 주장 내용과
그에 대한 비판

역사적 권원주장의 내용

한국정부는 국제관습법에 의해 인정되어 있는 '역사적 권원의 대체'를 수용하고 있지 않다. 즉, 한국정부는 독도의 권원에 관해 역사적 권원은 현대국제법에 의한 권원으로 대체되지 않는 한 현대국제법상 효력이 없으며, 역사적 권원은 현대국제법에 의해 대체된 이후 현대국제법상 법적 효력이 없다는 '역사적 권원의 대체'의 국제관습법을 수용하고 있지 않다.

한국정부는 일반적으로 독도의 역사적 권원을 주장하면서 그의 대체에 관해서는 어떠한 주장도 한 바 없다. 이는 한국정부의 정책당국에 역사적 권원은 현대국제법에 의해 대체되지 않으며 국제법상 효력이 없다는 '역사적 권원의 대체'의 국제관습법에 대한 부지의 소치로 본다. 물론 역사적 권원의 대체 주장이 없어도 독도의 권원이 아니라 역사적 사실의 기술·주장으로서의 의미가 부정되는 것이 아니며, 국제법상 효력이 부인될 뿐인 것이다.

한국정부가 신라 지증왕 13년에 우산국을 정복하여 취득한 독도의 역사적 권원을 주장해온 선례를 보면 다음과 같다.

I. 독도문제 개론

외무부가 간행한 『독도문제 개론』에는 『삼국사기』의 기록을 인용하여 지증왕 13년에 우산국을 항복시켜 독도는 우리나라의 섬임에 두 말할 필요가 없다고 다음과 같이 기술하고 있다.

> 삼국사기에 신라 제23대 지증왕 13년(서기 512년)의 기록에 목우사자로서 우산국인을 항복시켰다고 되어 있다. 이렇게 최초에는 국명으로 우산, 도명으로 울릉이라고 삼국사기에 기록되어 있다가 고려시대에 내려와서 울능, 의능, 우능, 익능 또는 무릉 등의 별칭이 있게 되었고 우리나라에 속한 섬임은 두 말할 것도 없다.[336]

위의 기술에는 '역사적 권원'이라는 용어를 사용하고 있지 않으나 위의 기술의 의미 내용은 신라의 이사부가 우산국을 항복시켜 독도의 영토주권의 역사적 권원이 신라에 귀속되었다는 역사적 권원의 주장으로 보인다. 그러나 역사적 권원의 대체에 관해서는 아무런 논급이 없다. 따라서 신라에 의해 취득된 역사적 권원은 오늘의 국제법상 법적 효력이 없는 것이다. 요컨대 위의 기술은 신라가 취득한 역사적 권원을 명확히 기록하지 않았고 또 역사적 권원의 대체에 관해 아무런 논급이 없다. 위의 기록에 따르면 오늘의 국제법상 독도 영유권의 역사적 권원은 법적으로 효력이 없는 것이다.

II. 한국 외무부의 공식 견해인 '한국정부의 견해3'

'한국정부의 견해3'은 신라 지증왕 13년(512년)에 우산국이 신라에 귀속되었다고 다음과 같이 기술하고 있다.

> 이미 신라 지증왕 당시에 우산국이 신라에 귀속되었다는 사실과 그 우산국을

---

336 외무부, 『독도문제 개론』, 서울: 외무부 정무국, 1955, pp.7-8.

조선 초기에 이르러서는 분명히 울릉, 우산 양도가 포괄적으로 인지되어 관찬지리지를 비롯한 기타 공사기록에 수록되었고, 따라서 울릉도의 우산도 즉 독도도 영역의 일부로 분명히 간주되어 있었다는 사실에 추호의 의문을 품을 여지가 없었다.[337]

Ⅲ. 일본 외무성의 독도홍보팸플릿 반박문

동북아역사재단이 공간한 '일본 외무성의 독도홍보팸플릿 반박문(2008)' 은 다음과 같이 신라의 독도에 대한 권원이 기록된 관찬문헌을 열거하여 독도 가 한국영토임을 간접적으로 주장하고 있다.

> 독도는 울릉도에서 육안으로 바라볼 수 있어서 울릉도에 사람이 거주하기 시작한 때부터 인식할 수 있었다. 이러한 인식의 결과, 세종실록지리지(1454년), 신증동국여지승람(1530년), 동국문헌비고(1770년), 만기요람(1808년) 등 한국의 수많은 관찬문서에 독도가 명확히 표기되어 있다. 특히 동국문헌비고(1770년), 만기요람(1808년) 등에는 '울릉도와 우산도는 모두 우산국의 땅이며 우산도는 왜인들이 말하는 송도(松島)라고 명백히 기록하고 있다. 송도는 당시 일본인들이 부르던 독도의 명칭이다.[338]

위의 기술 중 한국 독도의 역사적 권원이 신라 지증왕 13년에 성립되었다고 직설적으로 명시되어 있지 않으나 열거된 관찬문헌의 내용에는 한국의 독도에 대한 역사적 권원이 신라 지증완 13년에 이사부의 우산국 정복에 의해

---

337 The Korea Ministry of Foreign Affairs, The Korean Government's Views Reputing The Japanese Government's Version of the Ownership of Dokdo (September 24, 1956) (January 7, 1959).
338 동북아역사재단 독도문제연구소 '일본 외무성의 독도홍보팸플릿 반박문(2008)', 제2항.

수립되었다고 기록되어 있으므로 '역사적 권원'이란 용어는 명시적으로 사용하고 있지 않으나 이는 독도의 권원이 신라시대에 성립되었음을 주장하는 것이므로, 결국 이는 독도의 역사적 권원을 주장하는 것이다. 그러나 여기서도 역시 역사적 권원의 대체에 관해서는 논급이 없으므로 독도의 역사적 권원 자체는 오늘의 국제법상 법적 효력이 없는 것이다.

Ⅳ. 독도 바로알기

동북아역사재단이 출간한 『독도 바로알기』에는 『삼국사기』의 신라 이사부가 우산국을 정복하여 신라가 해마다 토산물을 받아왔다는 기록을 인용하여 독도에 대한 역사적 권원이 신라시대에 성립하였음을 기술하고 있다.

> 독도에 대한 우리나라 최초의 기록은 『삼국사기』(1145년)이다. 여기에는 신라의 이사부(異斯夫)가 우산국(于山國)을 복속시킨 내용이 기술되어 있다. 본래 삼국시대 이전에 울릉도와 독도는 우산국으로 불렸다. 삼국시대에 우산국 사람들이 신라 내륙까지 들어와 노략질을 벌이자, 신라의 이찬(伊湌) 이사부가 우산국을 정복하게 되었다. … 이사부가 계략을 써서 우산국 사람들을 복속시키고 해마다 토산물을 바치게 하였다.[339] … 512년 신라에 복속된 우산국은 918년 고려가 세워진 이후 고려의 지배를 받았다.[340]

위의 기술은 독도의 '역사적 권원'이라는 용어를 사용하고 있지 않으나 그 의미 내용은 독도의 역사적 권원이 신라의 우산국 정복에 의해 성립되었다는 기술로 보인다. 그러나 위의 기술은 독도의 역사적 권원의 현대국제법에 의

---

339 동북아역사재단, 『독도 바로알기』, 서울: 동북아역사재단, 2011, p.24.
340 동북아역사재단, 같은 책, p.25.

한 대체에 관해서는 아무런 언급이 없다. 따라서 오늘날 한국은 독도의 역사적 권원을 승계한 것에 불과하여 오늘의 국제법상 법적 효력이 없는 것이다.

요컨대『독도 바로알기』는 신라의 독도에 대한 역사적 권원의 성립에 관해 기술하고 있으나 그 '역사적 권원의 대체'에 관해 논급하고 있지 않다. 그러므로 이 역사적 권원은 오늘의 국제법상 법적 효력이 없는 것이다.

V. 우리 땅 독도를 만나다

동북아역사재단이 출간한『우리 땅 독도를 만나다』에는 한국의 독도의 역사적 권원에 관하여 다음과 같이 기술·주장되어 있다.

> 『삼국사기』(1145년 고려인종 23년) 권4의 지증왕조에는 하슬라주(何瑟羅州, 지금의 강릉지역)의 군주인 이사부(異斯夫)가 우산국(于山國)을 복속하였다는 내용이 나온다. 『여지지(輿地志)』등에서는 '울릉도 외 우산도(독도) 모두 우산국의 땅'이라고 하여 우산국에는 울릉도와 독도가 포함됨을 밝히고 있다. 이로써 우산국이 신라에 복속한 6세기부터 독도가 울릉도와 함께 우리 역사에 등장하는 것을 알 수 있다.

위의 기술 가운데 '…우산국이 신라에 복속한 6세기부터 독도가 울릉도와 함께 우리 역사에 등장하는 것을 알 수 있다'는 기술은 역사적 권원이라는 용어를 사용하지 않지만 독도의 역사적 권원이 한국에 있다는 주장으로 해석함에 무리가 없다고 본다.

그러나『우리 땅 독도를 만나다』에는 독도의 역사적 권원의 대체에 관해서는 아무런 언급이 없다. 따라서 독도의 역사적 권원은 현대국제법상 권원으로 대체되지 않아 오늘의 국제법상 법적 효력으로 논할 수는 없는 것이다.

Ⅵ. 교수 · 학습 과정안 및 학습지

동북아역사재단이 출간한『교수 · 학습 과정안 및 학습지』는 신라 지증왕
13년에 신라가 우산국의 항복을 받았다는 역사적 사실을 다음과 같이 기술하
고 있다.

> 우산국은 동쪽 바다에 있는 섬으로 울릉도라고 하는데, 사방 백리의 땅이다.
> 지증왕 13년(512년)에 이찬(伊湌) 이사부(異斯夫)가 하슬라(何瑟羅) 군주가 되
> 어 … 우산국 사람들이 두려워서 모두 항복하였다. (삼국사기 지증왕 13년)[341]

위의 기술 역시 '역사적 권원'이라는 용어를 사용하고 있지 않으나 위 기술
의 전체의 의미 내용으로 보아 신라의 우산국 항복으로 신라가 독도의 역사적
권원을 취득했다는 의미로 해석된다. 그러나 이 역시 독도의 역사적 권원의
대체에 관해서는 아무런 언급이 없다. 따라서 독도의 역사적 권원은 오늘의
국제법상 법적 효력으로 논할 수는 없는 것이다.

Ⅶ. 대한민국의 아름다운 영토 독도

외무부가 간행한『대한민국의 아름다운 영토, 독도』에는『세종실록지리
지』를 인용하고 6세기 초엽(512년) 신라가 우산국을 복속하여 독도에 대한
통치역사는 신라시대까지 거슬러 올라간다고 다음과 같이 기술하고 있다.

> 조선 초기 관찬서인『세종실록지리지』(1454년)는 울릉도(무릉)와 독도(우

---

341 동북아역사재단 독도문제연구소『교수 · 학습 과정안 및 학습지』, 서울: 동북아역사
재단, 2013, p.15.

산)가 강원도 울진현에 속한 두 섬이라고 기록되어 있습니다. 또한 두 섬이 멀지 않으며 청명한 날 바라 볼 수 있다고 기록하고 있습니다. 또한 두 섬이 6세기 초엽(512년) 신라가 복속시킨 우산국의 영토라고 기록하고 있으므로, 독도에 대한 통치역사는 신라시대까지 거슬러 올라갑니다.[342]

위의 기술에 '역사적 권원'이라는 용어를 사용하고 있지 않으나 그의 의미 내용은 독도에 대한 역사적 권원을 주장하는 것으로 볼 수 있다. 그러나 역사적 권원의 대체에 관해서는 아무런 언급이 없으므로, 위의 역사적 권원은 오늘의 국제법상 법적 효력으로 논할 수는 없는 것이다.

Ⅷ. Dokdo

동북아역사재단이 영문본으로 출간한 Dokdo에는 신라 지증왕 13년(서기 512년)에 이사부의 우산국 정복에 의해 신라가 독도를 병합하였다고 다음과 같이 기술하고 있다.

> Korean title to Dokdo dates back to the 6th century.
> According to the records of SamgukSagi [343]

위의 기술 가운데 '역사적 권원'이라는 용어를 사용하고 있지 않으나 그의 의미 내용은 이사부가 우산도를 정복하여 신라가 독도에 대한 역사적 권원을 취득했다는 주장으로 보인다. 그러나 이 역사적 권원의 현대국제법에 의한 대체에 관해서는 아무런 논급이 없다.

---

342 대한민국 외교부, 『대한민국의 아름다운 영토 독도』, 서울: 외교부, p.6.
343 North East Asian Historic Foundation, *Dokdo*, Seoul: NEAHF, Published date non indicated, p.16.

역사적 권원은 현대국제법에 의해 대체되지 않으면 법적 효력이 없으므로 위에 기술된 이사부의 우산국 정복에 의해 성립된 독도에 관한 역사적 권원은 오늘의 국제법상 법적 효력으로 논할 수는 없는 것이다.

역사적 권원 주장에 대한 비판

Ⅰ. 비판1: 역사적 권원 주장의 불명확성

전술한 바와 같이 한국정부는 독도 영토주권의 역사적 권원을 주장하면서 신라 지증왕 13년(512년) 신라의 이사부에 의한 우산국 정복에 의해 한국은 독도 영토주권의 역사적 권원을 취득했다고 기술하고 그 근거로『삼국사기』의 기록을 제시하여야 할 것이다.

그럼에도 불구하고 울릉도에서 독도를 청명한 날 바라 볼 수 있다고『세종실록지리지』,『신증동국여지승람』,『동국문헌비고』등에 기록되어 있다고 기술하고,『만기요람』에 우산국의 땅은 우산도와 송도로 구성되어 있다고 기술하여 대부분 신라의 우산국 정복에 의한 독도의 역사적 권원의 취득을 직접적으로 명백히 기술하고 있지 않다.

비록 '역사적 권원'의 취득이라는 용어를 사용하지 않는다 할지라도, 최소한 신라 이사부의 우산국 정복에 의해 신라는 512년 독도의 영토주권에 대한 역사적인 권원을 취득했다는 내용을 명확히 기술하여야 할 것이다.

Ⅱ. 비판2: 역사적 권원의 대체

역사적 권원은 현대국제법상 권원으로 권원의 대체를 이룩하지 않으면 오늘날 국제법상 효력이 없으므로 역사적 권원의 주장을 위해서는 역사적 권원이 대체되었음을 논급하여야 함에도 불구하고 대부분의 정부의 주장에는 역사적 권원을 주장하면서 역사적 권원의 대체에 관해서는 논급이 없다. 그러므로 독도 영유권의 역사적 권원은 오늘날 법적 효력이 없는 것으로 되고 만다.

제7장

결 론

I. 요약·정리

전술한 바를 다음과 같이 요약·정리하기로 한다.

(i) 영토주권에 관한 역사적 권원은 현대국제법상 권원으로 권원의 대체를 이룩하지 않으면 현대국제법상 법적 효력이 없으며, 또한 현대국제법에 의해 대체된 이후에도 역사적 권원은 법적 효력이 없다는 것은 판례와 학설에 의해 국제관습법으로 일반적으로 승인되어 있다.

(ii) 한국의 독도 영토주권은 신라 지증왕 13년(512년) 이사부의 우산국 정복에 의해 신라의 역사적 권원이 성립되었다.

(iii) 한국정부는 한국의 독도 영토주권의 역사적 권원인 1900년 10월 25일 '대한제국 칙령 제41호'에 의거, 현대국제법상 권원의 대체를 이룩했다.

(iv) 한국정부가 한국의 독도 영토주권을 수립한 것은 신라 지증왕 13년(512년) 이사부의 우산국 정복에 의한 것이라고 역사적 권원의 대체에 관해서는 어떠한 주장도 한 바 없다.

II. 정책대안의 제의

정부관계당국에 대해 다음과 같은 정책대안을 제의하기로 한다.

(i) 독도 영토주권의 역사적 권원을 주장할 때는 그 주장이 역사적 권원의 주장임을 명백히 표시한다. 특히 지리적 근거의 제시와 혼동하지 않

는다.

(ii) 역사적 권원을 주장할 경우에는 필히 '역사적 권원의 대체'에 관해 논급한다.

(iii) 한국의 독도 영토주권의 역사적 권원은 1900년 '대한제국 칙령 제41호'에 의거하여 대체되었음을 명백히 선언한다.

(iv) 국민에게 동 칙령 제2조에 규정된 석도가 독도임을 이유를 명시하여 명백히 주장한다.

(v) 역사적 권원의 대체에 관한 국제법학계와 역사학계의 학제연구를 행정적·재정적으로 적극 지원한다.

(vi) 일본정부 당국에 대하여 '대한제국 칙령 제41호 제2조'의 석도가 독도임을 근거를 제시하여 명백히 주장한다.

참고문헌

강봉룡, "이사부 생애와 활동의 역사적 의미", 한국이사부학회, 『이사부와 동해』, 창간호, 2010.

김명기, 『독도강의』, 서울: 독도조사연구학회, 책과 사람들, 2007.

_____, "대한제국 칙령 제41호에 의한 역사적 권원의 대체에 관한 연구", 독도조사 연구학회, 「독도논총」, 제5권 제1·2 통합호, 2010.

_____, "한일합방조약의 부존재와 독도영유권", 독도조사연구학회, 2020.

_____, "독도의 영유권과 제2차 대전의 종료", 대한국제법학회, 『대한국제법학회 논총』 제30권 제1호, 1985.6.

김석현, "독도의 영유권과 SCAPIN 677," 대한국제법학회 · 한국해양수산개발원, 학술세미나, 『독도문제와 국제법』, 2006.9.30.

나홍주, "SCAPIN 제677호의 국제특별법령의 사격," 독도보전협회, 「한국의 독도영유권 증명과 일본의 독도 침탈정책 비판」, 2011년 학술대토론회, 2011.10.15.

대한민국 정부, 1952.2.12, 구술서.

대한민국 외무부, 『독도문제 개론』, 서울: 외무부 정무국, 1955.

_____, 『대한민국의 아름다운 영토 독도』, 서울: 외교부, 2020.

동북아역사재단 독도문제연구소, "일본외무성의 독도홍보팜플렛 반박문", 2008.

_____, 『교수 · 학습 과정안 및 학습지』, 서울: 동북아역사재단, 2013.

_____, 『독도 바로알기』, 서울: 동북아역사재단, 2011.

동북아역사재단, 『독도는 과연 일본의 영토인가? - 일본외무성 독도홍보자료에 대한 비판 -』 2, 2008.4.16.

박관숙, "독도의 법적 지위에 관한 연구," 대한공론사, 『독도』, 서울: 대한공론사, 1905.

_____, "독도의 지위", 독도학회, 『한국의 독도연구사』, 서울: 독도보전협회, 2000.

_____, "독도의 지위", 독도학회, 『한국의 독도연구사』, 서울: 독도보전 협회, 2003.

손승철 역, "이사부 연구와 축제, 그리고 동해학을 위한 서설", 동북아역사재단 독도연구소,

「제5회 콜로키움」, 2010.3.3.~5.

『삼국사기』 권4, 지증 마립간 6년 2월조.

『삼국사기』 권4, 지증 마림간 8월 2일조.

『숙종실록』 권26, 권30, 권31.

신용하, 「독도의 민족영토사 연구」, 서울: 지식산업사, 1996.

엄정일, "국제법상 독도의 실효적 지배강화의 필요성과 고려요소", 독도조사연구학회, 「독도논총」, 통권 제5호, 2009.

유하영, "교과서 기록의 국제법상 의미", 독도조사연구학회, 「독도논총」, 통권 제2호, 2006.

윤명철, "이사부 우산국정복의 역사적 가치와 21세기 의미", 강원일보 · 삼척시 · 강원개발 연구원, 「이사부 그 다이나믹한 동해의 기억 — 그리고 내일」, 2008.

이동원, "독도의 실효적 지배역사", 독도조사연구학회, 「독도논총」, 통권 제4호, 2008.

_____, "지정토론문", 한국독도연구원 · 국회독도지킴이,『한국의 독도 어떻게 지킬 것인 가』, 2011.11.4., p.113.

이부균,『한국독도 어떻게 지킬 것인가?』, 서울: 한국독도연구원, 2010.

이한기, 「한국의 영토」, 서울: 서울대학교 출판부, 1996.

이태진, "근대 일본 소수 번벌의 한국침략", 동부아역사재단, 「일본의 한국 병합과정」, 2010.8.23.~24.

정은우, "독도와 안용복", 김명기(편),『독도특수연구』, 서울: 독도조사연구학회/법서출판 사, 2001.

한국근대사자료연구협의회 편,『독도연구』, 서울: 한국근대사자료연구협의회, 1985.

한국해양수산개발원,『독도는 과연 일본의 영토인가?— 일본외무성 독도홍보자료에 대한 비판—』 2, 2008.4.16.

해양수산부,『독도 생태계 등 기초조사연구』, 서울: 한국해양연구소, 2000.

네이버(Naver), 「국어사전」; 동아출판사, 「동아 프라임 국어사전」(서울: 동아출판사, 1987), p.166.

Albert Bleckmann, "Decolonization," EPIL, Vol.10, 1987.

AIIL, Vol.42, 1948.

Alind Kaczorowska, Public International Law, 4th ed.(London: Routledge, 2011).

Alf Ross, A Textbook of International Law (London: Longmans, 1947).

Anfhony A. D'Amato, The core of Custom in International Law (Ithaca: Cornell University Press, 1971).

Anthony D'Amato, "International law, Intertemporal Problems," EPIL, Vol.9, 1986.

Antonio Cassese, International Law (Oxford: OUP, 2001).

Antonio Tores Bernordez, "Territory, Acquisition," EPIL, Vol. 10, 1987.

Arnold D. McNair, "The Functions and Differing Legal Character of Treaties," BYIL, Vol.11, 1930.

Bernardez, supra n.6. p.497, p.499.

Bernordez, Antonio Tores, "Territory, Acquisition," *EPIL*, Vol. 10, 1987.

_____, *supra* n. 4.

_____, *supra* n. 6.

British War Office, *Law of War on Land*, Part HI, 1958, para.510.

Brownlie, Ian, *Principles of Public International Law*, 5th ed, Oxford: Oxford University Press, 1998.

_____, *supra* n.1.

_____, *supra* n.2.

_____, *supra* n. 9.

_____, *supra* n.26.

Cassesse, Antonio, *International Law*, Oxford: Oxford University Press, 2001.

Cecil J. B. Hurst, "State Succession in Maters of Tort," *BYIL*, Vol.5, 1924.

Chimni, B. S., *International Law and World Order*, London: Sage, 1993.

Chimni, *International Law and World Order* (London: Sage, 1993).

Christian Rumps, "Territory, Lease," *EPIL*, Vol.10, 1987.

Clive Parry, "The Funotiom of Law in International Community," in Max Sorensen(ed.), *Manual of Public International Law* (New York: Macmillan, 1968).

Cruz, *supra* n.28.

C. H. M. Waldock, "Disputed Sovereignty in the Falkland Islands Dependencies," *BYIL*, Vol.25, 1945.

C. Parry, *The Sources and Evidences of International Law* (Manchester: Manchester University Press).

David H. Ott, *Public International Law in the Modern World* (London: Pitman, 1987).

Diehl, Paul F. and Charlatte Ku, The *Dynamic of International Law*, Cambridge: Cambridge University Press, 2012.

D'Amato, *supra* n.20.

D'Amato, *supra* n.63.

D. H. N. Johnson, "Acquisitive Prescription in International Law," *BYIL*, Vol.27, 1950.

D. P. O'connell, "A Cause Celebre in the History of Treaty Making," *BYIL*, Vol.42, 1967.

_____, *International Law*, Vol.1, 2nd ed.(London: Stevens, 1970).

_____, "The Status of Formasa and the Chinese Recognition Problem," *AJIL*, Vol.50, 1956.

Edmund Jan Osmanczyk, *Encyclopedia of the United Nations*, 2nd ed.(New York: Taylor, 1990).

Elaremont, CA: The Paige Press, 1991.

Erich Kussbach, "Conquest," *EPIL*, Vol.3, 1982.

ERHC, 2005.

E. C. Wade, *The Minquiers and Ecrehos* Case, Grotius Society transactions for year 1954, Vol.40, 1954.

GA Re 2625(XXV), Oct. 24, 1970; Osmanczyk, *supra* n.56.

GA Re 3314(XXIX) Dec.14, 1974; Osmanczyk, *supra* n.56.

George Grafton Wilson, *International Law*, 9th. ed. (New York: Silver Burdett, 1935).

Georg G. Wilson, *International Law*, 9th ed. (New York: Silver, 1940).

George Schwarzenberger and E.D. Brown, *A Manual of International Law*, 6th ed.(Milton: Professional Books, 1976).

Gerald Fitzmaurice, "The Law and Procedure of the International Court of Justice: General Principles and Source of Law," *BYIL*, Vol.30, 1953.

Gerard J. Mangone, *The Elements of International Law: Casebook* (Homewood: Dorsey, 1963).

Gerhard von Glahn, *Law Among Nations*, 4th ed.(New York: Macmillan, 1981), p.503

Gillan D. Triggs, *International Law* (Australia: Butterworth, 2006).

GJH. van Hoof, *Rethinking the Source of International Law* (Deventer: Kluwer Law and Taxation, 1983)

Glahn, *supra* n.6.

Gorg Schwarzenberger, *International Law: The Law of Armed Conflict* (London: Stevens, 1968).

G. I. Tunkin, *International Law* (Moscow: Progress, 1986).

G. Schwarzenberger and E. D. Brown, *A Manual of International Law*, 6th ed. (Miton: Professional Book, 1972).

_____, *A Manual of International Law*, 6th ed. (Milton: Professional Books, 1976).

G. von Glahn, *Law Among Nations*, 4th ed. (New York; MacMillan, 1981).

Hans Kelsen, *Principles of International Law*, Robert W. Tucker(ed.), 2nd ed.(New York: Holt, 1967).

_____, *Principles of International* Law, 2nd ed.(New York, Holt, 1967).

_____, *The Law of the United Nations* (New York: Praeger, 1951).

Henry Campbell Black, *Black's Law Dictionery* 5th ed. (St. Paul: West, 1979).

Henry G. Schermers, "International Organizations, Resolutions," *EPIL*, Vol.5, 1983.

H. Kelsen, *The Law of the United Nations* (New York; Praeger, 1950).

Hons-Jurge Schlochauer, "The international Court of Justice" *EPIL*, Vol.1, 1981.

Hoof, *supra* n.1.

H. Lauterpacht (ed.), *Oppenheim's International Law*, Vol.2, 7th ed. (London : Longmans, 1952).

H. Thirlway, "The Law and Procedure of the International Court of Justice," *BYIL*, Vol.60, 1989.

Ian Brownlie, *International Law and the Use of Force by Sates* (Oxford; Clarendon, 1963).

_____, *Principles of Public International Law*, 3rd ed.(Oxford: Clarendon, 1979).

_____, *Principles of Public International Law*, 5th ed. (Oxford: Oxford University Press, 1988).

Ibid.

Ibid., Hoof, *supra* n. 1.

ICJ., *Reports*, 1950.

___, *Reports*, 1952.

___, *Reports*, 1953.

___, *Reports*, 1959.

___, *Reports*, 1961.

___, *Reports*, 1962.

___, *Reports*, 1970.

___, *Reports*, 1975.

___, *Reports*, 1984.

___, *Reports*, 1990.

___, *Reports*, 1992, para.

___, *Reports*, 1992.

___, *Reports*, 1999.

___, *Reports*, 2001.

___, *Reports*, 2002, para.

___, *Reports*, 2002.

___, *Reports*, 2007, para.

___, *Reports*, 2008, para.

___, *Reports*, 2008, title 5.3.1.

Isagani A. Cruz, *International Law* (Quezon: Central Lawbook, 1985).

ILR, Vol. 50.

James Crawford, *The Creation of States in International Law* (Oxford: Clarendon, 1979).

Janis, *supra* n. 4.

Jennings and Watts(eds.), *supra* n. 1.

_____, *supra* n. 1.

_____, *supra* n. 9.

_____, *supra* n. 12.

JG. Starke, *Introduction to International Law*, 9th ed. (London: Butterworth, 1984).

Jochen Abr. Frowein, "Recognition," EPIL, Vol. 10, 1987.

John O'Brien, *International Law* (London: Cavendish, 2001).

John Westlake, *International Law* (Cambridge: CUP, 1895).

J. G. Starke, "The Acquisition of Title to Territory by Newly Emerged States," *BYIL*, Vol. 41, 1965~1966.

_____, *Introduction to International Law*, 9th ed.(London: Butterworth, 1984).

J. L. Kunz, "The Legal Status of Occupied Germany under International Law: Legal Dilemma?," *West Pol. Q.*, Vol.3, 1950.

J. R. Strayer, *On the Medieval Origins of Modern State* (Princeton: PUP, 1979).

Kaczorowska, Alind, *Public International Law*, 4th ed., London : Routledge, 2011.

Karl-Ulrich Meyn, "Debellatio," *EPIL*, Vol.3, 1982.

Kayaglu, Turan, *Legal Imperialism*, Cambridge: Cambridge University Press, 2010.

Kelsen, *supra* n.1.

Kunz, *supra* n.10.

Kurt Schushnigg, *International Law* (Milwaukee: Bruce, 1959).

Kussbach, *supra* n.13.

Leland M. Goodrich, Edrard Hambro and Anne Patricia Simons, *Charter of the United Nations*, 3rd ed.(New York: Columbia University Press, 1969).

Leo Gross, The Peace of Westphalia 1648~1948, *AJIL*, Vol.42, 1948.

LN, *LNTS*, Vol.94.

Lord McNair, *The Law of Treaties* (Oxford: Clarendon, 1961).

Malanczuk, Peter, *Akehurst's Modern Introduction to International Law*, 7th, London Routledge, 1987.

Malanczuk, *supra* n.12.

_____, *supra* n.28, p.157.

Malcolm N. Shaw, *International Law*, 4th ed. (Cambridge: Cambridge University Press, 1997).

Marjorie M. Whiteman, *Digest of International Law*, Vol.2 (Washington, D.C.: USGPO. 1963).

Mark E. Villiger, *Customary International Law and Treaties* (Dordrecht: Martinus, 1985).

Mark W. Janis, *An Introduction to International Law* (Boston: Little Brown, 1998).

Mark W. Zocher, "The Territorial Integrity Norm," in B. A. Simmons and R. H. Steinberg(eds.), *International Law and International Relations* (Cambridge: CUP, 2006).

McNair, *supra* n.5.

Meyn, *supra* n.8.

Michael Akehurst, "The Hierarchy of the Sources of International Law," *BYIL*, Vol.47.

Michael Bothe, "Occupation, Belligerent," *EPIL*, Vol.4, 1982.

Michael Vially, "The Sources of International Law," in Max Sørensen(ed.), *Manual of Public International Law* (New York: Macmillan, 1968).

Milan Sahovic and William W. Bishop, "The Autority of the State" in Max Sorensen(ed.), *Manual of Public International Law* (London: MacMillan, 1968).

Miton: Professional Book, 1972.

Mnquiers and Ecrehos Case: ICJ, *Reports*, 1953.

Myung-Ki Kim, *Territorrial Sovereignty over Dokdo and International Law* (Claremont,

독도의 역사적 권원의 대체에 관한 역사·국제법 융복합 연구

California: Paige Press, 2000).

M. M. Whiteman, *Digest of International Law*, Vol.2(Washington, D.C.: USGPO, 1963).

M. W. Janis, "Equity in International Law," *EPIL*, Vol.7, 1984.

North East Asian, p.16.

O'Brien, John, *International Law*, London: Cavendish, 2001.

O'Connell, D.P., "A Cause Celebre in the History of Treaty Making," *BYIL*, Vol.42.

O'Connell, *supra* n.32, p.407.

Oscar Svarlien, *An Introduction to the Law of Nations* (New York: MacGraw-Hill, 1955).

Osmanczyk, *supra* n.

Ott, *supra* n.6.

___ *supra* n.9.

Ottmon Debt Arbitratiork(1925): R1AA, Vol.1, 1948.

Para. I .

Para. I . d.

Para. I . 3. b.

para. I. 3. d.

Para. II. (2).

para. III. (2).

Para. III. 2.

Para. III. 3.

para. VI.

para. VII.

Para. (1).

Para. 3.

Para. 4.

Para. 7.

Para. IV. (1).

Para. IV. (2).

Para. VII. (2).

Parry, *supra* n.31, p.18.

Paul F. Diehl and Charlatte Ku, *The Dynamic of International Law* (Cambridge: CUP, 2012), p.28.

PCIJ, *Series A*, No.2, 1924, p.34.

___, *Series B*, No.8, 1923, pp.42-43.

___, *Series B*, No.11, 1925, p.30.

___, *Series B*, No.10, 1927, p.26.

___, *Series A/B*, No.53, 1933, p.45.

____. *Series A/B*, No.70.

Peter Malanczuk(ed.), *Akehurst's Modern Introduction to International Law*, 7th ed. (London: Routledge, 1987).

P. B. Potter, "Legal Aspects of the Situation in Korea," AJIL, Vol.44, 1950.

P. C. Jessup, "The Palmas Island Arbitration", *AJIL*, Vol.22, 1928.

P.E. Corbett, "The Consent of States and the Source of the Law of Nations." *BYIL.*, Vol.6, 1925.

Rechard Joyce, "Westphalia: Event, Memory, Myth," in F. Johns, R. Joyce and S. Papahuja (eds.), *Events: The Force of International Law* (London: Routledge, 2011).

Richard N. Swift, *International Law* (New York: John Wiley & Sons, 1969).

Richard K. Gardiner, *International Law* (London Longman, 2003).

Robert Jennings and Arthur Watts(eds.), *Oppenheim's International Law*, 9th ed., Vol.1(London: Longman, 1992).

Robert Y. Jennings, *The Acquisition of Territory in International Law* (Dobbs Ferry: Oceana, 1963).

Rosenne, *supra* n.30.

Ross, *supra* n.2.

Rudolf Bernhardt, "Annexation," *EPIL*, Vol.3, 1981.

Rumps, *supra* n.18.

Santiago Torres Bernardez, "Territory, Acquisition," *EPIL*, Vol.10, 1987.

Schermers, *supra* n.40.

Schlochauer, *supra* n.8.

Schwarzenberger and Brown, *supra* n.2.

_____, *supra* n.5.

Shaibtai Rosenne, *The Law and practice of the International Court of Justice*, vol.4, 3rd ed. (Hauge: Martinus, 1997).

Shaw, *supra* n. 9.

Starke, *supra* n.16.

Steinberg(eds.), *International Law and International Relations*, Cambridge: Cambridge University Press, 2006.

Stephan Verosta, "History of Law of Nations, 1648 to 181" *EPIL*, Vol.7, 1984.

Steven Wheatley, *The Democratic Legitimacy of International Law* (Oxford: Hart, 2010).

Strayer, J. R., *On the Medieval Origins of Modern State*, Princeton: Princenton University Press, 1979.

Supra 1.다. 〈ⅱ〉.

supra n.4.

Supra n.17.

Supra n.24.

Supra n. 31.

Supra n. 44.

Supra n. 49.

Supra n. 51.

Supra nn. 54.

Supra nn. 56-62.

Supra nn. 66-82.

Svarlien, *supra* n. 11.

S. Oda, "The Normalization of Relations between Japan and the Republic of Korea," *AJIL*, Vol. 61, 1967.

The Force of International Law, London: Routledge, 2011.

T. O. Elias, *The Modern Law of Treaties* (Leyden: Sijthoff, 1974).

_____, "The Doctrine of intertemporal Law," *AJIL*, Vol. 114, 1980.

Triggs, Gillan D., *International Law*, Australia: Butterworth, 2006.

_____, *Infra* n. 13.

Turan Kayaglu, *Legal Imperialism* (Cambridge: CUP, 2010).

United Nations, General Assembly Resolution 3232(xxix), November 12, 1974.

UN, *RIAA*, Vol. 2, 1949.

US, Department of the Army, *Law of Land Warfare*, FM 27-10, 1956, para.

Valerie Epps, *International Law*, 4th ed. (Druhorn: Carolina Academic Press, 2009).

Verosta, Stephan, "History of Law of Nations, 1648 to 181" *EPIL*, Vol. 7, 1984.

Villiger, *supra* n. 12.

_____, *supra* n. 18.

Virally, *supra* n. 7.

V. Lowe, International Law(Oxford: Oxford University Press, 2007).

Werner Levi, *Contemporary International Law* (Boulder: Westview, 1979).

Wesley L. Gould, *An International Law* (New York; Harper, 1957).

Westlake, John, *International Law*, Cambridge: Cambridge University Press.

Wheatley, Steven, The Democratic Legitimacy of International Law, Oxford: Hart, 2010.

Wilson, *supra* n. 31.

Wolfram Karl, "Conflicts between Tredties," *EPIL*, Vol. 7, 1984).

독도의 역사적 권원의 대체에 관한
역사 · 국제법 융복합 연구

저자의 독도연구 목록

김명기

I. 독도연구 저서목록

1. 『독도와 국제법』, 서울: 화학사, 1987.
2. 『독도연구』(편), 서울: 법률출판사, 1997.
3. 『독도의용수비대와 국제법』, 서울: 다물, 1998.
4. 『독도의 영유권과 국제법』, 안산: 투어웨이사, 1999.
5. Territorial Sovereignty over Dokdo, Claremont, California: Paige Press, 2000.
6. 『독도특수연구』(편), 서울: 법서출판사, 2001.
7. 『독도의 영유권과 신한일어업협정』, 서울: 우리영토, 2007.
8. 『독도의 영유권과 실효적 지배』, 서울: 우리영토, 2007.
9. 『독도의 영유권과 대일평화조약』, 서울: 우리영토, 2007.
10. 『독도강의』, 서울: 독도조사연구학회 / 책과사람들, 2009.
11. 『독도 100문 100답집』, 서울: 우리영토, 2008.
12. 『독도영유권의 역사적 · 국제법적근거』, 서울: 우리영토, 2009.
13. 『일본외무성 다케시마문제의 개요 비판』(공저), 서울: 독도조사연구학회 / 책과사람들, 2010.
14. 『안용복의 도일활동과 국제법』, 서울: 독도조사연구학회 / 책과사람들, 2011.
15. 『독도의 영유권과 국제재판』, 서울: 한국학술정보, 2012.
16. 『독도의 영유권과 권원의 변천』, 서울: 독도조사연구학회 / 책과사람들, 2012.
17. 『독도 객관식문제연습』, 서울: 한국학술정보, 2013.
18. 『간도의 영유권과 국제법』, 서울: 한국학술정보, 2013.
19. 『독도영유권 확립을 위한 연구Ⅴ』(공저)(영남대 독도연구소 독도연구총서 9), 서울:

선인, 2014.
20. 『독도총람』, 서울: 선인, 2014.
21. 『독도의 영유권과 국제해양법』(공저), 서울: 선인, 2015.
22. 『독도의 영유권 확립을 위한 연구VI』(공저)(영남대 독도연구소 독도연구총서 10), 서울: 선인, 2015.
23. 『독도의 영유권 확립을 위한 연구VII』(공저)(영남대 독도연구소 독도연구총서 11), 서울: 선인, 2015.
24. 『한국의 독도영토주권의 국제적 승인』, 서울: 선인, 2016.
25. 『대일평화조약상 독도의 법적 지위』, 서울: 선인, 2016.
26. 『독도영유권 확립을 위한 연구』 VII, 영남대 독도연구소, 서울: 선인, 2015.
27. 『남중국해 사건에 관한 상성중재재판소의 판정』, 서울: 선인, 2017.
28. 『대한민국정부의 독도정책과 국제법』, 파주: 한국학술정보, 2018.
29. 『정부수립론의 타당성과 한국의 독도 영토주권』, 서울: 선인, 2019.
30. 『한일합방조약의 무존재와 독도 영토주권』, 서울: 선인, 2020.
31. 『한일합방조약의 부존재에 관한 연구』, 파주: 한국학술정보, 2021.
32. 『한일합방조약 부존재론과 독도의 법적지위』(영남대 독도연구소 독도연구총서 24), 서울: 선인, 2020.
33. 『독도고지도에 대한 국제지도증거법 규칙의 분석적 적용효과』(공저)(영남대 독도연구소 독도연구총서 25), 서울: 선인, 2021.
34. 『독도 영유권 확립을 위한 연구 XII』, (공저)(영남대 독도연구소 독도연구총서 26), 서울: 선인. 2021.
35. 『독도경비대의 군경비대 대체에 관한 법적 제 문제』, (공저)(영남대 독도연구소 독도연구총서 28), 서울: 선인. 2022.

II. 독도연구 논문목록

1. 「독도의 영유권 귀속」, 육군사관학교, 『육사신보』 제185호, 1978.6.30.
2. 「국제법상 독도의 영유권」, 국가고시학회, 『고시계 上』 제23권 제9호, 1978.9.
3. 「The Minquiers and Ecrehos Case의 분석과 독도문제」, 지학사, 『월간고시』 제6권 제3호, 1979.3.
4. 「독도의 영유권문제에 관한 국제사법재판소의 관할권」(상), 국가고시학회, 『고시계』 제6권 제3호, 1979.3.
5. 「독도영유권문제에 관한 국제사법재판소의 관할권」(하), 국가고시학회, 『고시계』 제24권 제11호, 1979.11.
6. 「독도 문제에 관한 국제사법재판소의 관할권에 관한 연구」, 대한국제법학회, 『국제법학회논총』 제27권 제2호, 1982.12.
7. 「독도에 대한 일본의 선점 주장과 통고 의무」, 국가고시학회, 『고시계』 제28권 제8호,

1983.8.
8. 「국제법상도근현고시 제40호의 법적 성격」, 법지사, 『월간고시』 제10권 제11호, 1983.11.
9. 「독도의 영유권과 제2차 대전의 종료」, 대한국제법학회, 『국제법학회논총』 제30권 제1호, 1985.6.
10. 「국제법상 일본으로부터 한국의 분리에 관한 연구」, 대한국제법학회, 『국제법학회논총』 제33권 제1호, 1988.6.
11. 「한일 간 영토분쟁(독도): 독도의 영유권에 관한 일본정부 주방에 대한 법적 비판」, 광복 50주년 기념사업회, 『청산하지 못한 일제시기의 문제』, 서울: 광복 50주년기념사업회, 1995.6.30.
12. 「한일 간 영토분쟁」, 광복50주년기념사업회 · 학술진흥재단, 『일제식민정책 연구논문』, 서울: 학술진흥재단, 1995.8.
13. 「자존의 땅 - 독도는 우리의 것」, 경인일보사, 『메트로포리스탄』 제26호, 1996.2.
14. 「한일 배타적 경제수역 설정과 독도 영유권」, 자유총연맹, 『자유 공론』 제348호, 1996.3.
15. 「국제법상독도영유권과 한일 경제수역」, 국제문제연구소, 『국제문제』 제27권 제4호, 1996.4.
16. 「독도의 영유권에 관한 한국과 일본의 주장 근거」, 독도학회, 『독도의 영유권과 독도정책』, 독도학회 창립기념 학술심포지엄, 1996.4.
17. 「독도에 대한 일본의 영유권 주장의 부당성」, 도서출판 소화, 『지성의 현장』 제6권 제7호, 1996.7.
18. 「독도에 대한 일본의 무력행사시 제기되는 국제법상 제 문제」, 한국군사학회, 『군사논단』 제7호, 1996.7.
19. 「한국의 독도 영유권 주장 이론」, 한국군사문제연구소, 『한국군사』 제3호, 1996.8.
20. 「독도의 영유권 문제와 민족의식」, 한국독립운동사연구소 · 독도학회, 제10회 독립운동사 학술심포지움, 1996.8.8.
21. 「국제법 측면에서 본독도문제」, 국제교과서연구소, 국제역사교과서 학술회의, 프레스센타, 1996.10.23.~24.
22. 「국제법으로 본 독도영유권」, 한국독립운동연구소, 『한국독립운동사연구』 제10집, 1996.
23. 「독도의 영유권과 한일합방 조약의 무효」, 한국외교협회, 『외교』 제38호, 1996.
24. 「독도와 대일 강화조약 제2조」, 김명기 편, 『독도연구』, 서울: 법률출판사, 1996.
25. 「대일 강화조약 제2조에 관한 연구」, 대한국제법학회, 『국제법학회논총』 제41권 제2호, 1996.12.
26. 「독도와 조어도의 비교 고찰」, 국제문제연구소, 『국제문제』 제28권 제1호, 1997.1.
27. 「독도에 대한 일본의 영유권 주장에 대한 소고」, 명지대학교, 『명대신문』 제652호, 1997.11.7.

28. "A Study on Legal of Japan's Claim to Dokdo", The Institute of Korean Studies, *Korea Observer*, Vol. 28, No. 3, 1997.
29. 「독도의 영유권에 관한 연구: 독도에 대한 일본의 무력행사의 위법성」, 대한국제법학회, 『국제법학회논총 上』 제42권 제2호, 1997. 6.
30. 「독도에 대한 일본의 무력행사시 국제연합의 제재」, 아세아 사회과학연구원 『연구논총』 『한일간의 국제법 현안문제』 제7권, 1998. 4.
31. 「*The Island of Palmas* Case(1928)의 판결요지의 독도문제에의 적용」, 판례월보사, 『판례월보』 제336호, 1998. 9.
32. 「독도문제 해결을 위한 새 제언」, 한국외교협회, 『외교』 제47호, 1998. 10.
33. 「독도문제와 조어도 문제의 비교고찰」, 강원대학교 비교법학연구소, 『강원법학』 제10권(김정후교수 회갑기념 논문집), 1998. 10.
34. 「*The Clipperton Island* Case(1931) 판결요지의 독도문제에의 적용」, 판례월보사, 『판례월보』 제346호, 1999. 7.
35. 「독도에 대한 일본정부의 주장과 국제사법재판소의 관할권에 관한 연구」, 명지대학교 사회과학연구소, 『사회과학논총』 제15집, 1999. 12.
36. 「독도영유권과 신 한일어업협정」, 독도학회, 한일어업협정의 재개정준비와 독도 EEZ 기선문제 세미나, 2000. 9.
37. 「한일 간 독도영유권 시비의 문제점과 대책」, 한국군사학회, 『한국의 해양안보와 당면과제』(국방·군사세미나논문집), 2000. 10.
38. 「독도의 영유권과 신 한일어업협정 개정의 필요성」, 독도학회, 『독도영유권연구논집』, 서울: 독도연구보전협회, 2002.
39. "A Study an Territorial Sovereignty over Dokdo in International Law-Refutation to the Japanese Gerenment's "Assertions of the Occupied Territory", 독도학회, 『독도영유권 연구논집』, 서울: 독도연구보전협회, 2002.
40. 「헌법재판소의 신 한일어업협정의 위헌확인 청구에 대한 기각 이유 비판」, 판례월보사, 『쥬리스트』, 2002. 3.
41. 「독도영유권에 관한 일본정부 주장에 대한 법적 비판」, 독도학회, 『한국의 독도영유권 연구사』, 서울: 독도연구보전협회, 2003.
42. 「독도개발 특별법에 관한 공청회를 위한 의견서」, 국회농림해양수산위원회, 『독도개발 특별법안에 관한 공청회』 2004. 2. 2. 국회의원회관.
43. 「한일어업협정 폐기의 법리」, 『한겨레신문』, 2005. 5. 13.
44. 「독도의 실효적 지배 강화와 신 한일어업협정의 폐기」, 국제문제연구소, 『국제문제』 제36권 제6호, 2005. 6.
45. 「한일어업협정과 독도영유권 수호정책」, 한국영토학회, 『독도 영유권수호의 정책방안』, 한국영토학회주최학술토론회, 국회헌정기념관별관 대회의실, 2005. 11.
46. 「독도문제와 국제재판/국제재판소의 기능과 영향력」, 자유총연맹, 『자유공론』 제464

호, 2005.11.

47. 「독도의 실효적 지배 강화와 역사적 응고 취득의 법리」, 국제문제연구소, 『국제문제』 제36권 제11호, 2005.11.

48. 「독도의 영유권문제에 대한 국제사법재판소의 관할권」, 국제문제연구소, 『국제문제』 제37권 제1호, 2006.1.

49. 「독도와 연합군 최고사령부 훈령 제677호에 관한 연구」, 한국 외교협회, 『외교』 제76호, 2006.1.

50. 「신 한일어업협정과 금반언의 효과」, 독도조사 연구학회, 『독도논총』 제1권 제1호, 2006.4.

51. 「제2차 대전 이후 한국의 독도에 대한 실효적 지배의 증거」, 독도조사 연구학회, 『독도논총』 제1권 제1호, 2006.4.

52. 「맥아더 라인과 독도」, 국제문제연구소, 『국제문제』 제37권 제5호, 2006.5.

53. 「대일 평화조약 제2조 (a)항과 한국의 독도 영유권에 관한 연구」, 한국외교협회, 『외교』 제78호, 2006.7.

54. 「독도 영유권에 관한 대일 평화조약 제2조에 대한 일본정부의 해석 비판」, 국제문제연구소, 『국제문제』 제37권 제7호, 2006.7.

55. "Sovereignty over Dokdo Island and Interpretation of Article 2 of the Peace Treaty with Japan", The Institute for East Asian Studies, *East Asian Review*, Vol.18, No.2, 2006.

56. 「독도를 기점으로 하지 아니한 신 한일어업협정 비판」, 독도조사연구학회, 『독도논총』 제1권 제2호, 2006.9.

57. 「대일 평화조약 제2조의 해석과 Critical Date」, 독도조사연구학회, 『독도논총』 제1권 제2호, 2006.9.

58. 「독도의 실효적 지배 강화와 Critical Date」, 법조협회, 『법조』, 통권 제602호, 2006.11.

59. 「국제연합에 의한 한국의 독도영유권승인」, 한국외교협회, 『외교』 제81호, 2007.4.

60. 「한일어업협정 제9조 제2항과 합의 의사록의 위법성. 유효성」, 독도본부, 제15회 학술토론회(토론), 2007.1.16.

61. 「한일공동관리수역의 추적권 배제는 독도영유권 침해행위」, 독도본부, 제16회 학술토론회, 2007.2.24.

62. 「한일어업협정 폐기해도 금반언의 원칙에 의한 일본의 권리는 그대로 남는다」, 독도본부, 제17회 학술토론회, 2007.3.31.

63. 「한일어업협정은 어업협정인가?」, 독도본부, 제18회 학술토론회, 2007.4.18.

64. 「대일평화조약상 독도의 영유권과 uti possidetis 원칙」, 한국외교협회, 『외교』 제81호, 2007.5.

65. 「국제 법학자 41인의 '독도영유권과 신한일어업협정에 대한 우리의 견해'(2005. 4.5)에 대한 의견」, 독도본부, 제19회 학술토론회, 2007.5.23.

66. 「한일어업협정 폐기 후 이에 국제법상 대책방안 모색」, 독도본부, 제20회 학술토론회, 2007.6.20.

67. 「한일어업협정 폐기 후 대안 협정 초안 주석」, 독도본부, 제21회 학술토론회, 2007.7.18.
68. 「한일어업협정 폐기 후 대안 협정 초안 주석(i 」, 독도본부, 제22회 학술토론회, 2007.8.21.
69. 「국제연합과 독도영유권」, 국제문제연구원, 『국제문제』 제38권 제10호, 2007.10.
70. 「독도연구의 회고와 전망」, 동북아역사재단 주최, 주제강연(2007.11.7, 아카데미 하우스).
71. 「국제연합에 의한 한국독도영유권의 승인에 관한 연구」, 외교협회, 『외교』 제85호, 2005.4.
72. 「대한민국국가지도집중 영토와 해양의 동측 경계의 오류」, 독도조사연구학회, 2008년도 정기학술세미나(2008.6.28, 독도본부 강당).
73. "The Territorial Sovereignty over Dokdo in The Peace Treaty with Japan and the Principle of uti possidetis", *Korean Observation of Foreign Relations*, Vol.10, No. 1, August 2008.
74. 『독도 100문 100답집』, 서울: 우리영토, 2008.8.
75. 「독도 연구의 회고와 전망」, 동북아역사재단, 『독도시민사회백서 2006~2007』, 2008.4.
76. 「국제법상 일본의 독도영유권 주장에 대한 대일항의에 관한 연구」, 영남대학교 독도연구소, 『독도연구』 제5호, 2008.12.
77. 「일본의 기망행위에 의해 대일평화조약 제2조에서 누락된 독도의 영유권」, 외교통상부, 『국제법 동향과 실무』 제7권 제3.4호, 2008.12.
78. 「페드라 브랑카 사건(2008) 판결과 독도영유권」, 법률신문사, 『법률신문』 제3714호, 2009.1.15.
79. 「페드라 브랑카 사건과 중간수역 내의 독도」(상), 한국국제문화연구원, 『국제문제』 제40권 제3호, 2009.3.
80. 「독도영유권문제와 국제법상묵인의 법적 효과」, 한국외교협회, 『외교』 제89호, 2009.4.
81. 「페드라 브랑카 사건과 중간수역 내의 독도」(하), 한국 국제문화연구원, 『국제문제』 제40권 제4호, 2009.4.
82. 『독도영유권의 역사적 · 국제법적 근거』, 서울: 우리영토, 2009.6.
83. 「독도의 실효적 지배강화 입법정책 검토」, 동북아역사재단 발표, 2009.6.5.
84. 「독도의 실효적 지배강화 입법정책의 국제법상 검토」, 법률신문사, 『법률신문』 제3757호, 2009.6.25.
85. 「페드라 브랑카 사건(2008)의 판결취지와 독도영유권문제에 주는 시사점」, 영남대학교 독도연구소, 『독도연구』 제6호, 2009.6.
86. 「한일 해양수색 및 구조훈련과 독도영유권」, 법률신문사, 『법률신문』 제3778호, 2009.9.17.
87. 「정부의 독도시책과 학자의 독도연구 성찰」, 동북아역사재단 독도연구소 콜로키움, 제천, 2009.10.15.
88. 「다케시마 10포인트 대일평화조약 관련조항 제3항 비판」, 한국해양수산개발원, 『독

도연구저널』 제17권, 2009. 가을.
89. 「국제법상지도의 증명력」, 독도보전협회, 서울역사박물관, 토론발표, 2009.10.11.
90. 「간도영유권회복, 대책 시급」, 자유총연맹, 『자유공론』 제7호, 2008.8.
91. 「조중국경조약과 간도」, 북한연구소, 『북한』 제441호, 2008.9.
92. 「간도영유권 100년 시효실의 긍정적 수용제의」(상), 천지일보사, 『천지일보』 제11호, 2009.11.18.
93. 「안용복의 도일활동의 국제법상: 효과에 관한 연구」, 동북아역사재단 위촉연구, 2009.12.20.
94. 「안용복의 도일활동과 국제법」, 『독도저널』(08~09), 2009.9.
95. 「국제법상대한제국칙령 제41호에 의한 역사적 권원의 대체」, 한국해양수산개발원, 『독도연구저널』 제9권, 2010.3.
96. 「독도영유권과 porum progatum」, 외교협회, 『외교』 제94호, 2010.7.
97. 「독도를 일본영토가 아닌 것으로 규정한 일본법령 연구」, 동북아역사재단 독도연구소, 『제6회 독도연구 콜로키움』, 2010.7.6.~8.
98. 「한국의 대응전략은 어떻게 세울 것인가?」, 한국독도연구원, 『한국독도 어떻게 지킬 것인가?』, 2010.6.17. 전쟁기념관.
99. 「한일합방조약의 부존재와 독도영유권」, 독도조사연구학회, 2010년 정기학술토론회의, 『독도영유권의 새로운 논리개발』, 2010.10.28, 서울역사박물관.
100. 「한일기본조약 제2조의 해석」, 법률신문 제3863호, 2010.8.12.
101. 「일본총리부령 제24호와 대장성령 제4호에 의한 한국의 독도영토주권의 승인」, 영남대 독도연구소, 『독도연구』 제9호, 2010.12.
102. 「국제법상 한국의 독도영유권의 근거」, 독도문화 심기운동본부, 『한민족의 구심점』, 서울: 독도문화심기운동본부, 2010.12.
103. 「국제법상 신라이사부의 우산국 정복의 합법성에 관한 연구」, 이사부학회, 『이사부와 동해』 제2호, 2010.12.
104. 「국제법상독도영유권의 법적 근거」, 『법률신문』 제3899호, 2010.12.28.
105. 「한일합방조약 체결 100년, 성찰의 해」, 『천지 일보』 제99호, 2010.12.29.
106. 「국제법상 신라 이사부의 우산국 정복의 합법성에 관한 연구」, 강원일보 · 강원도 · 삼척시, 『이사부총서』(Ⅲ), 2010.12.
107. 「대한제국칙령 제41호에 의한 역사적 권원의 대체에 관한 연구」, 독도조사연구학회, 『독도논총』 제5권 제1-2 통합호, 2010.12.
108. 「한일합방조약의 부존재에 관한 연구」, 법조협회, 『법조』 통권 제655호, 2011.4.
109. 「대일민족소송 기각결정의 국제법상효과에 관한 연구」, 대한변호사협회, 『인권과 정의』 제417호, 2011.5.
110. 「국제법상 쇄환정책에 의한 독도영토주권의 포기여부 검토」, 영남대학교 독도연구소, 『독도연구』 제10호, 2011.6.
111. 「이사부의 우산국 복속에 의한 독도의 고유영토론 검토」, 한국이사부학회, 『2011년

전국해양문화 학자대회』 주제발표, 2011.8.4.

112. 「페드라 브랑카 사건판결과 중간수역 내에 위치한 독도의 법적 지위」, 동북아역사재단 독도연구소, 『제17회 정기 독도연구 콜로키움』, 2011.8.4.

113. 「통일 이후 한국의 국경문제와 조중국경조약의 처리문제」, 법제처, 『2011년 남북법제연구 보고서』, 2011.8.

114. 「독도영유권 강화사업의 필요성 검토」, 법률신문사, 『법률신문』 제3639호, 2011.8.29.

115. 「일본 자위대의 독도 상륙의 국제법상 문제점과 법적 대처방안」, 한국독도연구원, 국회 독도 지킴이, 『한국독도 어떻게 지킬 것인가』, 국회도서관 회의실, 2011.10.4.

116. 「독도의 역사적 연구의 기본방향」, 세계국제법협회 한국본부 독도 조사연구학회, 『독도의 영유권과 해양주권에 관한 심포리 임』, 코리아나 호텔, 2001.12.13.

117. 「일본 자위대 독도 상륙시 국제법상 문제점과 법적 대처 방안」, 해병대 전략연구소, 『전략논단』 제14호, 2011.가을.

118. 「국제법상 독도의용수비대의 법적 지위에 관한 연구」, 대한적십자사인도법연구소, 『인도법논총』 제31호, 2011.

119. 「국제법상 지리적 접근성의 원칙과독도」, 영남대 독도연구소, 『독도연구』 제11호, 2011.12.

120. 「대마도 영유권 주장의 국제법적 근거는 무엇인가?」, 독도연구원, 『대마도를 어떻게 찾을 것인가?』, 2012.9.18, 국회의원회관.

121. 「국제법상 이어도의 법적 지위에 관한 기초적연구」, 해양문화연구원, 『제3회 전국 해양문화학과 대회』, 2012.8.2.~4., 여수세계박물관회의장.

122. 「독도영유권의 중단권원의 회복에 관한 연구」, 독도조사연구학회, 『독도논총』 제6권 제1호, 2012.

123. 「사법적 판결의 사실상 법원성과 독도영유권의 역사적 권원의 대체」, 영남대 독도연구소, 『독도연구』 제12호, 2012.6.

124. 「독도의 배타적 경제수역」, 해양문화연구원, 『제4회 전국해양문화학자대회』, 2013.8.22.~24., 여수 리조트.

125. 「대일평화조약 제2조의 해석과 Critical Date」, 이사부학회, 『이사부와 동해』 제6호, 2013.

126. 「독도영유권 문제 / 분쟁에 대한 국제사법재판소의 강제적 관할권」, 독도시민연대, 『국제사법재판소의 강제적 관할권 어떻게 대항할 것인가?』, 독도시민연대, 2013.10. 국회의원회관.

127. 「시마네현 고시 제40호의 무효확인소송의 국제법상 효과에 관한 연구」, 독도연, 『소위 시마네현고시 제40호에 의한 독도편입의 허구성 검토 학술대회』, 독도연구, 2013.12.1, 서울역사박물관.

128. 「국제법상 독도의 영유권 강화사업의 법적 타당성 검토」, 독도조사연구학회, 『독도논총』 제7권 제1호, 2013.11.

129. 「맥아더라인의 독도영토주권에 미치는 법적 효과, 영남대 독도연구소, 『독도연구』

제15호, 2013.12.

130. 「국제법에서 본 한국의 독도영유권」, 이사부학회, 『동해와 이사부』 제7호, 2014.

131. 「한일어업협정 폐기 후 이에 대한 국제법상 대책방안 모색」, 『동해와 이사부』 제8권, 2014.8.

132. 「국제법상 국군에 대한 작전지휘권 환수에 따라 제기되는 법적 문제에 관한 연구」, 『인도법논총』 제34호, 2014.12.

133. 「일본자위대의 독도상륙작전의 전쟁법상 위법성과 한국의 독도방위능력의 강화방안」, 『군사논단』 제82호, 2015. 여름.

134. 「국제법상 국제연합에 의한 한국의 독도영토주권 승인의 효과」, 『국제법학회논총』 제60권 제1호, 2015.3.

135. 「대일평화조약 제23조 (a)항에 규정된 울릉도에 독도의 포함여부 검토」, 『독도연구』 제18호, 2015.6.

136. 「대일평화조약 제19조 (b)항과 일본정부에 대한 한국의 독도영토주권의 승인」, 독도조사연구학회, 2015.

137. 정기 학술토론회, 『국제법상 독도연구의 정책 및 연구의 당면 과제』, 2015.9.19, 동북아역사재단 대강당.

138. 「걸프해협사건과 안전보장이사회에 의한 독도영유권분쟁의 평화적 해결」, 『독도논총』 제8권 제1·2호, 2015.8.

139. 「밴프리트 귀국보고서의 조약의 준비작업여부 및 후속적 관행여부 검토」, 『독도연구』 제19호, 2015.12.

140. 「국제법상작전통제권 환수에 따라 제기되는 법적제문제와 그에 대한 대책방안」, 『입법과 정책』 제9권 제2호, 2015.12.

141. 「대일평화조약 제21조와 제25조의 저촉에 관한 연구」, 독도군사연구학회 2016년 학술토론회, 2016.6.16., 동북아역사재단 대회의실.

142. 「윌리엄 시볼트의 기망행위에 의해 규정된 대일평화조약 제2조 (a)항의 효력과 보충적 수단에 의한 해석」, 『독도논총』 통권 제10호, 2016.

143. 「대일평화조약 제19조 (d)항과 일본정부에 의한 한국의 독도영토주권의 승인」, 독도조사연구학회, 2015.9.19., 동북아재단회의실, 2015년 정기학술토론회.

144. 「독도연구의 기본방향제외」, 『독도연구』 제22호, 2017.

145. 「기죽도약도」, 『영토와 해양』.

146. 「국제법상 태정관 지령문의 법적 효적에 관한 연구」, 『영토해양연구』 제11호, 2016. 여름.

147. 「일본자위대의 독도상륙은 국제인도법상 허용되는가」, 『인도법논총』 제36호, 2016.

148. 「남중국해 중재판정을 통해 본 독도문제, 독도조사연구학회, 창립 제20주년 기념 학술토론회, 2017.6.23. 동북아 역사재단 대회의실

149. 「미8군부사령관 Coulter 장군의 독도폭격연습기지의 사용허가 신청에 의한 미국정보의 한국의 독도영토주권승인」, 『독도연구』 제24호, 2018.12

150. 「대한국제법학회의 김명기 대령의 독도학술조사에 의한 독도의 실효적지배」, 『독도논총』 제10권, 제1, 2호, 2017.10.
151. 「월리엄시볼트의 기망행위에 의해 규정된 대일평화조약 제2조 (a)항의 효력과 보충적 수단에 의한 해석」, 『독도논총』 제9권 제1, 2호, 2016.12.
152. 「대한제국칙령 제41호 전후 조선의 독도에 대한 실효적 지배」, 『독도연구』 제25호, 2018.
153. 「한일어업협정의 폐기」, 동북아역사재단 회의실, 정책연구, 2019.6.30.
154. 「대일평화조약 제19조(d)항에 관한 연구」, 독도조사연구학회, 2020년 학술토론회의, 2020.10.20
155. 「한국정부의 독도의 역사적 권원 주장에 관한 연구」, 『독도연구』 제29호, 2020.
156. 「독도경찰 경비대의 군경비대표의 대체 여부 정책결정에 관한 연구」, 『독도논총』 제11권, 2020.
157. 「독도관련 평화선 해도의 국제지도증거법상 의미 연구」, 『日本文化學報』第93輯, 2022.05.
158. 「동해에 위치한 독도의 중간수역의 문제점 분석연구」, 『독도연구』 제32호, 2022.06.

이태우

I. 독도연구 저서목록

1. 『독도영유권 확립을 위한 연구IV』(공저), 영남대 독도연구소, 서울: 선인, 2015.
2. 『해방이후 울릉도·독도 조사 및 사건관련 자료해제 1』(공저), 영남대 독도연구소, 서울: 선인, 2017.
3. 『시로 만나는 독도』(공편), 영남대 독도연구소, 대구: 정문사, 2017.
4. 『독도영유권 확립을 위한 연구IX』(공저), 영남대 독도연구소, 서울: 선인, 2017.
5. 『독도영유권 확립을 위한 연구X』(공저), 영남대 독도연구소, 서울: 선인, 2018.
6. 『울릉도·독도로 건너간 거문도·초도 사람들』(공저), 영남대 독도연구소, 서울: 선인, 2019.
7. 『독도영유권 확립을 위한 연구 XI』(공저), 영남대 독도연구소 독도연구총서 25, 서울: 선인, 2020.
8. 『독도 영유권 확립을 위한 연구 XII』(공저), 영남대 독도연구소 독도연구총서 26, 서울: 선인. 2021.
9. 『해방후 울릉도·독도 조사 및 사건관련 자료해제 II』(공저), 영남대 독도연구소, 서울: 선인, 2022.
10. 『(방법·사료·언론기사로 확인하는) 독도영토주권의 재인식』, 서울: 박문사, 2023.

Ⅱ. 독도연구 논문목록

1. 「독도문제와 관련한 '스기하라(杉原隆) 보고서' 재검토」, 『獨島研究』 제14호, 2013.06.
2. 「1948년 독도폭격사건의 경과와 발생배경」, 『獨島研究』 제20호, 2016.06.
3. 「근세 일본의 사료에 나타난 울릉도·독도의 지리적 인식 − 〈죽도기사〉·〈죽도고〉·〈원록각서〉를 중심으로」, 『獨島研究』 제22호, 2017.06.
4. 「근대 일본 관찬사료에 나타난 울릉도·독도 인식 검토」, 『獨島研究』 제24호, 2018.06.
5. 「1905년 '독도편입' 전후 일본 사료에 나타난 울릉도·독도의 지리적 인식」, 『獨島研究』 제26호, 2019.06.
6. 「1696년 안용복·뇌헌 일행의 도일과 의승수군에 관한 해석학적 연구」, 『獨島研究』 제28호, 2020.06.
7. 「독도 관련 고지도의 현황과 특징 분석 − 영남대 소장 고지도를 중심으로 −」(공저), 『獨島研究』 제29호, 2020.12.
8. 「거문도·초도 사람들의 울릉도·독도 도항과 영속적 경영 − 지역민들의 구술증언을 중심으로 −」, 『獨島研究』 제30호, 2021.06.
9. 「독도의용수비대 활동의 주민생활사적 의미 − 제주해녀의 '구술증언'을 중심으로 −」, 『獨島研究』 제32호, 2022.06.
10. 「신문·잡지·문서를 통해 본 1947년 조선산악회 울릉도·독도학술조사단의 활동과 의의」, 『영남학』 제82호, 영남문화연구원, 2022.09.
11. 「1947년 조선산악회 울릉도·독도 학술조사단의 독도조사활동과 성과」, 『獨島研究』 제34호, 2023.06.

김도은

Ⅰ. 독도연구 저서목록

1. 『독도영토에 대한 일본의 영토 내셔널리즘 비판』, 서울: 제이앤씨, 2017.
2. 『해방이후 울릉도·독도 조사 및 사건관련 자료해제 1』, 영남대학교 독도연구소, 2017.
3. 『韓國の固有領土の獨島領有權』, 역서, 서울: 제이앤씨, 2019.
4. 『日本の獨島領土ナショナリズム硏究』, 역서, 서울: 제이앤씨, 2020.
5. 『독도고지도에 대한 국제지도증거법 규칙의 분석적 적용효과』(공저)(영남대 독도연구소 독도연구총서 25), 서울: 선인, 2021.
6. 『독도 영유권 확립을 위한 연구 XII』, (공저)(영남대 독도연구소 독도연구총서 26), 서울: 선인. 2021.
7. 『독도경비대의 군경비대 대체에 관한 법적 제 문제』, (공저)(영남대 독도연구소 독도연구총서 28), 서울: 선인. 2022.

Ⅱ. 독도연구 논문목록

1. 「일본의 독도영유권 주장에 대한 현황분석」, 『日本文化學報』 제74집, 2017.
2. 북한 『노동신문』에 나타난 독도기사(2009~2017) 현황분석, 『日本學研究』 제52집, 2017.
3. 「대한제국칙령 제41호 전후 조선의 독도에 대한 실효적 지배」, 『獨島研究』 제25호, 2018.12.
4. 「독도 관련 고지도의 현황과 특징 분석」, 『獨島研究』 제29호, 2020.12.
5. 「독도 해양과학연구 성과의 홍보현황과 활성화 방안 연구」, 『獨島研究』 제31호, 2021.12.
6. 「독도관련 평화선 해도의 국제지도증거법상 의미 연구」, 『日本文化學報』 第93輯, 2022.05.
7. 「동해에 위치한 독도의 중간수역의 문제점 분석연구」, 『獨島研究』 제32호, 2022.06.
8. 「일본의 독도 상륙작전에 대한 한국의 방어 작전통제권 연구」, 『獨島研究』 제33호, 2022.12.

부 록

※ 위 부록의 출처는 각 홈페이지 참조.

勅令

勅令第四一號

鬱陵島를 鬱島로 改稱하고 島監을 郡守로 改正한 件

第一條　鬱陵島를 鬱島라 改稱하야 江原道에 附屬하고 島監을 郡守로 改
　　　　正하야 官制中에 編入하고 郡等은 五等으로 할 事

第二條　郡廳位置는 台霞洞으로 定하고 區域은 鬱陵全島와 竹島 石島를
　　　　管轄할 事

第三條　開國五百四年八月十六日官報中 官廳事項欄內 鬱陵島以下十
　　　　九字를 刪去하고 開國 五百五年 勅令第三十六號 第五條 江原
　　　　道二十六郡의 六字는 七字로 改正하고 安峽郡下에 鬱島郡三字
　　　　를 添入할 事

第四條　經費는 五等郡으로 磨鍊하되 現今間인즉 吏額이 未備하고 庶事
　　　　草創하기로 該島收稅中으로 姑先磨鍊할 事

第五條　未盡한 諸條는 本島開拓을 隨하야 次第磨鍊할 事

附則

第六條　本令은 頒布日로부터 施行할 事

光武四年十月二十五日

御押 御璽 奉

勅 議政府議政臨時署理贊政內部大臣 李乾夏

칙령

칙령 제41호

울릉도를 울도로 이름을 바꾸고, 도감을 군수로 개정하는 건

제1조   울릉도를 울도라 개칭하여 강원도에 소속하고, 도감을 군수로 개
        정하여 관제 중에   편입하고 군등은 5등으로 할 일

제2조   군청위치는 태하동으로 정하고 구역은 울릉전도와 죽도, 석도를
        관할할 일

제3조   개국 504년 8월 16일 관보 중 관청사항란에 울릉도 이하 19자를 삭
        제하고, 개국 505년 칙령 제36호 제5조 강원도 26군의 '6'자는 '7'자
        로 개정하고 안협군 밑에 '울도군' 3자를   추가할 일.

제4조   경비는 5등군으로 마련하되 현재 이액이 미비하고 서사초창이므
        로, 이 섬의 세금 에서 먼저 마련할 일 − 돈이 별로 없으므로, 세
        금을 먼저 거둬서 경비를 마련해   써라.

제5조   미진한 여러 조항은 이 섬을 개척하면서 차차 다음에 마련할 일

부칙

제6조   본령은 반포일로부터 시행할 일

광무4년 10월 25일

어압 어새 봉

칙 의정부의정 임시서리찬정내부대신 이건하

<h1 style="text-align: center;">〈해설〉</h1>

1. 재정의 배경

가. 일본인의 울릉도 침범 벌목과 대한제국의 조사

(1) 울릉도감 배계주의 조사보고

(가) 대한제국 정부는 1895년 5월 배계주(裵季周)를 울릉도감으로 재임명하면서 일본인의 울릉 침입실태를 조사보고 하도록 명했다.

(나) 상기 명에 따라 울릉도감은 조사보고서를 정부에 제출했으며, 동 보고서에 의하면 일본인 수백가구가 촌락을 형성하고 있으며 벌목을 자행하고 있다는 것이었다.

(2) 우용정의 조사보고

(가) 대한제국 내부는 1899년 12월 15일 내부관원(內部官員) 우용정(禹用整)을 울릉도 조사단의 책임자로 임명했다. 일본정부도 조사위원을 파견하여 한일 합동으로 조사하기로 한일간에 합의를 보았다. 한국조사단은 1900년 6월 1일부터 5일간 현지조사를 하고 돌아와 내부대신에게 조사보고서 울릉도사핵(鬱陵島査覈)을 제출했다.

(나) 상기 보고서에 울릉도에 체제 중인 일본인은 남녀 144명이며, 정박 중인 선박은 11척이나 왕래하는 상선 수가 일정치 않으므로 정확한 선박수를 파악하기 어려우며, 방대한 규모의 산림 벌목을 자행하고 있으며, 도감 단신으로는 이를 방치할 수 없는 상황이므로 일본공사에게 항의하여 시정을 촉구하여야 한다는 등의 내용이 포함되어 있었다.

나. 일본인 울릉도 침범 벌목에 대한 대한제국의 항의와 일본의 거부

(1) 대한제국의 항의

(가) 상기 보고서에 의거 대한제국 외부(外部)는 일본공사에게 울릉도에서 일본인의 철환문제를 논의하자고 제의했으나 일본공사는 일본 조사 위원의 조사보고가 아직 없다는 이유로 이에 불응했다.

(나) 1900년 9월 초에 일본공사는 다음과 같은 주장을 해왔다.

    1. 일본인의 체류는 도감이 십 수 년 전부터 묵인 종용해온 것이다.

    2. 도벌이 아니라 도감의 의뢰나 합의매매에 의한 벌목이다.

    3. 울도에서의 일본인의 상업무역은 도민의 희망에 따른 것이며 장차 도감이 수출입세를 징수할 예정으로 안다.

(2) 대한제국 외부와 일본공사간의 주장과 반박

(가) 상기 일본공사의 주장이 있은 후 이에 대한 대한제국 외부의 반발이 있었다.

(나) 이와 같이 일본인의 울릉도 침범과 벌목은 대한제국과 일본 간의 외교적 문제로 대두되게 되었다.

2. 제정의 경위

가. 내부대신의 청의서

(1) 상술한 일본인의 울릉도 침범 벌목 사태의 해결을 위해 대한제국 내부는 울릉도에 군수를 두기로 결정했다.

(2) 내부는 1900년 10월 22일 "울릉도를 울도로 개칭하고 도감을 군수로 개정하는 건에 관한 청의서"를 의정부회의(내각회의)에 제출했다.

나. 의정부회의의 결의

(1) 상기 청의서는 1900년 10월 24일 의정부회의에 회부되었다.

(2) 의정부회의에서 상기 청의서는 만장일치(8:0)로 결의 통과되었다.

다. 의정부의 공표

(1) 상기 의정부회의 결의 통과에 따라 1900년 10월 25일 의정부는 이를 "칙령 제41호"로 공포했다.

(2) 상기 칙령은 1900년 10월 27일 "관보 제1715호"에 게재되었다.

3. 칙령의 내용

가. 칙령의 명령과 구성

(1) 명칭: "칙령 제41호"의 명칭은 "울릉도를 울도로 개칭하고 도감을 군수로 개정하는 건"이다.

(2) 구성: 동 칙령은 6개조로 구성되어 있다.

나. 제1조와 제2조의 규정

(1) 제1조: 울릉도를 울도로 개칭하여 강원도에 부속하고 도감을 군수로 개칭하여 관제에 편입하고 군의 등급을 5등으로 한다.

(2) 제2조: 군의 위치는 태하동으로 정하고 구역은 울릉 전도와 죽도 석도(石島=독도)를 관할한다.

4. 제2조의 석도

가. 제2조의 규정

전술한 바와 같이 제2조는 울릉군의 관할구역을 "울릉전도와 죽도 석도"로 규정하고 있다. 여기서 석도는 독도를 뜻한다.

나. 석도의 해석

(1) 한국 측의 주장

(가) 주장내용: 제2조에 규정된 석도는 독도를 뜻한다.

(나) 주장근거

    1. 독도는 돌로 된 섬, 즉 돌섬으로 이를 한자어로 표기하면 석도(石島)가 된다. 따라서 대한제국 공식문서인 칙령 41호에서도 독도를 한자어 석도로 명기하여 공포한 것이다. 그런데 당시 울릉도 주민 대다수는 전라도 출신으로 전라도 방언에 의하면 "돌"을 "독"으로 발음했다. 즉 돌섬을 "독섬"이라 불렀고 이를 독도(獨島)로 표기하여 지금까지 석도를 독도로 부르고 있다.

    2. 동 제2조에 규정된 죽도는 울릉도 옆에 있는 죽서도(竹敍島)를 뜻하고 독도를 뜻하는 것이 아니다.

(2) 일본 측의 주장

(가) 주장내용: 제2조에 규정된 석도는 독도를 뜻하는 것이 아니다.

(나) 주장근거

    1. 동 칙령에 석도는 독도를 뜻한다는 어떠한 규정도 없다.

    2. 한국의 어떠한 기록에도 석도가 독도라는 표현을 찾아볼 수 없다.

5. 칙령 제41호의 현대 국제법상 의미

가. 신라 지증왕 13년(512년) 우산국의 귀복으로 독도는 신라의 영토, 즉 한국의 영토가 되었다. 이는 역사적 권원(historical title) 또는 본원적 권원

(original title)에 의한 것이다.

나. 역사적 권원은 현대 국제법상 권원으로 대체되어야 오늘날 권원으로 주장될 수 있다. 동 칙령은 독도에 대한 한국의 법령에 의한 실효적 지배로 이는 역사적 권원을 현대 국제법상 권원으로 대체한 의미를 갖는다. 따라서 신라의 역사적 권원은 법적으로는 효력을 상실하게 되었다.

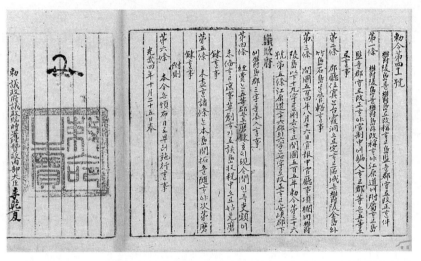

고종황제 칙령 제41호(1900년) 제2조에 "군청 위치는 태하동으로 정하고, 구역은 울릉전도와 죽도 석도(독도)를 관할할 사"라고 명시되어 있다

독도의 역사적 권원의 대체에 관한
역사 · 국제법 융복합 연구

REPUBLIC OF KOREA PRESIDENTIAL PROCLAMATION OF SOVEREIGNTY OVER ADJACENT SEAS

18 January 1952

Supported by well-established international precedents and urged by the impelling need of sage once and for all, the interests of national welfare and defense, the President of the Republic of Korea herby proclaims:

1. The government of the Republic of Korea holds and exercises the national sovereignty over the shelf adjacent to the peninsular and insular coasts of the national territory, no matter how deep it may be, protecting, preserving and utilizing, therefore, to the best advantage of national interests, all the natural resources, mineral and marine, that exist over the said shelf, on it and beneath it, known, or which may be discovered in the future.

2. The Government of the Republic of Korea holds and exercises the national sovereignty over the seas adjacent to the coasts of the peninsular

throughout and islands of the national territory, no matter what their depths may be throughout the extension, as here below delineated, deemed necessary to reserve, protect, conserve and utilize the resources and natural wealth of the Government supervision particularly the fishing and marine hunting industries in order to prevent this exhaustible type of resources and natural wealth from being exploited to the disadvantage of the inhabitants of Korea, or decreased or destroyed to the detriment of the country.

3. The Government of the Republic of Korea hereby declared and maintain the limes of demarcation, as given below, which shall define and delineate the zone of control and protection of the national resources and wealth on, in, or beneath the said seas placed under the jurisdiciton and control of the Republic of Korea and which shall be liable to modification, in accordance with the circumstance arising from new discoveries, studies or interests that may come to light in future. The zone to be placed under the sovereignty and protection of the Republic of Korea shall consist of seas lying between the coasts of the peninsular and insular territories of Korea and the line of demarcation made from the continuity of the following lines:

a. from the highest peak of U-Am-Ryung, Kyung-Hung-Kun, Ham- Kyong Pukdo to the point(42°15'N-130°45'E)

b. from the point(42°15'N-130°45'E) to the point (38°00'N-132°50'E)

c. from the point(38°00'N-132°50'E) to the point (38°00'N-130°00'E)

d. from the point(35°15'N-130°00'E) to the point (34°40'N-129°10'E)

e. from the point(34°40'N-129°10'E) to the point (32°00'N-127°00'E)

f. from the point(32°00'N-127°00'E) to the point (32°00'N-124°00'E)

g. from the point(32°00'N-124°00'E) to the point (39°45'N-124°00'E)

h. from the point(39°45'N-124°00'E) to the western point of Ma- An-Do, Son-Do-Yuldo, Yong-Chun-Kun, Pyungan Pukdo.

i. from the western point of Ma-An-Do to the point where a straight line drawn north meets with the western and of the Korean-Manchurian borderline.

4. This declaration of sovereignty over the adjacent seas does not interfere with the rights of free navigation on the high seas.

대한민국 인접해양의 주권에 관한 대통령의 선언.

1952년 1월 18일

대통령 리 승 만

국무위원 국무총리서리 허   정 국무위원 국방부장관 이기붕

국무위원 외무부장관   변영태 국무위원 상공부장관 김   훈

확정한 국제적 선례에 의거하고 국가의 복지와 방어를 영원히 보장하지 않으면 안 될 요구에 의하여 대한민국대통령은 다음과 같이 선언한다.

1. 대한민국정부는 국가의 영토인 한반도 및 도서의 해안에 인접한 해붕의 상하에 기지되고 또는 장래에 발견될 모든 자연자원, 광물 및 수산물을 국가에 가장 이롭게 보호, 보존 및 이용하기 위하여 기심도 여하를 불문하고 인접해붕에 대한 국가주권을 보존하며, 또 행사한다.

2. 대한민국정부는 국가의 영토인 한반도 및 도서의 해안에 인접한 해양의 상하 및 내에 존재하는 모든 자연자원 및 재부를 보유, 보호, 보존 및 이용하는데 필요한 좌와 여히 한정한 연장해안에 향하여 기심도 여하를 불구하고 인접해양에 대한 국가의 주권을 보존하며 또 행사한다. 특히 어족 같은 감소될 우려가 있는 자원 및 재부가 한국주민에게 손해가 되도록 개발되거나 또는 국가의 손상이 되도록 감소 혹은 고갈되지 않게하기 위하여 수산업과 어렵업을 정부의 감독 하에 둔다.

3. 대한민국정부는 이로써 대한민국정부의 관할권과 지배권이 있는 상술한 해안의 상하 및 내에 존재하는 자연자원 및 재부를 감독하며, 보호할 수역을 한정할 좌에 명시된 경계선을 선언하며, 또 유지한다.

이 경계선은 장래에 구명될 새로운 발견, 연구 또는 권익의 출현에 인하여 발생하는 신 정세에 맞추어 수정할 수 있음을 겸하여 선언한다. 대한민국의 주권과 보호 하에 있는 수역은 한반도 및 기부속도서의 해안과 좌의 제선을 연결함으로써 조성되는 경계선간의 해양이다.

ㄱ. 함경북도 경흥군 우암령 고정으로부터 북위 42도 15분 동경 130도 45분의 점에 이르는 선

ㄴ. 북위 45도 15분 동경 130도 45분의 점으로부터 북위 38도 동경 132도 50분의 점에 이르는 선

ㄷ. 북위 38도 동경 132도 50분 점으로부터 북위 35도 동경 130도의 점에 이르는 선

ㄹ. 북위 35도 동경 130도의 점으로부터 북위 34도 40 동경 129도 10분의 점에 이르는선

ㅁ. 북위 34도40분 동경 129도10분의 점으로부터 북위 32도 동경 127도의 점에 이르는 선

ㅂ. 북위 32도 동경 127도의 점으로부터 북위 32도 동경 124도의 점에

이르는 선

　ㅅ. 북위 32도 동경 124도의 점으로부터 북위 39도45분 동경 124도의
　　　점에 이르는 선

　ㅇ. 북위39도45분 동경124도의 점으로부터(평안북도 용천군 신도열
　　　도) 마안도 서단에 이르는 선

　ㅈ. 마안도 서단으로부터 북으로 한만국경의 서단과 교차되는 직선

4. 인접해안에 대한 본주권의 선언은 공해상의 자유항행권을 방해하지
　 않는다.

〈해설〉

1. 한국정부의 평화선 선언

가. 선언

(1) 1952년 1월 18일 한국정부는 국무원고시 제14호로 "인접해양의 주권에
　　관한 대통령 선언"으로 "평화선"(이라인)을 선언했다.

(2) 이는 1945년 9월 28일 미국 트루먼대통령의 "공해의 특정수역에 있어서
　　의 연안어업에 관한 선언"과 이에 따른 남미 제국의 해양주권 선언의 선
　　례에 따른 것이고, 한국전쟁기간 맥아더라인을 침범하는 일본 어선의
　　격증으로 인한 남획으로부터 어족자원을 보전하기 위한 것이었다.

나. 내용

(1) 대륙붕과 어업보전수역설정

(가) 동 선언은 "한반도"와 그 부속도서의 해안에 인접한 "대륙붕"과 "어업

보존수역"을 설정했다.

(나) 동 선언은 대륙붕과 어업보존수역에 관한 국가주권을 "보존하며" 또 "행사하는" 것을 선언한 것이다.

(2) 공해상의 자유항행권 보장

(가) 동 선언은 공해상의 자유항행권을 방해하지 아니함을 선언했다(제4항).

(나) 동 선언은 동 선언이 설정한 "인접해양"의 상부 수역의 공해로서의 법적 지위를 부정하지 아니했다.

(3) "인접해양" 내에 독도위치

(가) 인접해양의 경계선(평화선)은 한반도와 그 부속표시의 해안으로부터 20해리 내지 200해리에 이르고 있다.

(나) 독도의 해안 외측에 평화선이 설정되었다.

(다) 즉, 평화선의 동쪽 끝을 북위 38° 동경 132°50′으로 함으로서 북위 33°1′18″동경 131°52′22″에 위치한 독도를 인접해양 내에 포함시키고 있다.

울도군절목(鬱島郡節目, 1902)

『울도군절목(鬱島郡節目)』은 1902년 울도군(울릉도)의 치안과 행정 현황을 기록한 행정지침서로 대한제국 내부(內部)[344]가 초대 울도군 군수인 배계주에게 임명장과 함께 내려준 것이다.

『울도군 절목』은 1900년도 초 당시 울도군의 치안 상황과 재정, 조제 징수 등을 알 수 있는 중요한 내용을 담고 있으며, 대한제국이 1900년 10월 칙령 41호를 선포한 이후 울릉도와 죽도, 석도(독도)를 실제 경영했음을 입증해주는 자료이다.

이 기록물은 1902년 4월 중앙 정부가 울도 군수 배계주에게 하달한 세부 규칙 형식을 띠고 있다. 세부 지침에는 ▶ 일본에서 넘어와 무단벌목을 하는 자들을 엄단할 것 ▶ 가옥과 전답을 외국인에게 매매하는 자는 엄벌할 것 ▶ 관청은 보수해 쓰고 민폐를 끼치지 말 것 ▶ 상선(商船)과 화물에 세금을 부과할 것 ▶ 관리에게는 급료를 지불할 것 등 울도군의 각종 행정지침이 기록돼 있다.

대한제국 칙령 41호에 의해 울릉도가 울도군으로 승격되고, 도감이 군수로 임명된 사실은 잘 알려져 있다. 그러나 칙령 41호 반포 후 울도군이 실제로 어떻게 관리되었는지 밝혀주는 사료는 드물었는데, 이 사료는 중아정부에 의한 당시 울도군 관리실태를 구체적으로 잘 알 수 있게 해주는 기록물이다.

이 절목에는 독도에 대한 직접적인 언급은 없지만, 1900년 '칙령 41호'에 따

---

344 대한제국 때 지방 및 치안에 관한 사무를 보던 행정기구. 현재의 행정안전부.

라 '울릉전도와 죽도, 석도'를 관할했던 울도 군수에게 내려진 행정지침이기 때문에 일본이 1905년 독도를 일본영토로 불법 편입하기 이전에 대한제국이 독도를 실효적으로 경영한 증거이다.

특히 이 사료의 내용 중에서 조세 관련 조항이 중요한 의미를 가지고 있다. 일본인이 독도에서 대규모로 강치를 잡아 수출한 것은 1904년부터이다. 이때 울릉도의 일본인이 독도에서 잡은 강치를 수출하려면 절목의 규정에 의거하여 수출세를 납부해야 했다. 『울도군절목』에는 일본인의 수출화물에 1%의 세금을 징수하게 하여 군수의 징세권을 보장해주고 있다. 일본인이 독도 어로에 대한 세금을 울도군에 납부했다면, 이는 독도를 한국영토로 인정했음을 의미한다.

1902년 4월 대한제국 내부에서 내려준 『울도군절목』 10개조를 보면 다음과 같다.[345] 특히 제8조 조세 관련 조항이 한국의 독도영유권과 관련한 중요한 의미를 가진다고 볼 수 있다.

『울도군 절목』(1902년 4월) 10개조

① 일본에서 몰래 들어온 자들이 나무를 함부로 베는 것을 특별히 엄금할 것

② 본도(本島)의 인민들 중에 가옥과 전토를 외국인에게 암매(暗賣)하는 자가 있으니, 마땅히 일률(一律)로써 시행할 것

③ 본도의 개척이 아직도 미진하여 염려가 되고 백성들이 집안을 이루었으니, 아직 세금을 정하지 못하였다. 무릇 섬에 사는 백성들이 농사를

---

345 이상태, 「울도군 초대 군수 배계주에 관한 연구」, 『영토해양연구』11, 동북아역사재단, 2016, pp. 92-93.

지으며 살아감에 만약 내륙으로 옮겨 살게 되면, 사사로이 매매할 수 없으니, 도리어 관의 소유로 할 것

④ 현재 공해(公廨)가 7칸이 되니, 그대로 두고 지붕을 수리하고, 만약 비좁다면 4~5칸을 대략 더 건축하여 민폐(民弊)가 없게 할 것

⑤ 향장(鄕長) 1명, 서기(書記) 1명, 사령(使令) 3명을 우선적으로 시행하여 일을 시킬 것

⑥ 군수 이하 향장, 서기, 사령의 기료(食+氣 料)는 군에서 아주 간략하게 산정하지 않을 수 없어서 본도의 호수가 족히 500호가 되니, 매 호마다 춘등(春等)의 보리 3말과 추등(秋等)의 콩 4말씩을 거두어 품료(稟料)로 분배할 것

⑦ 500호에서 매 호마다 보리를 거두어 3말(斗)이 되면 총계 1,500말이고, 섬(石)으로 계산하면 100섬 내외가 된다. 군수 한 사람은 월급 급료가 60섬이고, 향장 한 사람은 급료가 12섬이고, 서기 1명은 10섬이고, 사령 3명은 매 명마다 6섬씩 도합 18섬이니, 총계 100섬으로 정식(定式)을 삼을 것

⑧ 각 도(道)의 상선(商船)이 본도에 정박하고 어곽(魚藿)을 잡거나 채취한 사람들에게 매 10분의 1을 세금으로 거두고, 그밖에 출입하는 화물(貨物)은 금액에 따라 매 100분의 1을 (세금으로 거두어) 경비로 충당할 것(各道商船 來泊本島 捕採魚藿人等處 每十分抽一收稅 外他出入 貨物 從價金每百抽一 以補經費事)

⑨ 관선(官船) 1척은 급선무로 마련하지 않을 수 없다. 그런 뒤에 항로를 편하게 하여 본부를 왕래하게 할 것이다. 조사위원이 섬으로 들어왔을 때, 전사능(田土能)과 능히 이동신(李東信)에게 목재(木材)를 몰래 벤 것을 공(公)으로 소속시키는 것을 낱낱이 조사하여 징수하여 배를 구매할 것

⑩ 미진한 조건은 본군에서 충분히 잘 의논하여 다시 마련할 것

『울도군절목』에 포함되어 있는 조세 관련 조항이 한국의 독도영유권과 관련한 의미를 정리해 보면 다음과 같다.

1. 일본인들이 독도에서 전복, 강치를 잡아 울릉도에 가져와서 가공을 하고 일본에 수출하는데 수출세를 매겼다. 이것은 <u>독도를 대한제국이 확실하게 지배하고 있었다는 증거</u>가 된다.

2. 일본 상인들이 울릉도에 세금을 냈다는 사실은 독도가 우리 땅이라는 것을 입증하는 확실한 증거가 된다. 특히 1904년과 1905년 울릉도 수출품에 강치가 포함되어 있고 <u>독도에서 포획한 강치 수출세를 울도군에 납부했다는 사실은 독도에 대한 한국의 실효지배를 보여주는 것</u>이다.

3. <u>일본 어선들이 채취한 해산물 관련해서 거기에 대한 수출세를 한국의 울릉 도감에게 납부했다는 사실은 국제법에서 독도가 우리 영토라는 가장 중요한 근거</u>가 된다. 왜냐하면 국제법에서 국가의 관할권이라는 것이 바로 사람, 사물, 사건에 대한 지배권능을 말하는데, 대표적으로 조세, 사법이 행해진 곳이 우리의 영토 안에서 이루어진 것이기 때문이다. 그것은 바로 일본 어선들이 우리에게 수출세를 납부했다는 사실에서 확인할 수 있다. 즉 독도가 한국의 영토임을 인정한 것이 된다.

4. 1953년 영국－프랑스간 멩끼에－에크레호 사건에서도 영국이 세금을 징수한 사실이 향후에 재판 결과에 아주 결정적인 영향을 미친 사실이 있다. 따라서 이러한 구체적으로 국가 권한을 행사한 사실이 입증된다면 그것은 영유권 문제에서 가장 중요한 키가 될 수 있다.

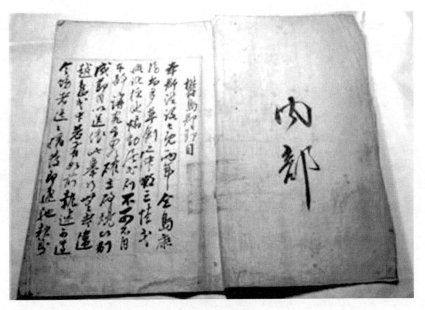

울도군절목 겉표지

독도의 역사적 권원의 대체에 관한
역사·국제법 융복합 연구

심흥택 보고서(1906)

　「심흥택 보고서」는 1947년 8월 조선산악회 울릉도·독도학술조사단이 울릉군청이 보관하고 있던 옛 기록물을 조사하면서 발견한 것이다. 「심흥택 보고서」는 현재 우리가 사용하고 있는 '독도'라는 명칭이 최초로 기록된 사료로서 독도에 대한 일본의 영유권 주장을 반박하고 한국의 독도영유권을 입증하는데 사용되는 가장 중요한 사료 중의 하나이다.

　「심흥택보고서」는 한국에서 '독도(獨島)'라는 명칭이 최초로 등장하는 문헌이다. 광무(光武) 10년(1906)에 작성된 「심흥택보고서」의 전문은 다음과 같다.

[원문]

報告書

本郡所屬 獨島가 在於外洋 百餘里許이옵드니 本月初四日 辰時量에 輪船一隻이 來泊于郡內道洞浦 而日本官人一行이 到于官舍하여 自云 獨島가 今爲日本領地 故로 視察次로 來島이다인바 其一行 則日本島根縣 隱岐島司東文輔及事務官神田由太郎 稅務監督局長 吉田平吾 分署長警部 影山岩八郎 巡査一人 會義員一人 醫師 技手各一人 其外隨員十餘人

이 先問戶摠 人口 土地及生産多少하고 次問 人員及經費幾許 諸般事務를 以調查樣으로 錄去이압기 玆以報告하오니 照亮하심을 務望함

光武十年丙年陰三月五日

[번역문]

보고서

본군(本郡) 소속 독도가 외양(外洋) 100여 리쯤에 있아옵드니 본월 초4일 진시(辰時, 오전 7시~9시) 쯤에 윤선(輪船) 1척이 군내 도동포(道洞浦)에 정박하였는데, 일본 관인(官人) 일행이 관사(官舍)로 와서 스스로 이르기를, "독도가 이제 일본 영지(領地)가 된 고로 시찰차 방문했다"고 하는바, 그 일행은 일본 시마네현(島根縣) 오키도사(隱岐島司) 히가시 분스케(東文輔) 및 사무관 진자이 요시타로(神西由太郞), 세무감독국장 요시다 헤이고(吉田平吾), 분서장(分署長) 경부(警部) 가게야마 간파치로(影山巖八郞), 순사 1인, 회의원(會議員) 1인, 의사·기수(技手) 각 1인, 그 밖에 수원(隨員) 10여 인이 먼저 호구수·인구·토지 및 생산의 다소를 묻고 다음으로 인원 및 경비가 얼마인지를 물으며 제반 사무를 조사할 양으로 녹거(錄去)이옵기 이에 보고하오니 밝게 살피심을 삼가 바랍니다.

광무(光武) 10년(1906) 음력 3월 5일

위 보고서에 보듯이 일본 조사단이 울릉도를 방문하여 독도가 일본 영토가 되었다고 통보하자 이에 놀란 울도 군수 심흥택이 "본군 소속 독도" 관련 보고

서를 작성하여 상부에 제출한 것이다. 울릉도를 관할하는 강원도 관찰사 서리인 춘천군수 이명래는 이 보고서를 받고 다시 이 보고서를 의정부 참정대신에게 올려 보냈다. 의정부 참정대신은 독도가 일본 땅이 되었다는 설은 사실무근이니 그 섬의 상황과 일본인들의 행동을 다시 보고하라고 답신하였다.

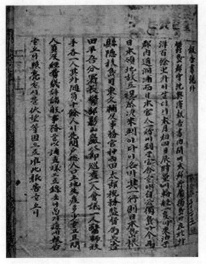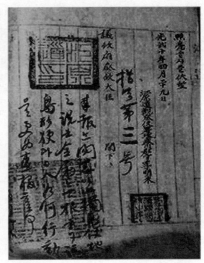

자료출처: 외교부 독도

강원도 관찰사 서리가 의정부 참정대신에게 올려 보낸 「보고서 호외」(왼쪽)와 독도의 일본 영유를 부인하는 의정부 참정대신의 「지령제3호」(오른쪽)

그러나 안타깝게도 1947년 울릉도·독도학술조사단의 신석호 교수가 울릉군청에서 발견한 이 「심흥택 보고서 부본」이 몇 년 후 사라져 행방이 묘연하게 되어 오랫동안 원본을 찾을 수 없었다. 그러나 다행히도 1978년 서울대학교 규장각에 보관되어 있던 강원도 관찰사 서리 이명래가 의정부 참정대신에게 올린 「심형택 보고서」 내용과 동일한 「보고서 호외」와 이에 대한 의정

부 참정대신의 답신인「지령제3호」를 발견할 수 있었다.[346]

「심흥택 보고서 부본」에는 보고일자가 '광무 10년 병오(丙午) 음 3월 5일'로 되어 있다. 양력으로 하면 1906년 3월 29일로, 심 군수는 3월 28일 일본 관리들에게 '독도'가 일본 영지(領地)로 되었다는 놀라운 통보를 받고 다음 날 발 이 사실을 직속 상관인 강원도 관찰사에게 보고했던 것이다. 그리고 강원도관찰사서리 춘천군수 이명래도 사안의 중대함과 긴급함을 인식한 듯 호외보고서 (4월 29일자)로 심군수의 보고 내용 그대로 의정부 참정대신에게 보고했다. 강원도관찰사서리 춘천군수 이명래의 호외보고서는 1906년 5월 7일자 접수 제325호로 의정부에 접수되었다. 그리고 의정부 참정대신은 이에 대해 5월 20일자 지령 제3호로 다음과 같이 명령했다.

[원문]

> 내보(來報)는 열실(閱悉)이고 독도(獨島) 영지지설(領地之說)은 전속무근(全屬無根)하니 해도(該島) 형편(形便)과 일인(日人) 여하행동(如何行動)을 갱위사보(更爲査報)할 사(事)

[번역문]

> 보내온 보고는 다 보았다. (일본이) 독도를 자기네 땅이라고 주장하는 것은 전혀 근거가 없으니 섬(독도)의 형편과 일본인들의 행동 여하를 다시 조사하여 보고할 것

이 지령문은 당시 의정부 최고 책임자였던 참정대신이 독도의 일본 영토

---

346 정인섭,「심흥택 보고서와 독도연구 60년」,『독도연구저널』제4호(2008년 겨울), 한국해양수산개발원, 2009.01.30., pp.22-25 참조.

편입을 부인하고 독도, 즉 석도가 대한제국 영토임을 명백히 한 것이다. 당시 참정대신은 박제순이었다.

심군수는 내부로 보낸 보고서에서도 일본 관원들이 군 관아를 방문해 '본군 소재 독도', 즉 울도군 관할의 독도를 '일본 속지(屬地)'라 자칭하고 울도군의 경계 · 호구 · 토지 총면적을 적어갔다고 했다. 내부는 이에 대한 지령에서 유람하는 길에 경계 · 호구를 적어가는 것은 있을 수 있는 일이지만, 독도를 '일본 영토'라고 했다는 것은 그럴 이유가 전혀 없는 만큼 보고 자체가 심히 의아하다고 지적하고 있다. 이는 내부에서도 의정부 참정대신과 마찬가지로 독도의 일본 영토 편입을 부인하고 독도가 한국 영토임을 명백히 한 것이다.[347]

한국 정부는 이처럼 강원도관찰사서리 이명래나 울도군수 심흥택의 보고를 통해 일본이 독도를 병합한 사실을 알고 있었다. 그러나 이를 일본 측에 항의하지 않았던 것 같다. 아니, 항의를 하지 않은 것이 아니라 사실상 항의할 수가 없었을 것이다. 한국은 이미 러일전쟁 당시에도 그러했지만 특히 을사조약(1905년 11월)이 성립되면서부터 외부(外部)가 폐지(1906년 1월)되는 등 외교권을 박탈당했고, 2월부터는 통감부의 지배를 받고 있었기 때문이다. 이런 상황에서는 독도 병합에 대해 항의하려 해도 항의할 길이 사실상 막혀 있었다. 일본의 이익을 위해 한국에 파견된 일본 관리를 통해 일본 정부에 항의하는 방도밖에 없었기 때문이다. 한국 정부가 일본의 독도 병합에 대해 항의하지 않았다고 해서 그것이 일본의 독도 병합을 묵인하는 것은 아니다.[348]

이처럼 「심흥택 보고서」는 한국에서 '독도(獨島)'라는 명칭이 최초로 등장하는 문헌일 뿐 아니라, 일본의 '다케시마 편입' 당시 조선의 중앙 정부와 현지 관리 모두 이 섬을 울릉군 소속인 조선 영토로 명확히 인식하고 관리하고 있었다는 사실을 전해 주는 중요한 문서이다.

---

347 송병기, 『울릉도와 독도, 그 역사적 검증』, 역사공간, 2010, p.252.
348 송병기, 같은 책, pp.253-254.

독도의 역사적 권원의 대체에 관한
역사 · 국제법 융복합 연구

부록 5
남조선과도정부와 한국산악회의
울릉도·독도 학술조사(1947~1953)

광복 후 한국정부는 영토주권 수호를 위해 독도를 관리하기 위한 노력을 꾸준히 기울여 왔는데, 그 일환으로 이루어진 것이 1947~1953년 3차에 걸친 한국산악회 울릉도·독도 학술조사단의 파견이다. 1947년 제1차 울릉도·독도 학술조사는 독도영유권과 관련한 과도정부의 독도조사의 필요성이 대두되어 당시 미군정 치하 남조선과도정부와 조선산악회(현 한국산악회)가 공동으로 조사대를 파견한 것이다.

아래 표에서 확인할 수 있듯이 3차에 걸쳐 진행된 학술조사일자는 총 32일이며, 참가인원은 총 177명이다. 독도에 대한 조사를 실시한 일자는 총 4일이다. 조사계획을 수립하고 실행했던 '조선산악회'는 2차 조사 때부터는 '한국산악회'로 명칭을 바꾸어 학술조사를 계속 수행했다.

〈표 1〉 한국산악회 울릉도·독도 학술조사일자 및 참가인원

구분	울릉도·독도 전체 조사일자	참가인원	독도조사일자	비고
1차 조사	1947.8.16.~ 1947.8.28.(13일)	80명(외부 17명 포함)	1947.8.20.(1일)	조선산악회, '남면 독도' 표주 세움
2차 조사	1952.9.17.~ 1952.9.28.(12일)	36명	1952.9.22.(1일)	한국산악회, 미공군 독도 폭격으로 독도인근에서 사진 촬영 후 철수
3차 조사	1953.10.11.~ 1953.10.17.(7일)	61명	1953.10.14.~ 1953.10.15.(2일)	한국산악회, 영토표지석 설치
계	총 32일	총 177명	총 4일	

1. 1947년 제1차 울릉도·독도 학술조사

제1차 울릉도·독도 학술조사단[349]은 1947년 8월 16일부터 8월 28일까지 약 2주일간 조선산악회(한국산악회의 전신) 주최로 조사활동을 진행하게 되었다. 학술조사단의 일원으로 조사활동에 참여한 국사관장 신석호는 당시 학술조사단 출범 상황과 관련해 다음과 같이 진술하고 있다.

> 독도는... 1945년 9월 5일자 미국이 최초의 대일방침을 발표하여 「일본의 주권은 본주(本州) 북해도 구주(九州) 사국(四國)의 4대도에 한한다」하였고, 동년 10월 13일자 연합군최고사령부의 공시 제42호로서 일본인의 어업구역의 한계선을 결정한 맥아더 라인(MacArthur Line)을 발표하였는데 그 선이 독도 동방 12해리상을 통과하였으므로 우리는 독도가 당연히 우리나라 영토로 편입된 줄 알았다. 그런데 1947년(단기 4280년) 7월 11일에 미극동위원회가... 대일기본정책을 발표하게 되자 일본은 독도를 일본영토라고 여론을 일으켰다. 이에 우리나라에 처음으로 독도문제가 일어나 동년 8월 16일부터 약 2주일간 한국산악회 주최로 제1차 학술조사단이 독도에 가게 되었으며 정부에서도 여러 가지 초치를 취하였다.[350]

1947년 미 극동위원회가 "대일기본정책"을 통해 일본의 영토를 "본주(本州) 북해도(北海島) 구주(九州) 사국(四國)의 제도(諸島)와 금후 결정될 수 있는 주위의 제소도(諸小島)에 한정"할 것이라고 발표하였다. 이에 따라 샌프란

---

349 1947년 미군정 과도정부 하에 조직된 "조선산악회" 주최 「제1차 울릉도·독도 학술조사대」는 1948년 정부수립 후 "한국 산악회"로 명칭을 변경하고, 제2차(1952년), 제3차(1953년) 「울릉도·독도 학술조사단」을 구성하여 조사를 계속하였다.

350 신석호, 「독도의 내력」, 『독도』, 대한공론사, 1965, p.16.

시스코평화조약 이전에 일본의 영토를 최대한 확장하려던 일본은 독도를 자국영토라고 주장하게 되었다. 이 소식을 접한 과도정부는 독도영유권을 재확인하고 독도를 조사하기 위해 이미 1년 전부터 울릉도·독도 학술조사를 기획·준비하고 있었던 조선산악회의 협조를 받아 1947년 8월 16일부터 8월 28일까지 제1차 울릉도·독도 학술조사단을 독도로 파견하게 되었다.[351]

1947년 8월 초 과도정부는 안재홍(安在鴻) 민정장관(民政長官)을 위원장으로 하는 '독도에 관한 수색위원회'를 조직하였으며, 8월 4일에는 중앙청에서 관계 공무원·전문가 합동회의를 개최하였다. 회의를 통하여 역사적 문헌 발굴과 현지조사 등 2가지 과제를 결정하고 독도조사단을 파견하기로 결정하였다. 이렇게 볼 때 1947년 "울릉도학술조사 계획"은 조선과도정부 민정장관 안재홍의 명령으로 "조선산악회 주최, 문교부 후원"으로 이루어진 것으로 볼 수 있다. 그렇지만 조선산악회 문서를 보면 그동안 산악회 사업으로 진행해오던 '제4회 국토구명사업'의 일환으로 이미 1946년 가을부터 울릉도 조사를 계획하고 준비하던 중 과도정부의 요청이 시의적절하게 이루어져 공동으로 조사단을 구성하여 파견했다고 볼 수 있다.

1947년 제1차 울릉도·독도 학술조사단은 과도정부 독도조사단 4명(국사관장 신석호, 외무처 일본과장 추인봉, 문교부 편수관 이봉수, 수산국 기술사 한기준)과 조선산악회장 송석하(宋錫夏)를 대장으로 한 각 분야 전문가 63명, 경상북도청 공무원 2명, 제5관구 경찰직원 11명을 포함하여 총 80명에 달하는 대규모 학술조사대였다.[352]

조선산악회에서 작성한 「1947년 8월 울릉도학술조사」 계획서에는 이번 학

---

351 유하영, 「조선산악회 울릉도 독도 학술조사의 국제법상 의미와 증거가치」, 『동북아연구』 35권 2호, 조선대학교 동북아연구소, 2020, pp.67-68.
352 신석호, 「독도소속에 대하여」, 『사해(史海)』 제1권 1호, 1948. 12. p.90; 홍종인, 「울릉도 학술조사대 보고기(1), 『한성일보』, 1947. 9. 21.; 한국산악회, 「울릉도 독도 학술조사대」, 『한국산악회50년사』, 1996, pp.81-82 참조.

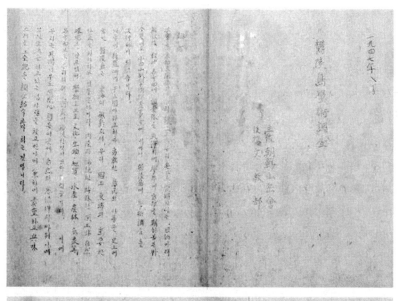

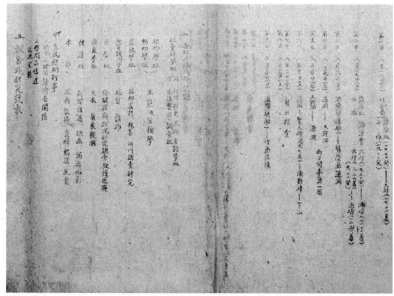

자료출처: 외교부 독도자료실

1947년 8월 울릉도학술조사 계획서

독도의 역사적 권원의 대체에 관한 역사·국제법 융복합 연구

술조사가 조선산악회 주최, 문교부 후원으로 이루어졌음을 밝히고 있다. 4쪽으로 된 이 계획서에는 학술조사의 취지, 일정표, 각 반의 편성과 과제, 도민 위문행사, 보고와 연구발표 순으로 이루어져있다.[353]

하루 24시간도 되지 않은 짧은 조사시간이었지만 조사단은 독도를 실지 조사한 후에 독도가 한국영토임을 확인시켜주는 2개의 표목(표주)을 세우고 돌아왔다. 독도가 한국 영토임을 알리는 독도 표지는 오른쪽 표목에는 '조선 경상북도 울릉도 남면 독도(朝鮮 慶尙北道 鬱陵島 南面 獨島)'라고 썼고, 왼쪽 표목에는 '울릉도, 독도 학술조사대 기념(鬱陵島, 獨島 學術調査隊 紀念)'이라고 썼다.[354]

1947년 제1차 울릉도·독도 학술조사는 기본적으로 조선산악회의 계획과 준비 하에 과도정부의 전폭적인 지원이 함께 이루어진 민·관 협동조사라고 할 수 있다. 특히 독도영유권과 관련하여 제1차 울릉도·독도 학술조사는 과도정부가 민정장관을 위원장으로 하는 '독도 수색위원회'를 조직하고, 이 위원회가 관계 기관·전문가 회의를 통해 독도현지조사단 파견을 결정한 점, 또 조사단의 조직과 구성, 그리고 8월 16일 서울을 출발한 조사대가 8월 18일 포항에서 해안경비대 소속 대전환(大田丸)호에 승선해 울릉도로 향한 점 등은 당시 학술조사가 정부 차원의 "승인과 지원"에 따른 공식조사활동이었음을 입증하는 것이다.[355]

---

353 조선산악회, 「1947년 8월 울릉도학술조사」, 1947.8.
354 정병준, 앞의 책, pp.138-139 참조. 특히 p.139 홍종인이 촬영한 영토표목 사진 참조.
355 박현진, 「독도 실효지배의 증거로서 민관합동 학술과학조사 — 1947년 및 1952~53년 (과도)정부·한국산악 회의 울릉도·독도조사를 중심으로 — 」, 『국제법학회논총』 제60권 3호, 2015, p.65.

1947년 제1차 울릉도 · 독도 학술조사단이 설치한 표목

1947년 남조선과도정부와 한국산악회(조선산악회)가 공동으로 조직한 울릉도 · 독도학술조사단이 거둔 성과를 통해 독도가 한국 영토임을 재확인할 수 있다.[356] 학술조사단이 거둔 성과를 다음과 같이 제시할 수 있다.

356 이태우, 「1947년 조선산악회 울릉도 · 독도 학술조사단의 독도조사활동과 성과」, 『독

번호	성과 내용	비고
1	독도 자연환경과 생태에 대한 최초의 과학적 조사	
2	'한국령' 독도 표목(표주) 설치	
3	심흥택 보고서 발견	
4	울릉도 재개척 이주민 홍재현의 증언 확보	
5	독도 소나무의 존재 확인	

구체적으로 학술조사단이 올린 성과와 의미를 정리해 보면 다음과 같다.

첫째, 독도 자연환경과 생태에 대한 최초의 과학적 조사이다. 과학 조사의
성과는 크게 3가지를 들 수 있다.

① 최초의 독도 측량 및 지질 조사: 미군정청 상무부 산하 지질광산연구소
에 소속해 있으면서 조사단에 피견되어 함께 활동한 옥승식은「울릉도
및 독도지질조사개보」라는 보고서에서 당시 울릉도와 독도의 위치, 지
형, 지질에 대해 측량한 조사 내용을 상세히 소개하였다. 이 자료는 독
도에 대한 최초의 측량 및 지질 조사 성과이며, 미국이 해방 후 독도가
한국 영토임을 인정하고 있는 기록으로 그 가치가 높다고 할 수 있다.

② 독도식물 · 동물에 대한 최초의 과학적 조사: 이들이 독도에서 관찰 · 조
사한 독도생물들은 식물, 곤충(나비), 동물(강치, 물개), 조류, 해조류,
어패류 등이었다. 특히 조사대가 독도에서 일본에는 없는「대만 흰나비」
를 발견함으로써 독도가 동물학상으로도 한국의 영토임을 증명할 수 있
는 과학적 증거자료로 제시하였다. 조사대는 50여종의 생물들을 발견
하였으며 그 식물의 계통은 울릉도와 완전히 연결되는 것이라고 보고함

도연구』 34호, 영남대학교독도연구소, 2023.6. 참조.

으로써 독도가 울릉도에 속한 속도임을 과학적으로 재확인하였다. 또한 포획한 해구에 대한 해부학적 조사를 실시하여 물개가 아닌 강치(가제)임을 확인하고 이를 신문에 발표함으로써 독도가 옛날부터 가제들이 사는 섬, 즉 가지도로 불린 이유를 확인하였다.

③ 독도의 지세와 산물에 대한 최초의 조사와 소개: 신석호가 그의 논문에서 밝힌 '독도의 지세'에 관한 상세한 소개는 독도에 대한 궁금증을 가지고 있었던 국민들의 호기심을 충족시켜주었다는 점에서 조사단이 거둔 또 하나의 성과라고 할 수 있다.

둘째, '한국령' 독도 표주 설치이다.

학술조사와 함께 한국의 독도영유권을 대내외에 천명한다는 의미를 담고 있는 '조선 울릉도 남면 독도' 표주의 설치는 학술조사단이 수행한 가장 중요한 업적으로 평가 받을 수 있을 것이다. 한국령 독도 표주의 설치에는 과도정부의 강력한 영토수호 의지가 담겨 있었으며, 또한 이 사업을 주최하고 학술조사단을 이끌었던 조선산악회의 국토구명 사업의 중요한 업적이기도 하였다.

셋째, 「심흥택 보고서」 발견이다.

조사단이 학술조사를 통해 올린 가장 큰 수확 중에 하나는 「심흥택보고서 부본(副本)」(1906년)의 발견이다. 이 사료는 한국에서 '독도(獨島)'라는 명칭이 최초로 등장하는 문헌일 뿐 아니라, 일본의 '다케시마 편입' 당시 조선의 중앙 정부와 현지 관리 모두 이 섬을 울릉군 소속인 조선 영토로 명확히 인식하고 관리하고 있었다는 사실을 전해 주는 중요한 문서로서 울릉도·독도 학술조사단이 발굴한 가장 중요한 성과라고 할 수 있다.

넷째, 울릉도 재개척 이주민 「홍재현 진술서」의 확보이다.

「홍재현 진술서」는 비록 구술증언이지만, 독도에서 생업활동을 해왔던 울릉도 주민들의 증언을 통해서도 독도가 한국의 영토임을 입증해주는 중요한 자료이다. 한국의 독도영유권을 입증할 수 있는 중요한 성과 중 하나인 「홍재현 진술서」는 울릉도 주민들이 재개척 당시부터 독도가 울릉도의 속도라는 사실을 잘 알고 있었으며, 일본의 불법적인 독도편입조치와 일제식민체제하에서도 불구하고 울릉도 주민들이 생활터전인 독도에서 어로작업을 계속해왔다는 중요한 의미를 갖는다.

다섯째, 독도 소나무의 존재 확인

울릉도 · 독도학술조사단이 올린 성과 중 하나는 독도조사를 실시하면서 독도에 자생하는 소나무 수십 그루를 발견한 것이다. 조사에 함께 참여한 홍구표는 기행문 「무인독도답사를 마치고」에서 독도에 20여 그루의 소나무가 자생하고 있었다고 증언하고 있으며, 8월 28일자 『남선경제신문』의 기사에도 "흑송(해송) 15~16주를 발견하였음을 보도하고 있다. 독도 소나무의 존재 확인은 독도가 현재 일본이 주장하는 죽도(竹島, 다케시마)가 아니라 그들이 19세기 말 이전까지 수백 년간 사용해온 소나무가 있는 섬, 즉 송도(松島, 마쓰시마)라는 것을 입증하는 것이다. 당연히 그들이 현재 '다케시마'라고 부르고 있는 섬은 사실 독도가 아니라 울릉도이며, 울릉도가 한국 영토인 것은 누구나 아는 사실이다. 독도 소나무의 존재 확인은 독도가 다케시마가 아님을 입증하는 것이다.

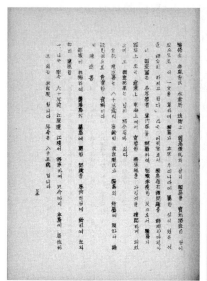

「홍재현 진술서」 1
『독도문제개론』(초판), p.35.

「홍재현 진술서」 2
『독도문제개론』(초판), p.36.

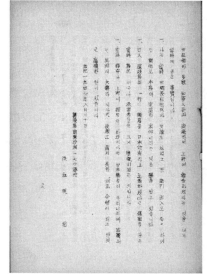

「홍재현 진술서」 3
『독도문제개론』(초판), p.37.

진술서

비가(鄙家)에 왕림하여 울릉도의 속도에 관한 인식을 심문하심에 대하여
아래와 같이 진술함.

一. 나는 지금으로부터 60년 전 강원도 강릉서 이래(移來)하여 지금까지
본도에 거주하고 있는 홍재현입니다. 연령은 85세입니다.

一. 독도가 울릉도의 속도리는 것은 본도 개척 당시부터 도민이 주지하는
사실이다.

一. 나도 당시 김양관(金量涫)과 배수검(裴秀儉) 동지들을 작반(作伴)하
여 지금으로부터 46년 전(묘년)부터 4, 5차나 감곽(미역) 채취, 렵호
(獵虎) 포획차로 왕복한 예가 있음.

一. 최후에 갈 때는 일본인의 본선을 차대(借貸)하여 선주인 무라카매(村
上)란 사람과 오카매(大上)란 선원을 고용하여 같이 포획을 한 예도
있습니다.

一. 독도는 천기청명(天氣淸明)한 날이면 본도에서 분명하게 조망할 수
있고, 또는 본도 동해에서 표류하는 어선은 예로부터 독도에 표착하
는 일이 종종 있었던 관계로 독도에 대한 도민의 관심은 심절한 것입
니다.

一. 광무 10년(1906)에 일본 오키도사 일행 10여 인이 본도에 도래하여
독도를 일본의 소유라고 무리하게 주장한 사실은 나도 아는 일입니다.

「홍재현 진술서」 현대어 번역문
『독도문제개론』(개정판), p.41.

2. 1952년 제2차 울릉도·독도 학술조사

1947년 조선산악회 주최로 실시되었던 제1차 학술조사에 이어, 1952년에는 단체명을 한국산악회로 바꾸어 제2차 독도조사단이 다시 구성되었다. 1952년 1월 18일 한국의 "해양주권선언"('평화선' 또는 '이승만 라인')이 있은 직후, 1952년 1월 20일 일본 외무성은 성명을 발표하고, 독도에 대한 일본의 영유권 주장을 또다시 들고 나왔다. 일본 외무성은 "강화조약에서 우리에게 귀속된 우리의 독도까지도 한국에 속하게 될 것"이라고 주장하였는데, 여기서 일본이 "독도가 일본령에 귀속되었다"고 주장한 것은 매우 주목할 만한 부분이었다.[357]

1952년 제2차 울릉도·독도학술조사에서도 정부와 산악회가 공동으로 조사단을 구성하였다. 한국산악회 주최와 문교부·외무부·국방부·상공부·공보처 후원으로 구성된 이 조사단의 명칭은 공식적으로 "울릉도·독도 학술조사단"이었다. 박병주 교수가 국회도서관에 기증한 「(단기 4285년 7월) 울릉도·독도학술조사단 파견계획서」·「(단기 4285년 9월」 울릉도·독도학술조사단 파견계획서」에 1952년 독도학술조사단이 구성된 과정을 소상히 파악할 수 있는 내용이 잘 나타나 있다.[358]

한국산악회는 제2차 학술조사단 파견에 앞서 성명서를 발표하였는데, 「울릉도·독도 학술조사단 출발에 제(際)하여」라는 이 성명서에서 조사단 파견의 목적이 "독도가 우리 울릉도의 부속도서로서 우리 영토"[359]임을 밝히는 것이라고 대내외에 천명했다.

---

357 유하영, 앞의 논문, p.69.
358 정병준, 『독도1947』, 돌베개, 2010, p.829.
359 한국산악회, 「鬱陵島·獨島 學術調査團 출발에 際하여」, 『1952~1953년 독도 측량－한국산악회 울릉도 독도 학술조사단 관련 박병주 교수 기증자료－』, 국회도서관 편, 날짜 미상, pp.122-123.

제2차 울릉도 · 독도 학술조사단은 총 36명으로 구성되었다. 2차 학술조사단의 대장은 1차 학술조사 때 부대장이었던 홍종인(洪鍾仁)이 대장을 맡게 되었다. 2차 학술조사 때에는 잠수부도 동행하였다. 조사대와 함께 간 잠수원에는 해녀도 17명이 포함되었다. 이때 해녀 잠수부들이 동원된 이유는 독도 주변 지형에 대한 자세한 조사를 하기 위해서였다.[360]

당시 정부는 조사단에 범정부적 지원을 제공하였다. 조사단은 태풍으로 인해 예정보다 5일 늦게 9월 17일 부산항에서 교통부 부산해사국 등대순항선 진남호(鎭南號: 305톤)에 승선하여 다음날 울릉도 도동항에 도착하였다. 그런데 측량 · 측지반 박병주의 조사보고에 따르면 1952년 9월 22일 독도 인근 해상에 도착했을 때 군용기 3대가 나타나 진남호의 존재를 무시한 채 계속 독도를 폭격하였다. 어쩔 수 없이 조사단은 상륙을 포기하고 독도 주위를 순회하며 사진만 찍고 철수하였다. 당시 홍 단장의 전문(電文)에 의하면 학술조사단은 측지반을 중심으로 약 3일간 독도에 체류하며 조사활동을 펼칠 계획이었다.[361]

당시 상황을 한국산악회 부회장인 홍종인(洪鍾仁)은 다음과 같이 보고하고 있다.[362]

보고서

1. 한국산악회의 울릉도 독도 학술조사단 일행 36명은 교통부 소속선 진남호로 16일 오전 무사히 울릉도 도동항구에 도착하여 19일 곧 독도로 향할 예정이었으나 독도에는 최근에도 미군비행기가 틀림없으리라고 인정되는

---

360 김정태, "「한국산악회30년사」 중 「1951년 9월 18일~26일: 제주도파랑도학술조사대 파견」." 한국산악XI(1975 · 1976년호), 1977, p.35.
361 박현진, 「독도 실효지배의 증거로서 민관합동 학술과학조사 ─ 1947년 및 1952~53년 (과도)정부 · 한국산악회의 울릉도 · 독도 조사를 중심으로─」, pp.70-71 참조.
362 외무부정무국, 『독도문제개론』, 1955, p.43.

비행기 1대가 폭탄을 던져서 출어중의 어민이 화급히 퇴피(退避)치 않을 수 없었다는 사실을 알게 되어 본조사단에서 즉시 해군본부 총참모장에게 이 사실을 통지하는 동시에 본조사단의 안전한 항해를 보장하기 위하여 공군관계당국에 연락하기를 청탁하고 19일의 행동을 유예하고 있음.

2. 독도의 폭격사건인 즉 지난 9월 15일 오전 11시경 울릉도 통조림공장 소속선 광영호가 해녀 14명과 선원 등 합 33명이 소라 전복 등을 따고 있던 중, 1대의 단발비행기가 나타나서 독도를 두 번 돌면서 4개의 폭탄을 던졌는데 이 때문에 어민들이 곧 퇴피에 착수하자 비행기는 남쪽 일본 방향으로 날아갔다는 것이다. 독도 출어에 대해서는 울릉도 어민들이 간절히 원하는 바, 이어서 4월 25일 한국공군고문관을 통하여 미군 제5공군에 조회했던바 5월 4일부터 독도와 그 근방에 출어가 금지되었다는 사실이 없고, 또 극동군의 연습폭격목표로 되어 있지 않다는 회답이 있어서 한국 공군총참모장으로부터 경상북도를 통하여 울릉도에도 통보되었던 것임에도 불구하고 이번에 하등의 경고도 없이 폭탄투하가 있었기 때문에 울릉도 도민들은 1948년 6월 30일[363]의 30명의 사망자를 낸 미공군의 폭격사건의 참담한 지난 기억을 다시 생각하고 불안공포를 느끼며 미군당국의 통보를 믿기 어렵다는 생각을 가지고 있다.

3. 독도의 어업상황을 듣건대 금년 봄에는 미역 만도 2억 엔 이상을 뜯고, 지금도 소라와 전복이 많이 묻혀 있는 것을 확인하고 가난한 어민들은 그 채취를 위하여 정부고위층에서 신속히 안전책을 강구하여 보장해 주기를 갈망하고 있다. 우리정부의 관계관으로서는 절해고도의 국민으로 하여금 믿을 것을 믿게 하여 생활근거를 더 유리하게 해결시켜 주도록 함이 있어야 할 것으로 본다.

4. 본조사단의 해군총참모장으로부터 우리 공군당국과 미 해군당국과의 만전의 연락결과의 통지가 있기를 기다려 불일 중 독도로 출발하여 측지반을 중심으로 한 일부단원은 3일간 독도에 체재하여 작업을 진행할 예정이다.

조사단장 홍종인

제2차 학술조사단에게 범정부 차원의 지원이 있었는데 총예산은 정부예산 2,957만 9,000원과 한국산악회 자체 예산 300만원을 포함해 총 3,257만 9,000원이 책정되었다. 자체예산 300만원은 참가자 60명의 등록금(회비) 5만 원씩을 계산한 것이며 이를 제외한 예산 부족액은 2,975만 9,000원이었다.[364]

3. 1953년 제3차 울릉도 · 독도 학술조사

1953년 5~7월 사이에 일본 해상보안청 · 수산시험장의 순시선 · 시험선 등이 수시로 독도 해역을 불법 침입하고 독도 불법상륙을 저질렀다. 1953년 5월 28일 일본인의 독도 불법상륙과 한국 어민의 철수 강요 및 불법심문, 6월 27일 역시 독도 불법상륙과 한국 어민 철수 강요 및 불법심문, 그리고 일본 영토 표목 설치 등은 식민지 트라우마를 안고 있었던 모든 한국인들을 분노케 하였다. 특히 7월 3일 경북경찰국이 일본이 세워 놓은 '일본령' 주장 표목 · 게시판을 철거한 사실이 언론 등을 통해 확인되자 한국 국내 여론은 급격히 악화되었다.[365]

1953년 7월 7일 외무부는 국방부에 일본정부가 독도에 '일본령 표식'을 세웠는지 확인하기 위해 해군함정을 파견해달라고 요청했다. 이에 따라 국방부는 사건조사를 위해 7월 8일 해군군함 한 척을 독도로 파견했고, 이 군함은 약 일주일간 초계활동을 벌였다. 7월 10일 경상북도의회는 대통령에게 독도 수호를 위한 적극적 조치를 건의했다.[366]

일본이 이러한 도발적 행동을 취한 것은 당시 진행 중이던 제2차 한일회담

---

363 1948년 6월 8일 있었던 독도폭격사건 일자의 오기임. 미군의 독도폭격사건으로 인해 사망한 울릉도와 동해안 연안 어민들의 숫자는 현재까지 14명으로 확인되고 있다.
364 유하영, 앞의 논문, p.71 참조.
365 정병준, 『독도1947』, p.829.
366 유하영, 앞의 논문, p.73 참조.

(1953.4.15.~7.13.)과 깊은 관련이 있다. 일본은 한일회담과 어업협상을 진행하는 한편으로 독도에 대한 불법침입과 한국인 심문 등 강제력을 동원하고 있었던 것이다. 한마디로 외교와 실력을 함께 행사한다는 전략이었다.

1953년 7월 8일 국회 제19차 본 회의는 "산악회를 포함한 강력한 현지조사단을 독도에 파견함에 원조하라"는 결의를 채택했다. 이 결의에 따라 한국산악회가 제3차 조사단 파견계획을 추진하도록 하였다. 한국산악회는 1953년 7월과 9월 2차례에 걸쳐 제3차 울릉도·독도 학술조사단 재파견 계획서를 작성, 정부의 적극적인 후원 하에, 대원 38명과 경상북도청 공무원 3명과 울릉도 관계자 20명 등 총 61명으로 조사대를 구성하였다.[367]

제3차 울릉도·독도 학술조사단 파견의 목적과 과제는 1952년 조사에 비해 보다 명확해졌다. 1953년도에는 일본의 독도 불법점거와 영토표지 설치 등이 공공연하게 진행되고 있었기 때문에 조사단의 파견목적 제1항이 독도와 인근 수역에 대한 조사로 제시되었다. 3차 학술조사에서 중점적으로 조사한 부분은 독도와 부근 수역의 과학조사(지질, 기상, 해양, 생물, 수산, 역사, 지리) 및 독도 측지와 지도 작성 등이었다. 이것은 1947년 및 1952년 조사의 미비점을 인식하고 이를 보완하기 위한 중요한 진전인 동시에 국제법 측면에서도 실효지배의 증거자료 생산을 목적으로 한 것이었다.[368]

1953년 10월 15일 제3차 울릉도·독도 학술조사단(단장 홍종인)은 전해인 1952년 제2차 울릉도·독도 학술조사단이 설치하려고 준비했지만 미군의 독도폭격연습으로 인해 설치하지 못했던 암석재질의 영토표지석을 독도에 설치하고 돌아왔다.

---

367 국회도서관(박병주) 편, 『박병주 교수 기증자료』(1953년 7월 계획서), p.143.
368 유하영, 앞의 논문, p.74 참조.

제1차 울릉도 · 독도 학술조사대 단체사진(1947.8.16.) (▶사진: 한국산악회)

제1차 울릉도 · 독도 학술조사대원이 독도에서 물을 긷고 있는 모습(▶ 사진: 『매일신문』2009.9.23. 1면)

독도조사단은 전면에 '독도獨島 LIANCOURT', 그리고 뒷면에 '한국산악회 울릉도 · 독도학술조사단 Korea Alpine Association 15th. Aug. 1952'라고 쓴 화강암 표지석을 설치하였다. 사진 인물은 홍종인 단장

현재의 독도 표지석은 한국산악회가 2015년 6월 정부의 "국가지정문화재 현상변경허가"를 받아 동년 7월 6일 복원 설치한 것이다

1953년 제3차 울릉도 독도 학술조사단원들의 단체사진

독도의 역사적 권원의 대체에 관한 역사·국제법 융복합 연구

1. 독도의용수비대의 의의

독도의용수비대는 전쟁으로 인해 국가의 공권력이 미치지 못하는 시기에 독도를 실질적으로 지배할 수 있도록 독도를 지켰을 뿐만 아니라, 그곳에서 생활하며 울릉도 어민들과 제주해녀들이 함께 어로활동을 할 수 있는 생활공간으로 독도를 가꾸고 관리하는 데에도 큰 기여를 하였다. 즉 일본의 독도침탈 시도로부터 적극적으로 독도를 수호하는 동시에 독도의 실질적 지배·관리가 독도주민생활을 통해 뿌리내릴 수 있도록 한 역할을 수행한 것이다.

2. 독도의용수비대의 독도 수호 활동(1953~1956)[369]

1) 독도의용수비대의 독도 주둔 배경

8.15 광복 후 독도 영유권 논쟁이 시작된 것은 1952년부터이다. 대한민국정부가 1952년 1월 18일 국무원고시 제14호로 '인접 해양의 주권에 대한 대통령의 선언'(이승만 라인)을 공포했는데, 그 범위 안에 독도와 그 영해가 포함되자, 일본이 열흘 뒤인 1952년 1월 28일 평화선 선포에 항의함과 동시에 독도의 한국영유를 인정할 수 없다는 외교문서(구술서)를 한국정부에 보내왔다.

---

369 경상북도, 「우리는 독도의용수비대」, 『독도를 지켜온 사람들』, 2009, pp. 125-134 참조.

한국정부는 일본정부의 항의를 일축하고, 1946년 1월 26일 연합국 최고사령부가 SCAPIN 제677호에 의해 이 섬을 한국(당시 미군정)에 반환해서 일본 통치구역으로부터 명백히 제외했으며, 또 맥아더 라인밖에 두었다는 사실을 지적하고 일본정부가 이를 상기하면 독도가 한국영토임을 확인할 수 있을 것이라고 응답하였다.

그러나 일본정부는 이에 승복하지 않고 2개월 후인 4월 25일 독도를 일본영토라고 주장하면서, 한국측이 제시한 SCAPIN 제677호와 맥아더 라인 밖의 지적에 대해 반박 구술서를 보내왔다. 이로서 독도논쟁은 본격적으로 불붙기 시작하였으며 일본의 독도침범도 노골화되었다.[370]

이승만 대통령이 '평화선'을 선포하자 일본 외무성은 당년 1월 28일 항의해 왔을 뿐만 아니라, 독도에서 조업 중인 울릉도 어선들이 일본인들에 의해 쫓겨 나오게 되었다. 이로 인해 울릉도 어민들은 생계에 큰 타격을 입게 되었다.

6.25 전쟁 당시 중공군 포로의 배낭에 울릉도 오징어가 발견되어 UN군 사령부는 홍콩 등지로 수출되던 울릉도 오징어에 대해 수출금지를 명령하여 울릉도 오징어잡이 배들은 오징어조업을 포기 할 수밖에 없었다. 당시 울릉도는 동란으로 인해 육지로부터 식량의 공급이 급격히 줄고 쌀이나 보리 옥수수 등의 식량자급률이 30%도 채 미치질 않아 울릉군청 직원들을 곡창지대인 전라도로 급파하여 식량을 구해 오기도 했다. 울릉도에서 오징어를 잡을 수 없었던 어민들은 독도 근해로 나아가 비교적 수익성이 좋은 미역이나 소라, 전복, 홍합, 우럭 등을 잡아 생계를 이어야만 했으나 이마저 일본의 독도침탈로 쫓겨 나온 울릉도 주민들은 생존에 중대한 위협에 아닐 수 없었다.

이에 울릉군수 홍성국(洪成國:1949.1.13.~1952.9.6.)과 울릉경찰서장 이병달(李炳達: 1952.6.2.~1953.9.14) 등은 이 같은 사실을 경북도지사에게 보고하

---

370 박인수, 「국내법 적용에 의한 독도의 수비와 관리」, 『울릉도 독도의 종합적 연구』, 민족문화연구자료총서 제21집, 영남대출판부, 2005, pp.154-155.

고 대책을 요구했다. 당시 동란으로 뚜렷한 대책이 있을 리가 없었다. 일본의 독도 침탈은 국가적으로는 영토침입이지만 울릉도 주민들의 입장에서는 생존에 중대한 위협이 아닐 수 없었다.[371]

정부에서는 6.25전쟁으로 독도에까지 힘이 미치지 못하는 관계로 군(軍)을 통하여 을릉군에다 민간 방위대라도 조직하여 독도를 지킬 것을 꼭 당부했다. 이에 홍성국 울릉군수는 6.25전쟁에 참전하였다 육군상사로 부상을 입어 명예 전역(1952.7.25.)하여 울릉도로 귀향한 6촌 동생 홍순칠과 협의하여 재향군인회 울릉 연합 분회를 결성을 하게 된다(1952.8.20.). 초대 회장으로 홍순칠이 취임하여 전쟁에 참전하였던 용사를 위주로 재향군인회 회원으로 활동하면서 재향군인회에서 독도의용수비대를 결성하게 된다.[372]

홍순칠은 당시 군대 예편 인사차 울릉경찰서장 방문 시 경찰서 마당에 독도에서 뽑아온 표목(標木)[373]을 발견하였다. 이때 할아버지(홍재현옹)께서 항상 말씀하셨던 독도의 위기사태가 실제로 발생했음을 알고 인사와 더불어 경찰서장에게 이에 따른 대안을 물어보았으나 한숨으로 대답을 들을 수밖에 없었다.

2) 재향군인회에서 독도의용수비대 결성까지

홍순칠의 수기 등에서 잘 알려져 있듯이, 6.25전쟁으로 한국 정부의 혼란을 틈타 독도를 침탈당하게 되자 당시 울릉군수, 울릉경찰서장, 경북도경 등 암

---

371 이예균, 「독도의용수비대의 활동사항과 의의」, 『독도의용수비대의 역사적 의의와 국토수호 정신 계승』, 독도의용수비대기념사업회 설립기념 학술회의 발표자료집, 2009.11.26., pp.77-82.
372 홍순칠은 재향군인회 울릉연합분회 회장을 초대, 2대, 3대까지 역임하였다.
373 발견 당시 도근현 은기군 오키촌 죽도라고 쓰여져 있었으며, 그 크기는 4.5각(角)이고 길이는 6척이나 되었다고 한다. 홍순칠, 『이땅이 뉘 땅인데!: 독도의용수비대 홍순칠 대장수기』, 혜안, 1997, p.20.

묵적 지원 아래 홍순칠은 전투에 경험 있는 예비역을 소집하기 위해 경북 병사구 사령관 도장을 위조하여 가짜 군(軍) 징집영장(재소집)을 50부 발부하게 된다. 최초 50명으로 도동국민학교 운동장에서 독도의용수비대로 발대식을 가지고 운동장에서 밤낮으로 실전에 따른 훈련으로 현역 군부대와 같은 주특기별 1전투대, 2전투대 등으로 구성하게 된다.

당시 독도에 불법으로 들어가 있는 일인들에 의해 독도근해에서 어로작업하던 우리어민들은 남녀노소를 불문하고 무차별적인 폭행으로 피투성이가 되어 쫓겨나오곤 했다. 남자들은 물론 해녀들까지 피해를 당하는 모습을 보고 대원들은 "오히려 이 상황에 기다릴 시간이 어디 있겠냐"며 통분하여 매일같이 지금 바로 들어가자고 성화를 부리기도 하였다. 또한 홍순칠 대장은 "전쟁터에 나가는데 한번 죽은 목숨인 우리가 이 한 목숨 버려도 아까울 것 하나 없으나 이런 만행 저지른 일본 놈들 때려잡고 독도를 지키려면 완벽한 작전과 무기라도 있어야 될 것 아니냐"고 대원들을 설득하였다. 故홍순칠 대장 생존 시 회고담에는 "독도에서의 생활보다 이때가 가장 힘들었다고"고 기록되어 있다.

홍순칠은 조부 홍재현의 영향을 많이 받았다. 1882년 울릉도 개척령이 내려진 후, 1883년 개척민 1진으로 울릉도에 들어온 홍재현은 수시로 독도를 바라보면서 독도가 울릉도의 속도임을 인지하고 있었다. 홍재현은 눈에 보이는 독도에 1947년 이전까지 총 45차례나 건너가 어로활동을 하였고, 1906년의 오키도사(隱岐島司)가 울릉도에 와서 독도를 일본의 소유라고 한 것이 부당하다는 것을 지적하기도 했다. 그러한 조부의 모습을 곁에서 지켜보면서 홍순칠은 어릴 적부터 독도가 울릉도민의 삶의 텃밭임을 자각하고 그것을 지키겠다는 역사적 소명의식을 갖게 되었다고 볼 수 있다. 그러한 역사적 소명의식을 갖게 된 주요한 계기는 1947년 한국산악회가 편성한 독도학술조사단이 울릉도와 독도를 현지 답사한 사건이었다. 1929년생인 홍순칠은 이때 나이가 감수성이 강한 18세였기 때문에 한국산악회 울릉도독도학술조사단이 홍재현가에 머물고, 조부 홍재현이 독도조사에 대하여 협조하고, '진술서'를 작성하는 것을 보면서 독도를 지키겠다는 역사적 소명의식을 갖게 되었을 것이다.[374]

해방 후 연합국과 일본 사이에 샌프란시스코평화조약이 체결되는 과정에서 일본은 독도를 한국의 영토라고 규정한 초안을 변경하기 위해 적극적 로비에 나섰고, 그와 함께 독도에 대한 여러 차례 도발을 해왔다. 이러한 일본의 도발행위로 독도에 대한 어로활동을 나선 어민들은 심각한 위협을 느꼈다. 특히 앞서 언급했듯이 한국전쟁 당시에 중공군의 배낭 속에서 울릉도 오징어가 발견된 것을 계기로 유엔군사령부가 울릉도 오징어의 수출을 금지시킴으로써 오징어 가격이 폭락하게 되었다[375]

이로 인해 울릉도 어민들은 잡어가 많이 잡히는 독도어장으로 너나 할 것 없이 진출하여 고기와 소라, 전복 등을 잡아 생계를 이어가고자 하였으나 일본이 독도가 자국의 땅이라는 푯말을 세우는 등 위협을 가해왔다. 이에 어민들은 울릉군청과 경찰서에 찾아가 안전조업을 위한 대책을 요구하게 되었고[376] 결국 울릉도민의 삶의 터전을 지키기 위한 수비대의 필요성이 대두되면서 민과 관의 상호 협조와 양해 아래 독도의용수비대가 결성되었다고 보아야 한다. 그런 점에서 **독도의용수비대는 울릉도민의 삶의 터전을 지키려는 민관협동정신에 의해 결성되었다**고 볼 수 있다.[377]

---

374 김호동, 「독도의용수비대 정신 계승을 위한 제안」, 『독도연구』 9호, 영남대독도연구소, 2010.12, p.262.
375 이예균 · 김성호, 「의용수비대 창설 1등 공신」, 『일본은 죽어도 모르는 독도이야기 88』, 예나루, 2010, pp.170-171 참조.
376 홍순칠, 『독도의용수비대 홍순칠 대장 수기 이 땅이 뉘 땅인데!』, 혜안, 1997, pp.220-221.
377 김호동, 위의 논문, pp.266-267.

3) 독도의용수비대의 독도주둔과 일본순시선 퇴치

독도의용수비대의 공적은 대한민국 정부가 제정한 법률에 의해 공식적으로 인정받고 있다. 독도의용수비대 지원법 제2조 제1호에 의하면 독도의용수비대는 "울릉도 주민으로서 우리의 영토인 독도를 일본의 침탈로부터 수호하기 위하여 1953년 4월 20일에 독도에 상륙하여 1956년 12월 30일 국립경찰에 수비업무와 장비 전부를 인계할 때까지 활동한 33명의 의용수비대원이 결성한 단체를 말한다."고 정의되어 있다. 또한 이들이 독도에 주둔하여 독도를 수호한 기간은 「독도의 지속가능한 이용에 관한 법률」, 제3조 4항에서는 의용수비대의 활동기간을 1953.4.20.~1956.12.31.로 명시하고 있다.[378] 나아가 독도의용수비대 지원법 시행령(대통령령 제23334호 일부개정 2011. 11. 30.)에 의해 독도의용수비대기념사업회가 구성되어 이들이 독도를 지켜낸 공훈을 기념할 수 있도록 하였다.

전투부대의 조직 구성은 대원별로 전투 경력과 용감성, 연령과 성격, 가정 형편 등을 고려하여 홍순칠 대장이 적절한 자리에 배치하였다. 구성원의 숫자에 대한 논란이 있지만 현재 정부에서 공식적으로 인정된 조직 구성원은 아래에 제시된 바와 같이 총 33명이다.

---

[378] 그런데 최근 일부 연구자들에 의해 독도의용수비대의 활동기간과 인원에 대한 이견이 제기되고 있다. 이처럼 최근 논란이 제기되는 쟁점 사항의 경우, 사료의 한계에도 불구하고 성급한 결정을 내릴 경우 또 다른 문제를 야기할 우려가 있어 조심스러운 접근이 필요하다.

대장 홍순칠, 부관 황영문
전투1대장: 서기종, 대원 김재두, 최부업, 조상달, 김용근, 하자진, 김현수,
　　　　　이형우, 김장호, 양봉준
전투2대장: 정원도, 대원 김영복, 김수봉, 이상국, 이규현, 김경호, 허신도,
　　　　　김영호
후방지원대장: 김병열, 대원 정재덕, 한상용, 박영희,
교육대장: 유원식, 대원 오일환, 고성달
보급대장: 김인갑, 대원 정이관, 안학률, 정현권, 구용복, 이필영

　　독도의용수비대의 독도 주둔과 일본순시선 퇴치 활약을 연표 순으로 살펴
보면 아래와 같다.[379]

1953년 4월 19일 밤12시 1진 울릉도에서 선발대원7명 선원5명으로 이필
　　영 소유선박 삼사호로 울릉도에서 출발
1953년 4월 20일 아침8시 독도 서도에 도착("이 땅이 뉘 땅인데"). "독도 수
　　비대" 책자에는 1953년 3월 26일 밤9시 30분에 울릉도 동항을 출
　　발 27일 새벽 5시 독도 서도 도착
1953년 4월 21일 독도에 첫 국기 계양식 거행하고 독도 수비 업무에 착수
1953년 6월 24일 시마네현 은기도 수산고등학교 실습선 다이센마루 독도
　　의 영해에 침범한 교사와 학생들에게 철저히 교육 후 독도를 침

379　이예균, 「독도의용수비대의 활동사항과 의의」, 『독도의용수비대의 역사적 의의와
　　국토 수호 정신 계승』, 독도의용수비대기념사업회 설립기념 학술회의 자료집, 2009.
　　11.26., pp.81-82.

범한 죄과를 인정하고 다시는 독도를 침범하지 않겠다는 각서를 받고 돌려보냄(당시 일본에서는 실습선이 기관고장으로 평화선을 넘어 독도 근해를 표류중 한국 경비대가 나포하여 억류했다고 항의)

1953년 7월 23일 새벽 5시경 보초병 조상달 발견 일본 해상보안청 소속 P.S 9함 서도 물골 약 200m 전방에 위치 보트로 약20m까지 접근하여 10여 분간 기관총으로 200여발 발사 격퇴시킴.

1954년 8월 23일 일본해산보안청 순시선 오키호가 독도 서도 동북방 700m 지점으로 접근, 오전 8시 40분경 서도 해안으로부터 약 10분간 약 600여발을 발사 격퇴(일본 외부성 항의각서 보내옴)

1954년 8월 28일 경비 초소 및 표석 제막

1954년 9월 23일 독도 동남방 500m 거리 일본 해상 보안청 소속 P.S 9, 11정이 접근 일본 함정에서 먼저 함포를 공포탄으로 쏘아 박격포 1발로 응수하자 "비겁하게 뒤에서 총쏘지 말라고!" 고 방송 후 긴급히 도망감. 독도에 일본 비행기 출몰로 인해 일주일에 걸려 가짜 목대포 만들어 포구 직경 20cm 로 포신이 자유롭게 360도 돌릴 수 있게하여 설치하였다. 당시 일본에서 발간된 〈KING〉 이란 월간지에 독도에 거포 설치(巨砲 設置)란 기사가 실렸다(일본 함정에서 망원렌즈로 촬영한 사진과 함께) 목대포 설치 이후부터는 신기할 정도로 일본함정들은 독도 가까이 접근치 못하고 거포의 위력(?)을 아는지 사정거리 밖 먼 바다에서 서성이다 되돌아 갔다함.

1954년 11월 21일 일본해상보안청 소속 P.S 9, 10, 16 3척 함정과 비행기 1대가 독도를 침범해와 소총, 기관총 60mm 박격포로 무차별 발포

로 격퇴(당시 일본 NHK 방송보도 한국 경비대가 발포해서 일본
해상 보안청 함정들이 피해를 입고 16명 사상자 발생) ※ 일본정
부는 즉각 한국 정부에 항의 각서를 제출하고 독도우표가 붙은
우편물 반송
1956년 12월 30일 독도의용수비대 임무 종료 철수(무기 및 전투장비 일체
대한민국 경찰로 인계함).

4) 독도의용수비대 활동의 역사적 의미

앞에서도 언급한 바와 같이 독도의용수비대 활동과 관련하여 일부 연구자
들이 그 활동사에 대해 의문을 제기하기도 한다.[380] 당시 활동했던 대원들의
기억력에 의존한 구술이 정확하지 않음으로 해서 생긴 독도주둔 기간 등 기록
상의 문제나, 유공자 33인의 선정과정과 관련한 문제점 등이 사실과 부합하
지 않는다는 지적이 있었다. 당연히 독도의용수비대 활동의 사실성과 정확성
이라는 측면에서 그러한 지적을 충분히 검토하고 오류를 바로잡아 나가야 할
것이다.[381]

그러나 독도의용수비대의 활동과 정신을 선양하고 독도에 대한 애국심을
고취시키기 보다는 독도의용수비대 존재에 대한 정체성 논란에만 계속 매몰
된다면, 자라나는 후세대에 대한 독도교육에서도 독도의용수비대에 대한 소

---

380 「독도수비대의 진실」, 『오마이뉴스』, 2006. 10. 30.(김영균 기자); 김윤배 · 김점구 ·
　　한성민, 「독도의용수비대의 활동시기에 대한 재검토」, 『내일을 여는 역사』43,
　　2011. 6, pp. 172-211 참조.
381 독도의용수비대의 활동과 관련한 상이한 견해가 존재하고 있으므로 향후 독도의용
　　수비대동지회 회장으로 활동 하던 서기종을 비롯하여 독도경비대로 전환한 9명(황
　　영문, 이규현, 김영호, 김영복, 하자진, 양봉준, 서기종, 이상국)에 대한 추가적인 조사
　　가 필요할 것으로 여겨진다.

개와 애국심 앙양 교육이 위축될 수밖에 없을 것이다. 이러한 논란은 해방과 한국전쟁 등으로 인해 국가적 차원의 독도수호가 제대로 이루어지지 않았던 시기에 일본의 독도 침탈 야욕에 맞서 자발적으로 독도를 지키려 했던 그들의 공적마저 부정하려는 움직임으로 연결되지 않을까하는 우려가 들 정도이다.[382]

홍순칠 이하 독도의용수비대는 그 공적이 인정되어 그 대원의 일부가 경찰로 특채되었지만 독도를 지키는 동안 국가로부터 봉급을 받은 것도 아니다. 그 절해고도에서 일본의 위협 아래 독도를 지키면서 그들의 최소한의 삶을 영위하기 위한 미역 채취 등의 생업활동을 한 것이 왜 비난의 대상이 되어야 하는지 알 수 없다.[383]

비록 독도의용수비대의 활동사에 대해 문제제기가 있다고 하더라도 독도의용수비 대원들이 목숨을 걸고 독도를 사랑하고 지켰다는 사실은 결코 퇴색되어서는 안될 것이다. 독도의용수비대는 1950년대 일본의 물리적인 독도 침탈을 차단하고, 한국의 계속적, 실질적 지배를 가능하게 했다. 독도의용수비대가 활동한 1950년대는 한국전쟁으로 국가 기능이 전반적으로 약화되어 있었고, 이를 기회로 일본인들이 의도적으로 독도에 접근하거나 상륙하는 일이 빈번하였다. 1953년에만 해도 10여 차례 있었다. 이러한 위기 상황에서 독도에 대한 한국의 계속적이고 실질적인 지배가 가능하도록 하는 일에 기여했던 이들이 바로 독도의용수비대였다. 독도의용수비대는 독도가 한국의 영토임을 몸소 증명하였다.[384]

예나 지금이나 독도는 울릉도의 부속 섬이고, 울릉도 주민들의 삶의 터전

---

382 김호동, 「독도의용수비대 정신 계승을 위한 제안」, 『독도연구』 9호, 영남대독도연구소, 2010, p.258.
383 김호동, 위의 논문, p.266.
384 홍성근, 「청소년 독도 교육과 독도의용수비대 기념사업회의 역할」, 『독도영유권 수호를 위한 애국심 함양 방안』, 독도의용수비대 기념사업회, 2010, p.47.

이다. 독도의용수비대가 울릉도 주민들에 의해 자발적으로 조직되었다는 것 자체도 중요하다. 영토와 국민은 국가를 구성하는 불가분의 요소이며, 둘 간에는 긴밀한 연대관계가 형성되어 있다. 독도의용수비대가 활동한 시기는 독도가 독도폭격연습지에서 해제된 지 얼마 지나지 않은 시기였다. 홍순칠 대장을 비롯하여 독도의용수비대 대원들 중에는 1948년과 그 이후에 일어난 독도폭격사건을 직간접적으로 경험한 바 있어서 독도로 가는 길은 생명의 위협을 무릅쓰고 가는 길이었을 것이다.

이러한 상황 속에서 이루어진 독도의용수비대의 독도수호활동은 삶의 터전인 영토에 대한 국민들의 긴밀한 연대의식을 실질적으로 증명해 주는 것이라 할 수 있다. 독도의용수비대기념사업회는 독도의용수비대 대원들의 독도사랑과 국토수호의지가 결코 훼손되지 않도록 해야 할 것이다. 또한 1950년대 일본의 물리적 도발에 대응했던 독도의용수비대의 정신이 교과서 독도 기술 등 21세기 일본의 도전에 대응하여 새롭게 되살아나도록 해야 할 것이다. 이를 위해 울릉도의 독도의용수비대기념관을 효율적으로 활용할 뿐만 아니라 독도의용수비대 활동의 역사적 의미를 새롭게 하는 연구 조사 및 교육 사업을 지속적으로 추진할 필요가 있을 것이다.[385]

---

385 홍성근, 위의 논문, pp. 47-48.

독도의용수비대 활동 및 훈장 수상 관련 사진

(1954. 8. 28) 독도 경비초사 및 표석제막기념 가운데 홍순칠(수비대장)

왼쪽부터 홍순칠(수비대장), 구국찬(울릉경찰서장), 홍순엽(교육장)
임상욱(울릉군수), 울릉고 교장, 경찰수행원

근무공로훈장증(1966년)

1966년 훈장수여 후 사진

독도의 역사적 권원의 대체에 관한 역사·국제법 융복합 연구

독도의 역사적 권원의 대체에 관한
역사 · 국제법 융복합 연구

부록 7
제네바협약 추가의정서(제 I 의정서)

1949년 8월 12일자 제네바 제협약에 대한 추가 및 국제적 무력충돌의 희생자 보호에 관한 의정서(제 I 의정서)

Protocol Additional to the Geneva Conventions of 12 August 1949,

and relating to the Protection of Victims of International Armed Conflicts

(Protocol I), of 8 June 1977

[발효일 1982. 7. 15] [다자조약, 제778호, 1982. 7. 15, 제정]

[일반사항]

1977년 6월 8일 제네바에서 작성

1978년 12월 7일 협약발효

1993년 12월 1일 제 I 부속서 개정

[대한민국 관련사항]

1981년 12월 14일 국회비준 동의

1982년 1월 15일 스위스연방정부에 가입서 기탁

1982년 7월 15일 발효(조약 제778호)

* 선언내용 있음

* 대한민국 선언내용

· 1982년 1월 5일(조약 제778호)

1. 제Ⅰ의정서 제44조에 관하여, 동조 제3항 둘째 문장에 기술된 "상황"은 점령지역 또는 제1조 제4항에 의하여 규율되는 무력충돌에서만 존재할 수 있으며, 대한민국 정부는 동조 제3항(b)의 "전개"를 "공격이 개시되는 장소로 향한 모든 움직임"을 말하는 것으로 해석한다.

2. 제Ⅰ의정서 제85조 제4항 나호에 관하여, 전쟁포로를 억류하고 있는 국가가 공개적으로 자유롭게 발표된 포로의 의사에 따라 그 포로를 송환하지 아니함은 동 의정서의 중대한 위반행위 중 포로송환에 있어서의 부당한 지연에 포함되지 아니한다.

3. 제Ⅰ의정서 제91조에 관하여, 제 협약 또는 본 의정서의 규정을 위반하는 충돌당사국은 피해 체약당사국에게 보상책임을 지며 이는 피해 체약당사국이 무력충돌의 법적 당사자인지 여부는 불문한다.

4. 제Ⅰ의정서 제96조 제3항에 관하여, 제1조 제4항의 요건을 진정으로 충족시키는 당국에 의한 선언만이 제96조 제3항에 규정된 효과를 가질 수 있으며, 동 당국은 적절한 지역 정부간 기구에 의하여 승인받는 것이 필요하다.

· 2004년 4월 16일(조약 제1672호)

대한민국 정부는 동일한 의무를 수락하는 다른 모든 체약당사국과의 관계에 있어 1949년 제네바협약 제Ⅰ추가의정서 제90조에 의하여 허가된 바와 같이 그러한 다른 체약당사국이 제기한 혐의사실을 조사할 위원회의 권능을 사실상 그리고 특별한 합의 없이 인정한다.

1949년 8월 12일자 제네바 제협약에 대한 추가 및
국제적 무력충돌의 희생자보호에 관한 의정서 (제 I 의정서)

제 II 부속서 위험한 전문 임무를 수행하는 기자의 신분증

1949년 8월 12일자 제네바 제협약에 대한 추가 및 국제적 무력충돌의 희생자보호에 관한 의정서(제 I 의정서)

전문

체약당사국은

제국민간에 평화가 지배하도록 하기 위한 그들의 진지한 희망을 선언하고,

모든 국가는 국제연합헌장에 따라 국제관계에 있어서 국가의 주권, 영토보존, 정치적 독립에 대하여 또는 국제연합의 목적과 불일치하는 여하한 방법으로 무력의 위협 또는 사용을 하지 않을 의무를 가진다는 것을 상기하고,

무력충돌의 희생자를 보호하는 제 규정을 재확인하고 발전시키며 동 규정의 적용을 강화하기 위한 제조치를 보충할 필요가 있음을 믿고,

본 의정서 및 1949년 8월 12일자 제네바협약의 어느 규정도 국제연합헌장과 배치되는 여하한 침략행위 또는 무력행사를 합법화하거나 용인하는 것으로 해석될 수 없다는 확신을 표명하고,

나아가서 1949년 8월 12일자 제네바협약 및 본 의정서의 규정은 무력충돌의 성격이나 원인 또는 충돌당사국에 의하여 주장되거나 충돌당사국에 기인하는 이유에 근거한 어떠한 불리한 차별도 없이 이들 약정에 의하여 보호되는 모든 자에게 어떠한 상황 하에서도 완전히 적용됨을 재확인하며,

다음과 같이 합의하였다.

제 1 편 총칙

제 1 조 일반원칙 및 적용범위

1. 체약당사국은 모든 경우에 있어서 본 의정서를 존중할 것과 본 의정서의 존중을 보장할 것을 약정한다.

2. 본 의정서 또는 다른 국제협정의 적용을 받지 아니하는 경우에는 민간인 및 전투원은 확립된 관습, 인도원칙 및 공공양심의 명령으로부터 연원하는 국제법원칙의 보호와 권한 하에 놓인다.

3. 전쟁희생자 보호를 위한 1949년 8월 12일자 제네바 제협약을 보완하는 본 의정서는 이들 협약의 공통조항인 제2조에 규정된 사태에 적용한다.

4. 전항에서 말하는 사태는 유엔헌장 및 "유엔헌장에 따른 국가 간 우호관계와 협력에 관한 국제법 원칙의 선언"에 의하여 보장된 민족자결권을 행사하기 위하여 식민통치, 외국의 점령 및 인종차별권에 대항하여 투쟁하는 무력충돌을 포함한다.

제 2 조 정의

본 의정서의 목적을 위하여

1. "제1협약", "제2협약", "제3협약" 및 "제4협약"이라 함은 각각 육전에 있어서의 군대의 부상자 및 병자의 상태개선에 관한 1949년 8월 12일자 제네바협약, 해상에 있어서의 군대의 부상자, 병자 및 난선자의 상태개선에 관한 1949년 8월 12일자 제네바협약, 포로의 대우에 관한 1949년 8월 12일자 제네바협약, 전시에 있어서의 민간인의 보호에 관한 1949년 8월12일자 제네바협약을 의미하며, "제협약"이라 함은 전쟁희생자 보호를 위한 1949년 8월 12일자 제네바 4개협약을 의미한다.

2. "무력충돌에 적용되는 국제법의 규칙"이라 함은 충돌당사국이 당사자인

국제 협정에 명시된 전시에 적용되는 규칙과 전시에 적용 가능한 국제법
의 일반적으로 인정된 원칙 및 규칙을 의미한다.

3. "이익보호국"이라 함은 충돌당사국에 의하여 지정되고 적대당사국에 의
하여 수락되었으며 제협약과 본 의정서에 따라 이익보호국에 부여된 기
능을 수행할 것에 동의한 중립국 또는 충돌 비당사국을 의미한다.

4. "대리기관"이라 함은 제5조에 따라 이익보호국을 대신하여 활동하는 기
구를 의미한다.

제 3 조 적용의 개시 및 종료

항시 적용되는 규정을 침해함이 없이,

1. 제 협약 및 본 의정서는 본 의정서 제1조에 규정된 사태가 개시될 때로부
터 적용된다.

2. 제 협약 및 본 의정서의 적용은 충돌당사국의 영역 내에서는 군사작전의
일반적인 종료 시, 점령지역의 경우에는 점령의 종료 시에 끝난다. 단, 양
경우에 있어서 최종석방, 송환, 복귀가 그 후에 행하여지는 자는 예외로
한다. 이러한 자들은 그들의 최종석방, 송환, 복귀 시까지 본 의정서 및
제협약의 관련규정으로부터 계속 혜택을 향유한다.

제 4 조 충돌당사국의 법적지위

제협약과 본 의정서의 적용 및 그에 규정된 협정의 체결은 충돌당사국의
법적지위에 영향을 주지 아니한다. 영토의 점령 또는 제협약 및 본 의정서
의 적용은 문제지역의 법적지위에 영향을 주지 아니한다.

제 5 조 이익보호국 및 그 대리기관의 지명

1. 충돌당사국은 충돌이 개시된 때부터 하기 조항에 따라 특히 이익보호국

의 지명과 수락을 포함한 이익보호국제도의 적용에 의하여 협약과 본 의정서의 감시와 실시를 확보할 의무가 있다. 이러한 이익보호국은 충돌당사국의 이익을 보장할 의무를 진다.

2. 제1조에 규정된 사태가 개시된 날로부터 각 충돌당사국은 지체 없이 제협약 및 본 의정서의 적용을 목적으로 이익보호국을 지정하여야 하며, 지체없이 그리고 동일한 목적을 위하여 적대국에 의하여 지명되고 자국에 의하여 수락된 이익보호국의 활동을 허용하여야 한다.

3. 본 의정서 1조에 규정된 사례가 개시된 때로부터 이익보호국이 지명되고 수락되지 않은 경우에는 기타 공정한 인도적 단체가 행동할 권리를 침해함이 없이 국제적십자위원회가 충돌당사국이 동의하는 이익보호국의 지체 없는 지명을 목적으로 주선을 제공한다. 이 목적을 위하여 국제적십자위원회는 각 당사국에게 그 당사국이 적대당사국과의 관계에서 자국을 위하여 이익보호국으로 행동함을 수락할 수 있다고 생각하는 최소한 5개국의 명단을 제공할 것과 각 적대당사국에게 상대당사국의 이익보호국으로 수락할 수 있는 최소한 5개국의 명단을 제공할 것을 요청할 수 있다. 이들 명단은 요청을 접수한 때부터 2주일이내에 통보되어야 한다. 국제적십자위원회는 동 명단들을 비교하고 양측 명단에 기재된 후보국가에 대한 합의를 모색한다.

4. 전항의 규정에도 불구하고 이익보호국이 없는 경우에는 충돌당사국은 국제적십자위원회 또는 공정성과 능률성이 보장되는 기타 조직이 관계당사국과 필요한 협의를 한 후 이러한 협의의 결과를 고려하여 대리기관으로 행동할 것을 제의하는 경우 이를 지체 없이 수락하여야 한다. 이러한 대리기관의 기능은 충돌당사국의 동의를 얻어야 한다. 충돌당사국은 제 협약 및 본 의정서에 따라 업무를 수행하는 대리기관의 활동을 촉진시키기 위하여 모든 노력을 다하여야 한다.

5. 제4조에 따라 제협약 및 본 의정서를 적용하기 위한 이익보호국의 지명
과 수락은 충돌당사국 또는 점령지를 포함한 어떠한 영토의 법적지위에
대하여도 영향을 주지 아니한다.
6. 충돌당사국간의 외교관계의 유지 또는 당사국의 이익 및 자국국민의 이
익의 보호를 외교관계에 관한 국제법의 규칙에 따라 제3국에게 위임하
는 것은 협약과 본 의정서의 적용을 위한 이익보호국의 지명에 장애가
되지 아니한다.
7. 이하 본 의정서의 이익보호국에 관한 언급에는 대리기관도 포함된다.

제 6 조 자격 있는 요원
1. 평시에 체약당사국은 국내적십자(적신월, 적사자태양)사의 지원을 받
아 제협약 및 본의정서의 적용과 특히 이익보호국의 활동을 촉진시키기
위하여 자격 있는 요원을 훈련시키도록 노력한다.
2. 그러한 요원의 선발과 훈련은 국내 관할사항이다.
3. 국제적십자위원회는 체약당사국이 작성하여 그 목적으로 송부한 훈련
요원의 명단을 체약당사국이 이용하도록 유지한다.
4. 국가 영역밖에서 그러한 요원의 사용을 규율하는 조건은 각 경우에 관계
당사국간의 특별협정의 대상이 된다.

제 7 조 회의
본 의정서의 수탁국은 제 협약 및 본 의정서의 적용에 관한 일반적인 문제
를 토의하기 위하여 1개국 또는 그 이상의 체약당사국의 요청과 체약당사
국 과반수의 찬성을 얻어 체약당사국 회의를 개최한다.

제 2 편 부상자 · 병자 · 난선자

제 1 장 일반적 보호

제 8 조 정의

본 의정서의 목적을 위하여

가. "부상자"와 "병자"라 함은 군인 또는 민간인을 불문하고 외상, 질병, 기타 신체적 · 정신적인 질환 또는 불구로 인하여 의료적 지원 또는 가료가 필요한 자로서 적대행위를 하지 아니하는 자를 말한다. 이들 용어는 임산부, 신생아 및 허약자나 임부와 같은 즉각적인 의료적 지원 또는 가료를 필요로 하는 자로서 적대행위를 하지 아니하는 기타의 자를 포함한다.

나. "난선자"라 함은 군인 또는 민간인을 불문하고 본인 또는 그를 수송하는 선박 또는 항공기에 영향이 미치는 재난의 결과로 해상 또는 기타 수역에서 조난을 당한 자로서 적대행위를 하지 아니하는 자를 말한다. 이들은 적대행위를 하지 아니하는 한 제협약 또는 본 의정서에 따라 다른 지위를 취득할 때까지의 구조 기간 중 난선자로 간주한다.

다. "의무요원"이라 함은 충돌당사국에 의하여 전적으로 마. 호에 열거된 의료목적이나 의무부대의 행정 또는 의료수송의 운영 또는 행정에 배속된 자를 의미한다.

   (1) 제1및 제2협약에 규정된 자를 포함하여 군인 또는 민간인을 불문하고 충돌당사국의 의료요원 또는 민방위조직에 배속된 의료요원

   (2) 국내적십자(적신월 · 적사자태양)사와 충돌당사국에 의하여 정당히 인정되고 허가된 기타 국내 자발적 구호단체의 의료요원

   (3) 본 의정서 제9조2항에 규정된 의무부대와 의료수송차량의 의무요원

라. "종교요원"이라 함은 군목과 같이 전적으로 성직에 종사하고 있고 아래에 소속된 군인 또는 민간인을 의미한다.

    (1) 충돌당사국의 군대

    (2) 충돌당사국의 의무부대 또는 의무수송차량

    (3) 제9조제2항에 규정된 의무부대 또는 의무수송차량

    (4) 충돌당사국의 민방위조직

    종교요원의 소속은 영구적 또는 임시적일 수 있으며 카. 호의 관련 규정이 그들에게 적용된다.

마. "의무부대"라 함은 부상자, 병자, 난선자에 대한 일차진료를 포함한 수색, 수용, 수송, 진찰 및 치료와 같은 의료목적과 질병의 예방을 위하여 구성된 군인 또는 민간시설 및 기타 부대를 의미한다. 이 용어는 예를 들어 병원 및 유사한 단체, 수혈센터, 예방의료본부 및 기관, 의료창고와 의무부대의 의료 및 의약품창고를 포함한다. 의무부대는 고정식 또는 이동식, 영구적 또는 임시적일 수 있다.

바. "의무수송"이라 함은 제 협약 및 본 의정서에 의하여 보호되는 부상자, 병자, 난선자, 의무요원, 종교요원, 의료장비, 의료품의 육지, 해상, 공중을 통한 수송을 의미한다.

사. "의무수송수단"이라 함은 군용 또는 민간용이든 영구적 또는 일시적이든간에 충돌당사국의 권한있는 당국의 통치하에 있고 의무수송에 전적으로 할당된 모든 수송수단을 의미한다.

아. "의무차량"이라 함은 육상의무수송수단을 의미한다.

자. "의무용 선박"이라 함은 해상의무수송수단을 의미한다.

차. "의무항공기"라 함은 공중의무수송수단을 의미한다.

카. "상임의무요원", "상설의무부대", "상설의무수송수단"이라 함은 불특정한 기간동안 의료목적에 전적으로 할당된 것들을 의미한다. "임시의무

요원", "임시의무부대", "임시의무수송수단"이라 함은 그러한 기간 전체의 한정된 기간동안 의료목적에 전적으로 할당된 것들을 의미한다. 별도의 규정이 없는 한, "의무요원", "의무부대", "의무수송수단"은 상설 및 임시적인 부류를 모두 포함한다.

타. "식별포장"이라 함은 의무부대 및 수송수단, 의무 및 종교요원, 장비 또는 보급품의 보호를 위하여 사용될 경우의 백색바탕의 적십자·적신월·적사자태양의 식별표장을 의미한다.

파. "식별신호"라 함은 전적으로 의무부대 또는 수송수단의 구분을 위하여 본 의정서의 제1부속서 제3장에 규정된 모든 신호 또는 통신을 의미한다.

제 9 조 적용범위

1. 부상자, 병자 및 난선자의 상태개선을 목적으로 하는 본 편의 제 규정은 인종, 피부색, 성별, 언어, 종교, 신념, 정치적 또는 기타 견해 민족적·사회적 출신여하, 빈부, 출생 및 기타 지위 또는 모든 유사한 기준에 근거한 어떠한 불리한 차별도 함이 없이 제1조에 규정된 사태에 의하여 영향을 받는 모든 자에게 적용한다.

2. 제1협약의 제27조와 제32조의 관계규정은 하기 당국이 인도적 목적을 위하여 충돌당사국에 공여하는 의무부대 및 의무수송수단(제2협약의 제25조가 적용되는 병원선을 제외하고)과 그 요원에 대하여 적용된다.

   가. 충돌당사자가 아닌 중립국 또는 기타 국가

   나. 그러한 국가가 인정하고 허가하는 구호단체

   다. 공평한 국제인도주의 단체

제 10 조 보호 및 가료

1. 모든 부상자, 병자 및 난선자는 그들의 소속국 여하를 불문하고 존중되

고 보호된다.

2. 모든 경우에 있어서 그들은 가능한 최대한으로 그리고 지체 없이 그들의 상태에 따라 요구되는 의료적 가료와 보호를 받고 인도적으로 대우되어야 한다. 의료적인 것 이외의 다른 이유에 근거하여 그들 사이에 차별을 두어서는 안된다.

제 11 조 개인의 보호

1. 적대국의 권력 내 에 있거나 또는 제1조에 언급된 사태의 결과로 구류, 억류되었거나 달리 자유가 박탈된 자의 육체적 또는 정신적 건강 및 완전성은 부당한 작위 또는 부작위로 인하여 위태롭게 되어서는 안된다. 따라서 본조에 규정된 자들에 대하여 당해인의 건강상태로 보아 필요하지 아니하며 그 절차를 행하는 당사국이 유사한 의료적 상황 하에서 자유가 박탈되지 않은 자국민에게 적용하는 일반적으로 인정된 의료기준과 일치하지 아니하는 어떠한 의료적 처리를 받도록 하는 것은 금지된다.

2. 특히 그러한 자들에게 하기 행위를 행하는 것은 그들의 동의가 있는 경우라도 금지된다.

가. 신체 절단

나. 의학 또는 과학실험

다. 이식을 위한 조직 또는 장기의 제거

단, 이러한 행위가 1항에 규정된 조건에 따라 정당화되는 경우는 제외한다.

3. 2항 다. 호의 금지에 대한 예외는 수혈을 위한 헌혈 또는 이식을 위한 피부기증이 어떤 강제 또는 유인이 없이 자발적이며 기증자와 수혜자 양측의 이익을 위하여 일반적으로 인정된 의료기준과 감독에 일치하는 조건

하에서 치료 목적으로 이루어진 경우에 한한다.

4. 소속국 이외의 당사국의 권력 하에 있는 자의 신체적·정신적 건강 또는 완전성을 심히 위태롭게 하며 1항 및 2항의 금지를 위반하거나 3항의 요건에 따르지 못하는 모든 고의적 작위 또는 부작위는 본 의정서의 중대한 위반이 된다.

5. 1항에 규정된 자는 어떠한 외과수술도 거부할 권리가 있다. 거부의 경우 의무요원은 환자가 서명 또는 인정한 그러한 취지의 서면진술을 받도록 노력하여야 한다.

6. 각 충돌당사국은 그 충돌당사국의 책임 하에 이루어진 경우, 1항에 언급된 자에 의한 수혈 또는 이식을 위한 피부기증에 대한 의학적 기록을 유지하여야 한다. 그밖에 각 충돌당사국은 1항에 언급된 사태의 결과로 구류, 억류 또는 기타 자유가 박탈된 자에 대하여 행한 모든 의학적 처치의 기록을 유지하도록 노력하여야 한다. 이 기록은 이익보호국에 의한 검열이 항상 가능하도록 하여야 한다.

제 12 조 의무부대의 보호

1. 의무부대는 항상 존중되고 보호되며, 공격의 대상이 되어서는 아니된다.

2. 1항은 민간의무대들이 다음과 같은 조건을 갖춘 경우에 적용된다.
   가. 충돌당사국의 일방에 속하거나
   나. 충돌당사국 일방의 권한 있는 당국에 의하여 인정되고 허가되거나
   다. 본 의정서 제9조2항 및 제1협약의 제27조에 따라 허가될 것.

3. 충돌당사국은 고정의무부대의 위치를 상호 통고할 것이 요청된다. 이러한 통고의 부재는 어느 당사국을 제1항의 규정에 따를 의무로부터 면제하는 것이 아니다.

4. 어떠한 경우에도 의무부대는 군사목표물을 공격으로부터 엄폐하기 위한 목적으로 사용되어서는 안된다. 충돌당사국은 가능한 한 의무부대가 군사목표물에 대한 공격으로 인하여 그 안전이 위태롭지 않게 위치하도록 보장하여야 한다.

제 13 조 민간의무대의 보호의 정지
1. 민간의무부대가 받을 권리가 있는 보호는 동 부대가 인도적기능이외의 적에게 해로운 행위를 하는데 이용되지 아니하는 한 정지되지 아니한다. 그러나, 보호는 적절한 경우 합리적인 시한을 부친 경고를 발한 후 그리고 그러한 경고가 무시된 후에 정지될 수 있다.
2. 다음 사항은 적에게 해로운 행위로 간주되지 아니한다.
   가. 부대요원이 자신 또는 그들 책임 하에 있는 부상자 및 병자의 방어를 위한 개인용 소화기를 휴대하는 것.
   나. 동 부대가 초병, 보초 또는 호위병에 의하여 방어되는 것.
   다. 부상자와 병자로부터 수거되었거나 아직 적절한 기관에 인계되지 못한 소화기, 탄약 등이 부대 내에서 발견되는 것.
   라. 군대구성원 또는 기타 전투원이 의료상의 이유로 동 부대 내에 있는 것.

제 14 조 민간의무대의 징발에 대한 제한
1. 점령국은 점령지역내 민간인의 의료적 필요가 계속 충족되도록 보장할 의무를 진다.
2. 따라서 점령국은 민간의무부대와 그 장비, 자재 또는 요원의 역무가 민간주민에 대한 적절한 의료봉사의 제공과 이미 치료받고 있는 부상자 및 병자의 계속적인 의료적 가료를 위하여 필요한 한 이들을 징발하여서는

안된다.

3. 2항에 언급된 일반규칙이 계속 준수될 것을 조건으로 점령국은 아래의 특수조건에 따라 전기의 자원을 징발할 수 있다.

　가. 이러한 자원이 점령군 또는 포로중의 부상자 및 병자의 적절하고 즉각적인 의료처치에 필요한 것일 것.

　나. 이러한 필요성이 존재하는 동안에만 징발이 계속될 것.

　다. 징발에 의하여 영향을 받는 민간인 및 치료중인 부상자와 병자의 의료적 필요가 계속 충족되는 것을 보장하도록 즉각적인 협정이 체결될 것.

제 15 조 민간의무요원 및 종교요원의 보호

1. 민간의무요원은 존중되고 보호된다.

2. 필요한 경우 전투행위로 인하여 민간의료봉사가 중단된 지역에 있는 민간의무요원에 대하여 모든 가능한 원조가 제공되어야 한다.

3. 점령국은 점령지역에서 민간의무요원이 그들의 인도적 기능을 최대한 수행할 수 있도록 모든 원조를 제공하여야 한다. 점령국은 그러한 기능의 수행에 있어서 의학적 이유를 제외하고는 이들 요원으로 하여금 어떠한 자에게도 치료의 우선권을 주도록 요구하여서는 안된다. 그들은 인도적 임무와 양립될 수 없는 업무를 수행하도록 강요되어서는 안된다.

4. 민간의무요원은 관련 충돌당사국이 필요하다고 인정하는 감독, 안전조치에 복종하여 그들의 봉사가 필요한 어느 장소로도 출입이 가능하여야 한다.

5. 민간종교요원은 존중되고 보호된다. 의무요원의 보호와 신분증명서에 관한 협약과 본 의정서의 규정은 이러한 자에 대하여 동등하게 적용된다.

제 16 조 의료업무의 일반적 보호

1. 누구도 의료윤리에 적합한 의료활동을 수행함을 그 이유로 그 수혜자가 누구인가를 불문하고 결코 처벌받지 아니한다.

2. 의료활동에 종사하는 자는 의료윤리에 관한 규칙 또는 기타 부상자와 병자의 이익을 위하여 정하여진 규칙, 제협약 또는 본 의정서에 반하는 행동 또는 업무를 수행하도록 강제되거나, 그러한 규칙 및 규정에 의하여 요구되는 행동 또는 업무를 수행하지 못하도록 강제되지 아니한다.

3. 의료활동에 종사하는 자는 자국의 법률에 의하여 요구되는 경우를 제외하고는 자기의 가료를 받고 있거나 또는 받았던 부상자, 병자에 관한 어떠한 정보라도 그의 견해상 그러한 정보가 관련 환자 또는 그 가족에 유해할 것으로 판단될 경우, 적대국에 소속하든 자국에 소속하든 불문하고 누구에게도 이를 제공하도록 강요되지 아니한다. 단, 전염병 질병에 대한 의무적인 통보에 관한 규칙은 존중된다.

제 17 조 민간주민 및 구호단체의 역할

1. 민간주민은 부상자, 병자, 난선자가 적대당사국에 속하더라도 그들을 존중하며 그들에게 여하한 폭행도 행하여서는 안된다. 민간주민 및 적십자(적신월, 적사자태양)사와 같은 구호단체는 피침 또는 피점령 지역에서 일지라도 부상자, 병자, 난선자를 자발적으로 수용 및 간호하는 것이 허용된다. 누구도 그러한 인도적 행위 때문에 가해당하거나 소추, 유죄언도 또는 처벌되지 아니한다.

2. 충돌당사국은 1항에 언급된 민간주민 및 구호단체에 대하여 부상자, 병자, 난선자를 수용 및 간호하며 사망자를 수색하고 그 위치를 통보할 것을 호소할 수 있다. 그 당사국은 이 호소에 응한 자들에게 보호 및 필요한 편의를 부여하여야 한다. 적대국이 지역의 지배권을 취득 또는 재취득

하는 경우, 그 적대국도 또한 필요한 기간 동안 동일한 보호 및 편의를 제공하여야 한다.

제 18 조 식별

1. 각 충돌당사국은 의무 및 종교요원과 의무부대 및 수송수단이 식별될 수 있도록 보장하기 위하여 노력하여야 한다.

2. 각 충돌당사국은 식별표장 및 식별신호를 사용하는 의무부대 및 수송수단을 인지하는 것을 가능케 하기 위한 방법과 절차를 채택하고 실시하도록 노력하여야 한다.

3. 점령지역 및 전투가 발생중이거나 발생가능성이 있는 지역에서 민간의무요원과 민간종교요원은 식별포장과 그 지위를 증명하는 신분증명서에 의하여 인지될 수 있어야 한다.

4. 의무부대 및 수송수단은 권한 있는 당국의 동의를 얻어 식별표장에 의하여 표시되어야 한다. 본 의정서 제22조에 언급된 선박과 주정은 제2협약의 규정에 따라 표시되어야 한다.

5. 식별표장에 추가하여 충돌당사국은 본 의정서 제1부속서 제3장에 규정된 바에 따라 의무부대 및 수송수단을 식별하기 위한 식별신호의 사용을 허가한다. 예외적으로 전기 제3장에서 취급되고 있는 특별한 경우에는 의무수송수단은 식별표장을 부착함이 없이 식별신호를 사용할 수 있다.

6. 본조 제1항부터 제5항까지의 제규정의 적용은 본 의정서 제1부속서 제1장부터 제3항까지의 규제를 받는다. 의무부대 및 수송수단의 배타적 사용을 위하여 제1부속서 제3장에 규정된 신호는 상기 제3장에 규정된 바를 제외하고는 그 장에 규정된 의무부대 및 수송수단을 식별하려는 것 이외의 여하한 목적을 위하여서도 사용되어서는 아니된다.

7. 본조는 제1협약 제44조에 규정된 것보다 더 광범위하게 평시에 식별표

장을 사용하는 것을 허용하는 것은 아니다.

8. 식별표장의 사용에 대한 감독과 그 남용의 방지와 억제에 관한 제협약 및 본 의정서의 규정은 식별신호에도 적용된다.

제 19 조 중립국 및 충돌 비당사국

중립국 및 충돌 비당사국은 본 편에 의하여 보호받는 자로서 그들의 영토 내에 접수되었거나 구금된 자 및 그들이 발견한 충돌당사국의 사망자에 관하여 본 의정서의 관련 규정을 적용하여야 한다.

제 20 조 보복의 금지

본 편에 의하여 보호받는 자와 물건에 대한 보복은 금지된다.

제 2 장 의무수송

제 21 조 의무차량

의무차량은 협약과 본 의정서에 따라 이동 의무부대와 같은 방법으로 존중되고 보호된다.

제 22 조 병원선 및 연안구명정

1. 하기에 관한 제 협약의 제 규정, 즉
   가. 제2협약의 제22조, 제24조, 제25조, 제27조에 규정된 선박
   나. 동 선박의 구명정 및 주정
   다. 동 선박의 요원 및 승무원
   라. 동 승선중인 부상자, 병자, 난선자에 관한 제협약의 제규정은 이러한 선박이 제2협약 제13조의 어느 범주에도 속하지 아니하는 민간부상

자, 병자, 난선자를 수송하는 경우에도 적용된다. 그러나 그러한 민간인은 자국이 아닌 어느 당사국에 항복하거나 해상에서 체포되지 아니한다. 만일 그들이 타방 당사국의 수중에 들어가는 경우에는 그들은 제4협약 및 본 의정서의 적용을 받는다.

2. 제2협약의 제25조에 규정된 선박에 대하여 제협약에 의하여 부여되는 보호는 인도적 목적을 위하여 하기자가 충돌당사자에게 대여한 병원선에도 적용된다.

   가. 중립 또는 충돌비당사국

   나. 공평한 국제인도조직

   단, 각 경우에 있어서 동조에 규정된 요건에 따를 것을 조건으로 한다.

3. 제2협약의 제27조에 규정된 소주정은 동조에 규정된 통고가 없는 경우에도 보호된다. 충돌당사국은 그럼에도 불구하고 그 식별과 인지가 용이하도록 하기 위하여 이러한 소 주정에 관한 상세한 사항을 상호간에 통보하여 줄 것이 요망된다.

제 23 조 기타 의무용 선박 및 주정

1. 본 의정서의 제22조와 제2협약 제38조에 언급되지 아니한 의무용 선박 및 주정은 해상에 있거나 또는 기타 수역에 있거나를 불문하고 제협약 및 의정서상의 이동의무부대와 같은 방법으로 존중되고 보호된다. 이 보호는 병원선 또는 소주정으로 식별되고 인지될 수 있을 때에만 유효하다. 그러므로 이러한 함정은 식별표장으로 표시되어야 하며 가능한 한 제2협약 제43조 제2항의 규정에 따라야 한다.

2. 1항에 언급된 선박과 주정은 전쟁법의 적용을 받는다. 명령을 즉시 집행할 수 있는 해상에 있는 어떤 전함도 그들에게 정지, 퇴거 또는 특정 항로를 따를 것을 명령할 수 있으며, 이러한 선박과 주정은 승선중인 부상자,

병자 및 난선자를 위하여 요구되는 한 의료임무와 달리 전용될 수 없다.

3. 본조1항에 규정된 보호는 제2협약 제34조 및 제35조에 규정된 조건에 따르는 경우에 한하여 정지된다. 본조 2항에 따라 행한 명령에 따를 것을 분명히 거부하는 것은 제2협약 제34조에 의거하여 적에게 유해한 행위가 된다.

4. 특히 총톤수가 2천톤 이상인 선박의 경우에 일방 충돌당사국은 적대당사국에게 가능한 한 항행전에 선박 또는 주정의 선명, 규격, 항행예정시간, 항로 및 추정속도를 통고할 수 있으며 기타 식별 및 인지를 용이하게 할 수 있는 정보를 제공할 수 있다. 적대당사국은 이러한 정보의 접수를 확인하여야 한다.

5. 제2협약 제37조의 규정은 이러한 선박 및 주정의 의무요원 및 종교교원에 대하여 적용된다.

6. 제2협약의 규정은 이러한 의무용 선박 및 주정에 승선중인 제2협약 제13조와 본 의정서 제44조에 규정된 부상자, 병자 및 난선자에 대하여 적용된다. 민간인인 부상자, 병자 및 난선자로서 제2협약 제13조와 본 의정서 제42조에 언급된 범주에 속하지 아니하는 자는 해상에서 소속국이 아닌 당사국에게 항복하도록 강요되어서는 아니되며, 이러한 선박 및 주정으로부터 퇴거당하지 아니한다. 그들이 소속국이 아닌 충돌당사국의 수중에 들어간 경우에는 제4협약 및 본 의정서의 적용을 받는다.

제 24 조 의무항공기의 보호
의무항공기는 본 편의 규정에 따라 존중되고 보호된다.

제 25 조 적대당사국에 의하여 통제되지 아니하는 지역에서의 의무항공기
우호국에 의하여 실질적으로 지배되는 육지 및 그 상공과 적대당사국에 의

하여 실질적으로 지배되지 아니하는 해상 및 그 상공에서의 충돌당사국의 의무항공기의 존중과 보호는 적대당사국과의 어떠한 협정에도 의존하지 아니한다. 그러나 보다 큰 안전을 위하여 이 지역에서 의무항공기를 사용하는 당사국은 특히 그러한 항공기가 적대당사국의 지대공 무기체계의 사정거리 내를 비행할 때는 제29조에 규정한 것처럼 적대당사국에 통고할 수 있다.

제 26 조 접촉지역 또는 그와 유사한 지역 내의 의무항공기

1. 우호국에 의하여 실질적으로 통치되는 접촉지역과 그 상공 및 실질적 지배가 확정되지 않은 지역과 그 상공에서의 의무항공기의 보호는 제29조에 규정된 바와 같이 충돌당사국의 권한 있는 군당국간의 사전협정에 의하여서만 완전히 유효하다. 그러한 협정의 부재 시에는 의무항공기는 스스로 위험부담을 지고 운행되나 그럼에도 불구하고 의무항공기로 인지되었을 경우에는 존중되어야 한다.
2. "접촉지역"이라함은 충돌당사국의 선두부대가 상호 접촉하는 육상지역, 특히 지상으로부터의 직접적인 포화에 노출되는 지역을 의미한다.

제 27 조 적대당사국에 의하여 지배되는 지역 내의 의무항공기

1. 충돌당사국의 의무항공기는, 항공에 대한 사전합의가 적대당사국의 권한 있는 당국 사이에 있는 경우, 적대당사국에 의해 실질적으로 지배되는 육지 및 해양의 상공비행 중 계속해서 보호되어야 한다.
2. 비행착오 또는 비행의 안전에 영향을 주는 긴급사태 때문에 1항에 규정된 합의 없이 또는 합의의 규정을 이탈하여 적대당사국에 의하여 실질적으로 지배되는 지역을 비행하는 의무항공기는 자신을 식별시키고 적대당사국에 사태를 통보하여 주기 위하여 모든 노력을 다하여야 한다. 그러한 의무항공기가 적대당사국에 의하여 인식되는 즉시, 동 당사국은

제30조 1항에 언급된 육지 및 해상에 착륙하도록 하거나 자신의 이익을 보호하기 위한 다른 조치를 취하도록 명령을 내리기 위하여 두 경우 모두 항공기에 대한 공격을 하기 전에 복종할 수 있는 시간을 항공기에 주도록 모든 합리적인 노력을 다하여야 한다.

제 28 조 의무항공기 운행제한

1. 충돌당사국이 적대당사국으로부터 군사적 이득을 얻기 위하여 의무항공기를 사용하는 것은 금지된다. 의무항공기의 배치는 군사목표물을 공격으로부터 면제시키기 위한 목적으로 사용되어서는 아니된다.

2. 의무항공기는 정보자료를 수집하고 송부하는데 사용될 수 없으며 그러한 목적으로 의도된 어떠한 장비도 수송하여서는 안된다. 의무항공기가 제8조 바. 호와 정의에 포함되지 않은 사람 또는 화물을 수송하는 것은 금지된다. 탑승원의 휴대품 또는 전적으로 비행, 통신, 식별을 촉진시키기 위한 목적을 가진 장비를 운반하는 것은 금지되는 것으로 간주되지 아니한다.

3. 의무항공기는 탑승중인 부상자, 병자, 난선자로부터 접수하여 아직 적절한 사용을 위하여 인계되지 않은 소화기, 탄약과 탑승중인 의무요원 자신 및 그들의 보호 하에 있는 부상자, 병자, 난선자를 방어하기 위하여 필요한 개인 소화기 이외의 어떠한 무기도 수송하여서는 안된다.

4. 제26조 및 제27조에 언급된 비행을 수행하는 중에 의무항공기는 적대당사국과의 사전협의에 의하지 아니하고는 부상자, 병자, 난선자의 수색에 사용되어서는 안된다.

제 29 조 의무항공기에 관한 통고 및 합의

1. 제25조에 규정된 통고 또는 제26조, 제28조 4항 또는 제31조에 규정된 사

전합의의 요청에는 예정된 의무항공기의 수, 비행계획, 식별 수단이 언급되어야 하며, 모든 비행은 제28조에 따라 수행될 것임을 의미하는 것으로서 이해되어야 한다.

2. 제25조의 규정에 따라 행하여진 통고를 받은 당사국은 즉시 그러한 통고의 접수를 확인하여야 한다.

3. 제26조, 제27조, 제28조 4항 또는 제31조에 규정된 사전합의의 요청을 받은 당사국은 가능한 한 빨리 요청국에 하기 사항을 통고하여야 한다.

  가. 요청에 동의한다는 것.

  나. 요청에 거부한다는 것, 또는

  다. 요청에 대한 합리적인 대안

  당사국은 또한 해당 기간 동안 그 지역에의 타 비행의 금지 또는 제한을 제외할 수 있다. 요청국이 대안을 수락한 경우 동 국가는 타당사국에 그러한 수락을 통고하여야 한다.

4. 당사국들은 또한 통고 및 합의가 조속히 이루어지도록 보장하기 위하여 필요한 조치를 취하여야 한다.

5. 당사국들은 또한 관계 군부대에 그러한 통고 및 합의의 내용을 조속히 보급시키기 위하여 필요한 조치를 취하여야 하며, 또 문제의 의무항공기에 의하여 사용될 식별수단에 관하여 동 군부대에 통고하여야 한다.

제 30 조 의무항공기의 착륙 및 검열

1. 적대당사국에 의하여 실질적으로 지배되거나 실질적 지배가 명백히 확립되지 않은 지역의 상공을 비행하는 의무항공기는 적절한 경우에는 하기항에 따른 조사를 허용하도록 하기 위하여 착륙 또는 착수하도록 명령받을 수 있다. 의무항공기는 그러한 명령에 복종하여야 한다.

2. 그러한 항공기가 그렇게 하도록 명령을 받거나, 또는 다른 이유로 착륙

또는 착수할 경우 3항 및 4항에 언급된 문제를 결정하기 위하여서만 검열 받을 수 있다. 그러한 검열은 지체 없이 시작되어야 하며 신속히 수행되어야 한다. 검열국은 이동이 검열을 위하여 필수적이 아닌 한 부상자 및 병자를 항공기로부터 이동시키도록 요청할 수 없다. 검열국은 어떠한 경우에도 부상자나 병자의 상태가 검열이나 이동에 의하여 불리한 영향을 받지 않도록 보장하여야 한다.

3. 검열에 의하여 그 항공기가,

　가. 제8조 차. 호에 의미에 부합되는 의무항공기라는 것.

　나. 제28조에 규정된 조건을 위반한 것이 아니라는 것.

　다. 사전합의가 요청되는 경우에는 사전합의 없이 또는 사전합의를 위반하여 비행한 것이 아니라는 것이 밝혀지는 경우 그 항공기 및 탑승원중 적대당사국, 중립국, 또는 충돌 비당사국에 속하는 자는 지체 없이 비행을 계속하도록 허가되어야 한다.

4. 검열에 의하여 그 항공기가

　가. 제8조 바. 호의 의미에 부합되는 의무항공기가 아니라는 것

　나. 제28조에 규정된 조건을 위반한 경우라는 것

　다. 사전합의가 요청되는 경우에는 사전 합의 없이 또는 사전합의를 위반하여 비행한 것이라는 것이 밝혀지는 경우 그 항공기는 압류될 수 있다. 그 탑승원은 제 협약 및 본 의정서의 관련 규정에 따라 취급된다. 영구 의무항공기로서 배정되었다가 압류된 모든 항공기는 그 후로는 의무항공기로서만 사용될 수 있다.

제 31 조 중립국 및 충돌비당사국

1. 사전합의에 의하지 아니하고는 의무항공기는 중립국 또는 충돌비당사국의 상공을 비행하거나 그 영토 내에 착륙하지 못한다. 그러나 그러한

합의가 있는 경우 그들은 전비행 기간 중 및 모든 기착기간 중 존중되어야 한다. 그럼에도 불구하고, 동 항공기들은 적절한 경우 모든 착륙 또는 착수명령에 복종하여야 한다.

2. 의무항공기가 비행착오 또는 비행안전에 영향을 주는 긴급사태 때문에 협정의 부재 시 또는 협정 규정을 이탈하여 중립국 또는 기타 충돌비당사국의 상공을 비행하는 경우에는 비행을 통지하고 자신을 식별하기 위하여 모든 노력을 다하여야 한다. 그러한 의무항공기가 인지되는 즉시 그 당사국은 제30조 1항에 언급된 착륙 또는 착수명령을 하거나 자국의 이익을 보호하기 위한 다른 조치를 취하도록, 그리고 양 경우 모두 항공기에 대한 공격개시 전에 그 항공기에 복종할 수 있는 시간을 주도록 모든 합리적인 노력을 다하여야 한다.

3. 의무항공기가 합의에 의하여 또는 본조2항에 언급된 상황 하에서 명령에 의해서건 또는 다른 이유에 의해서건 중립국 및 충돌비당사국 영토에 착륙 또는 착수할 경우, 그 항공기가 실제로 의무항공기인지를 결정할 목적의 검열을 받아야 한다. 검열은 지체 없이 시작되어야 하며 신속히 행하여져야 한다. 검열국은 동 항공기를 운행하는 당사국의 부상자 및 병자의 이동이 검열에 필수적이 아닌 한 그들을 이동하도록 요청할 수 없다. 검열국은 모든 경우에 검열이나 이동에 의하여 부상자나 병자의 상태가 불리한 영향을 받지 않도록 보장하여야 한다. 검열결과 동 항공기가 실제로 의무항공기임이 밝혀질 경우 전시에 적용될 국제법 규칙에 따라 구금될 자 이외의 탑승원과 함께 항공기는 비행을 계속하도록 허가되어야 하며 비행의 계속을 위한 합리적인 편의가 주어져야 한다. 검열결과 동 항공기가 의무항공기가 아니라는 것이 밝혀질 경우에는 압류되며 탑승원은 본조4항에 따라 취급된다.

4. 중립국 및 충돌비당사국 영토내의 타방당사국의 동의를 얻어서 의무항

공기로부터 일시적이 아닌 착륙을 한 부상자, 병자, 난선자는 그 당사국
과 분쟁당사국 사이에 달리 합의되어 있지 않는 한 무력충돌에 적용되는
국제법상 규칙이 요구하는 경우 재차 적대행위에 참가할 수 없도록 억류
된다. 의료비와 억류비용은 그 자들의 소속국이 부담한다.

5. 중립국 또는 충돌비당사국은 그들의 상공으로의 의무항공기의 통과 또
는 영토내의 의무항공기의 착륙에 전한 조건 및 제한을 모든 충돌당사국
에 동등하게 적용한다.

제 3 장 실종자 및 사망자

제 32 조 일반원칙

본장의 시행에 있어 체약당사국, 충돌당사국 및 제 협약과 본 의정서에 언
급된 국제적 인도주의 기구의 활동은 주로 친척들의 운명을 알고자하는 가족
의 권리에 의하여 촉진되어야 한다.

제 33 조 실종자

1. 상황이 허락하는 즉시, 그리고 아무리 늦어도 실질적 적대행위의 종결시
부터 각 충돌당사국은 적대당사국에 의하여 실종된 것으로 보도된 자들
을 수색하여야 한다. 동 적대당사국은 그러한 수색을 촉진시키기 위하
여 그러한 자들에 관한 모든 관련정보를 전달하여야 한다.

2. 전항에 따른 정보의 수집을 촉진시키기 위하여 각 충돌당사국은 제 협약
및 본 의정서에 의하여 보다 유리한 배려를 받지 못하는 자에 대하여 하
기 사항을 행하여야 한다.

가. 적대행위 또는 점령의 결과 2주 이상 구류, 구금 또는 기타 포획당한
자들 및 구류 기간 중 사망한 자들에 관여하는 제4협약 제138조에 특

정된 정보를 기록하여야 한다.

   나. 적대행위나 점령의 결과 다른 상황 하에서 죽은 자들의 경우 그들의 수색 및 그들에 관한 정보의 기록을 가능한 최대한도로 촉진하고 필요하다면 이를 수행하여야 한다.

3. 1항에 따라 실종된 것으로 보고된 자에 관한 정보 및 그러한 정보에 대한 요청은 직접 또는 이익보호국이나 국제적십자위원회의 중앙심인기관 또는 국내적십자(적신월, 적사자태양)사를 통하여 전달되어야 한다. 정보가 국제적십자위원회 및 동 위원회의 중앙심인기관을 통하여 전달되지 아니한 경우 각 충돌당사국은 그러한 정보도 역시 중앙심인기관에 제공되도록 보장하여야 한다.

4. 충돌당사국은 적절한 경우 조사단이 적대당사국에 의하여 지배되는 지역에서 이들 임무를 수행하는 동안 적대당사국의 요원이 그러한 조사단을 동반하도록 하는 합의를 포함하여 조사단이 전장에서 사망자를 수색하고 식별하고 발견하기 위한 합의에 도달하도록 노력하여야 한다. 그러한 조사단의 요원은 이러한 임무를 전담하여 수행하는 동안 존중되고 보호되어야 한다.

제 34 조 사망자의 유해

1. 점령에 관한 이유로 또는 점령 및 적대행위의 결과로 구류 중 사망한 자의 유해 및 적대행위의 결과로서 사망한 그 국가의 국민이 아닌 자의 유해는 존중되어야 한다. 모든 그러한 자들의 묘지는 그들의 유해나 묘지가 제 협약 및 본 의정서 하에서 보다 유리한 배려를 받지 못할 경우 제4협약 제130조에 규정된 것처럼 존중되고 유지되고 표시되어야 한다.

2. 상황 및 적대당사국간의 관계가 허용하는 대로, 그 영토 내에 분묘 및 경우에 따라서는 적대행위의 결과로 점령 중 또는 구류 중 사망한 자들의

유해가 소재하는 체약당사국은 하기목적을 위하여 협정을 체결하여야
한다.

　가. 사망자의 친척 및 공적분묘 등록기관의 대표에 의한 묘지에의 접근
　　을 촉진시키고, 그러한 접근을 위한 실질적 절차를 규율함.

　나. 그러한 묘지를 영구히 보호하고 유지함.

　다. 모국의 요청에 의하여 또는 모국이 반대하지 않으면 근친의 요청에
　　의하여 사망자의 유해 및 휴대품의 모국에의 귀환을 촉진시킴.

3. 2항 나. 호 또는 다. 호에서 규정한 협정의 부재 시 또는 그러한 사망자의
　모국이 자국의 비용으로 묘지의 유지를 위한 준비를 하려고 하지 아니할
　때는 그 영토 내 묘지가 소재하고 있는 체약당사국은 사망자유해의 모국
　으로의 송환을 촉진시키도록 제의할 수 있다. 그러한 제의가 수락되지
　않는 경우 체약당사국은 제의일로부터 5년경과 후 모국에의 정당한 통
　고에 의하여 묘지 및 분묘에 관련되는 자국의 법에 규정된 절차를 채택
　할 수 있다.

4. 본조에 언급된 묘지가 자국의 영토 내에 소재하는 체약당사국은 오직 하
　기조건에 따라 서만 발굴이 허용된다.

　가. 2항 다. 호 및 3항에 따를 것, 또는

　나. 발굴의 의료적 및 조사적인 필요의 경우를 포함하여 중요한 공공필
　　요의 문제인 경우, 그리고 이 경우에는 체약당사국은 항상 유해를
　　존중하고 계획된 재매장 장소의 세부사항과 함께 유해를 발굴할 의
　　도를 유해의 모국에 통고하여야 한다.

제 3 편 전투방법 및 수단 · 전투원 및 전쟁포로의 지위

제 1 장 전투방법 및 수단

제 35 조 기본규칙

1. 어떤 무력충돌에 있어서도 전투수단 및 방법을 선택할 충돌당사국의 권리는 무제한한 것이 아니다.

2. 과도한 상해 및 불필요한 고통을 초래할 성질의 무기, 투사물, 물자, 전투수단을 사용하는 것은 금지된다.

3. 자연환경에 광범위하고 장기간의 심대한 손해를 야기할 의도를 가지거나 또는 그러한 것으로 예상되는 전투수단이나 방법을 사용하는 것은 금지된다.

제 36 조 신무기

신무기, 전투수단 또는 방법의 연구 · 개발 · 획득 및 채택에 있어서 체약당사국은 동 무기 및 전투수단의 사용이 본 의정서 및 체약당사국에 적용가능한 국제법의 다른 규칙에 의하여 금지되는지의 여부를 결정할 의무가 있다.

제 37 조 배신행위금지

1. 적을 배신행위에 의하여 죽이거나 상해를 주거나 포획하는 것은 금지된다. 적으로 하여 금 그가 무력 충돌 시 적용 가능한 국제법 규칙하의 보호를 부여받을 권리가 있다거나 의무가 있다고 믿게 할 적의 신념을 유발하는 행위로서 그러한 신념을 배신할 목적의 행위는 배신행위를 구성한다.

하기 행위들은 배신행위의 예이다.

가. 정전이나 항복의 기치 하에서 협상할 것처럼 위장하는 것.

나. 상처나 병으로 인하여 무능력한 것처럼 위장하는 것.

다. 민간인이나 비전투원의 지위인 것처럼 위장하는 것.

라. 국제연합 또는 중립국, 비전쟁 당사국의 부호, 표창, 제복을 사용함으로써 피보호 자격으로 위장하는 것.

2. 전쟁의 위계는 금지되지 아니한다. 그러한 위계는 적을 오도하거나 무모하게 행동하도록 의도되었으나 전시에 적용되는 국제법 규칙에 위반되지 아니하며 또한 법에 의한 보호와 관련하여 적의 신뢰를 유발하지 아니하기 때문에 배신행위가 아닌 행위들을 말한다.

다음은 그러한 위계의 예이다. 위장, 유인, 양동작전, 오보의 이용

제 38 조 승인된 표장

1. 적십자·적신월·적사자태양 등 식별표장, 제 협약 및 본 의정서에 의하여 부여된 다른 표장, 부호, 신호의 부당한 사용은 금지된다. 무력충돌에 있어서 정전기를 포함하여 국제적으로 승인된 보호표장, 부호 또는 신호와 문화재의 보호표장을 고의적으로 남용하는 것 역시 금지된다.

2. 국제연합의 식별표장을 국제연합에 의하여 승인된 것 이외로 사용하는 것은 금지된다.

제 39 조 국적표장

1. 중립국 및 충돌비당사국의 기, 군표장, 기장, 제복을 무력충돌 시에 사용하는 것은 금지된다.

2. 공격에 참가하는 중에 또는 군사작전을 엄폐, 지원, 보호 또는 방해하기 위하여 적대당사국의 기, 군사표장, 기장, 제복을 사용하는 것은 금지된다.

3. 본조 또는 제37조 1항 가. 호의 어느 것도 간첩행위 및 해전수행시기의 사용에 적용되는 일반적으로 승인된 기존 국제법규에 영향을 미치지 아니한다.

제 40 조 구명

몰살명령을 내리거나 그러한 식으로 상대방을 위협하거나 그러한 근거위에서 적대행위를 수행하는 것은 금지된다.

제 41 조 전의를 상실한 적의 보호

1. 전의를 상실한 것으로 인정되는 자 또는 상황에 따라서 그러한 자로 되어야만 하는 자는 공격의 목표가 되어서는 안 된다.
2. 다음 경우에 처한 자는 적대행위를 하지 않고 도피하려 하지 않는다면 전의 상실자이다.
   가. 적대당사국의 권력 내에 있는 자.
   나. 항복할 의사를 분명히 표시한 자.
   다. 의식을 잃었거나 상처나 병으로 무력하게 되었거나 해서 자신을 방어할 수 없는 자.
3. 전쟁포로로서 보호받을 권리가 있는 자가 제3협약 제3편 제1장에 규정된 바와 같이 소개를 할 수 없도록 하는 특수한 전투상황 하에 적대당사국의 권력 내에 들어갔을 경우 그들은 석방되어야 하며 그들의 안전을 보장하기 위하여 모든 가능한 예방조치가 취하여져야 한다.

제 42 조 항공기탑승자

1. 조난당한 항공기로부터 낙하산으로 하강하는 자는 그의 하강중 공격의 목표가 되어서는 안된다.

2. 조난당한 항공기로부터 낙하산으로 하강하는 자는 적대당사국에 의하여 통제되고 있는 영토내의 육지에 도달하면 그가 적대행위를 취하고 있음이 명백하지 않는 한 공격의 대상이 되기에 앞서 항복할 기회가 주어져야 한다.
3. 공수부대는 본 조에 의하여 보호되지 아니한다.

제 2 장 전투원 및 전쟁포로의 지위

제 43 조 군대

1. 충돌당사국의 군대는 동국이 적대당사국에 의하여 승인되지 아니한 정부 또는 당국에 의하여 대표되는 경우라 하더라도 자기 부하의 지휘에 관하여 동국에 책임을 지는 지휘관 휘하에 있는 조직된 모든 무장병력, 집단 및 부대로 구성된다. 그러한 군대는 내부 규율체계 특히 무력충돌에 적용되는 국제법의 규칙에의 복종을 강제하는 규율체계에 복종하여야 한다.
2. 충돌당사국의 군대구성원(제3협약 제33조에 규정된 의무요원 및 종교요원 제외)은 전투원이다. 즉 그들은 직접 적대행위에 참여할 권리가 있다.
3. 충돌당사국은 준군사적 또는 무장한 법 집행기관을 군대에 포함시킬 경우 타 충돌당사국에 그러한 사실을 통고하여야 한다.

제 44 조 전투원 및 전쟁포로

1. 제43조에 정의된 자로서 적대당사국의 권력 내에 들어간 모든 전투원은 전쟁포로가 된다.
2. 모든 전투원은 무력충돌에 적용되는 국제법의 규칙을 준수할 의무가 있

으나 이들 규칙의 위반으로 인하여 전투원이 될 권리를 박탈당하지 아니하며, 적대당사국의 권력 내에 들어갈 경우에는 3항 및 4항에 규정된 경우를 제외하고는 전쟁포로가 될 권리를 박탈당하지 아니한다.

3. 적대행위의 영향으로부터 민간인 보호를 제고하기 위하여 전투원은 그들이 공격이나 공격전의 예비적인 군사작전에 참여하고 있는 동안 그들 자신을 민간인과 구별하여야한다. 그러나 적대행위의 성격 때문에 무장 전투원이 자신을 그와 같이 구별시킬 수 없는 무력충돌의 상황이 존재함을 감안하여 그러한 상황 하에서 다음 기간 중 무기를 공공연히 휴대하는 경우에는 전투원으로서의 지위를 보유한다.

　가. 각 교전기간 중 및

　나. 공격 개시전의 작전 전개에 가담하는 동안 적에게 노출되는 기간 중 본 항의 요구에 복종하는 행위는 제37조1항 다. 호에서 의미하는 배신적 행위로 간주되지 아니한다.

4. 3항의 2번째 문장에 제시된 요구를 충족시키지 못하는 동안 적대당사국의 권력 내에 들어간 전투원은 전쟁포로가 될 권리를 상실한다. 그러나 모든 면에 있어서 제3협약 및 본의정서에 의하여 전쟁포로에게 부여되는 것과 대등한 보호를 받아야 한다. 이러한 보호에는 자신이 범한 어떠한 범죄로 인하여 심리 및 처벌을 받는 경우에 제3협약에 의거하여 전쟁포로에 부여되는 것과 동등한 보호가 포함된다.

5. 공격 또는 공격전의 군사작전에 참여하지 아니하는 동안 적대강사국의 권력내에 들어간 모든 전투원은 이전의 행위로 인하여 전투원 및 전쟁포로가 될 권리를 상실하지 아니한다.

6. 본 조는 제3협약 제4조에 따른 어떠한 자의 전쟁포로가 될 권리를 침해하지 아니한다.

7. 본 조는 충돌당사국의 제복을 착용한 정규군 부대에 배속된 전투원의 제

복 착용과 관련하여 일반적으로 인정된 국가의 관행을 변경시키려고 의도하는 것이 아니다.
8. 제1, 2협약 제13조에 언급된 자들의 범위에 추가하여, 본 의정서 제43조에 정의된 충돌당사국 군대의 모든 구성원은 그들이 부상을 입었거나 병이 들었을 경우 또는 제2협약에서와 같이 바다 밑 다른 수역에서 조난되었을 경우에는 상기 제 협약에 따른 보호를 받을 자격이 있다.

제 45 조 적대행위에 가담한 자들의 보호
1. 적대행위에 가담하고 적대당사국이 영역 내에 들어간 자는 전쟁포로로 간주되며 따라서 그가 전쟁포로의 지위를 주장하거나 그러한 지위의 자격이 있는 것처럼 보이거나 또는 그의 소속국이 그를 위하여 억류국 및 이익보호국에 통고함으로써 그러한 자유를 주장하는 경우 제3협약에 의하여 보호되어야 한다. 전쟁포로로서의 자격여부에 관하여 의문이 있을 때에도 그는 그러한 자격을 계속 보유하며 따라서 그의 자격이 권한 있는 재판정에 의하여 결정될 때까지 제3협약 및 본 의정서에 의하여 계속 보호된다.
2. 적대당사국의 권력 내에 들어간 자가 전쟁포로로 취급되지 아니하고 적대행위에 연유한 범행으로 인하여 동 당사국에 의하여 심리를 받게 될 경우 그 자는 사법재판정에서 전쟁포로 자격을 주장하고 그 문제에 대하여 판결 받을 권리를 가진다. 판결은 가급적 적용 가능한 절차에 의하여 범행에 대한 심리를 하기전에 이루어져야 한다. 이익보호국의 대표는 그러한 절차가 예외적으로 국가안보이익을 위하여 비밀리에 열리는 경우를 제외하고는 동 문제의 판결절차에 참석할 자격이 있다. 그러한 경우 억류국은 이익보호국에 이를 통보하여야 한다.
3. 적대행위에 참여하고 전쟁포로 지위의 자격이 없으며 제4협약에 따른

보다 유리한 대우의 혜택을 받지 못하는 자는 항시 본 의정서 제75조의 보호를 받을 권리를 가진다. 간첩으로 인정되지 아니하는 한 누구나 제4협약 제5조의 규정에도 불구하고 점령지에서 동 협약에 따른 통신의 권리를 가진다.

제 46 조 간첩

1. 제 협약 및 본 의정서의 다른 규정에도 불구하고 간첩행위에 종사하는 동안 적대당사국의 권력 내에 들어간 충돌당사국의 군대의 구성원은 전쟁포로로서의 지위를 가질 권리가 없으며 간첩으로 취급될 수 있다.

2. 소속당사국을 위하여 적대당사국에 의하여 지배되는 영토 내에서 정보를 수집하거나 또는 수집하려고 기도하는 충돌당사국 군대의 제복을 착용하는 한 간첩행위에 종사하는 것으로 간주되지 아니한다.

3. 적대당사국에 의하여 점령된 영토의 주민으로서 소속국을 위하여 그 영토 내에서 군사적 가치가 있는 정보를 수집 또는 수집하려 하는 충돌당사국 군대의 구성원은 위장 행위 또는 고의적으로 은밀한 방법으로 그렇게 하지 아니하는 한 간첩행위에 종사하는 것으로 간주되지 아니한다. 더욱이 그러한 주민은 전쟁포로로서의 지위를 잃지 아니하며 그가 간첩행위에 종사하고 있는 중에 체포되지 아니하는 한 간첩으로 취급되지 아니한다.

4. 적대당사국에 의하여 점령된 영토내의 주민이 아니면서 그 영토 내에서 종사하는 충돌당사국의 군대구성원은 전쟁포로로서의 권리를 잃지 아니하며 그의 소속군대로의 복귀전에 체포되지 아니하는 한 간첩으로 취급되지 아니한다.

제 47 조 용병

1. 용병은 전투원 또는 전쟁포로가 될 권리를 가지지 아니한다.

2. 용병은 다음의 모든 자를 말한다.

   가. 무력충돌에서 싸우기 위하여 국내 또는 국외에서 특별히 징집된 자

   나. 실지로 적대행위에 직접 참가하는 자

   다. 근본적으로 사적 이익을 얻을 목적으로 적대행위에 참가한 자 및 충돌당사국에 의하여 또는 충돌당사국을 위하여 그 당사국 군대의 유사한 지위 및 기능의 전투원에게 약속되거나 지급된 것을 실질적으로 초과하는 물질적 보상을 약속받은 자

   라. 충돌당사국의 국민이 아니거나 충돌당사국에 의하여 통치되는 영토의 주민이 아닌 자

   마. 충돌당사국의 군대의 구성원이 아닌 자

   바. 충돌당사국이 아닌 국가에 의하여 동북의 군대구성원으로서 공적인 임무를 띠고 파견되지 아니한 자

제 4 편 민간주민

제 1 장 적대행위의 영향으로부터의 일반적 보호

제 1 절 기본규칙 및 적용분야

제 48 조 기본규칙

민간주민과 민간물자의 존중 및 보호를 보장하기 위하여 충돌당사국은 항시 민간주민과 전투원, 민간물자와 군사목표물을 구별하며 따라서 그들의 작전은 군사목표물에 대해서만 행하여지도록 한다.

제 49 조 공격의 정의 및 적용분야

1. "공격"이라함은 공세나 수세를 불문하고 적대자에 대한 폭력행위를 말한다.

2. 공격에 관한 본 의정서의 제 규정은 충돌당사국에 속하나 적대국의 지배하에 있는 국가영역을 포함하며, 그것이 행하여지는 영역의 여하를 불문하고 모든 공격에 적용된다.

3. 본 장의 제 규정은 지상의 민간주민, 민간 개인 또는 민간물자에 영향을 미칠 수 있는 모든 지상, 공중 및 해상에서의 전투에 적용된다. 동 제 규정은 또한 지상의 목표물에 대한 해상 및 공중으로부터의 모든 공격에도 적용되나, 해상 또는 공중에서의 무력충돌에 적용되는 국제법의 제규칙에 영향을 미치지 아니한다.

4. 본 장의 제 규정은 제4협약, 특히 동 제2편과 체약당사국들을 구속하는 기타 국제협정에 포함되어 있는 인도적 보호에 관한 제규칙 및 적대행위의 영향으로부터 지상, 해상 또는 공중의 민간인 및 민간물자의 보호에 관한 국제법의 기타 규칙들에 대한 추가 규정이다.

제 2 절 민간인 및 민간주민

제 50 조 민간인 및 민간주민의 정의

1. 민간인이라 함은 제3협약 제4조 1항 (가), (나), (다), (바) 및 본 의정서 제43조에 언급된 자들의 어느 분류에도 속하지 아니하는 모든 사람을 말한다. 어떤 사람이 민간인 인지의 여부가 의심스러운 경우에는 동인은 민간인으로 간주된다.

2. 민간주민은 민간인인 모든 사람들로 구성된다.

3. 민간인의 정의에 포함되지 아니하는 개인들이 민간주민 내에 존재하는

경우라도 그것은 주민의 민간적 성격을 박탈하지 아니한다.

제 51 조 민간주민의 보호

1. 민간주민 및 민간개인은 군사작전으로부터 발생하는 위험으로부터 일반적 보호를 향유한다. 이러한 보호를 유효하게 하기 위하여 기타 적용 가능한 국제법의 제규칙에 추가되는 아래 규칙들이 모든 상황에 있어서 준수된다.
2. 민간개인은 물론 민간주민도 공격의 대상이 되지 아니한다. 민간주민사이에 테러를 만연시킴을 주목적으로 하는 폭력행위 및 위협은 금지된다.
3. 민간인들은 적대행위에 직접 가담하지 아니하는 한, 그리고 그러한 기간 동안 본 장에 의하여 부여되는 보호를 향유한다.
4. 무차별공격은 금지된다. 무차별공격이라 함은,
   가. 특정한 군사목표물을 표적으로 하지 아니하는 공격
   나. 특정한 군사목표물을 표적으로 할 수 없는 전투의 방법 또는 수단을 사용하는 공격
   다. 그것의 영향이 본 의정서가 요구하는 바와 같이 제한될 수 없는 전투의 방법 또는 수단을 사용하는 공격을 말하며, 그 결과 개개의 경우에 있어서 군사목표물과 민간인 또는 민간물자를 무차별적으로 타격하는 성질을 갖는 것을 말한다.
5. 그 중에서도 다음 유형의 공격은 무차별적인 것으로 간주된다.
   가. 도시, 읍, 촌락 또는 민간인이나 민간물자가 유사하게 집결되어 있는 기타 지역내에 위치한 다수의 명확하게 분리되고 구별되는 군사목표물을 단일군사목표물로 취급하는 모든 방법 또는 수단에 의한 폭격
   나. 우발적인 민간인 생명의 손실, 민간인에 대한 상해, 민간물자에 대한

손상, 또는 그 복합적 결과를 야기할 우려가 있는 공격으로서 소기의 구체적이고 직접적인 군사적 이익에 비하여 과도한 공격

6. 보복의 수단으로서의 민간주민 또는 민간인에 대한 공격은 금지된다.

7. 민간주민이나 민간개인의 존재 또는 이동은 특정지점이나 지역을 군사작전으로부터 면제받도록 하기 위하여, 특히 군사목표물을 공격으로부터 엄폐하거나 또는 군사작전을 엄폐, 지원 또는 방해하려는 기도로 사용되어서는 안된다. 충돌당사국은 군사목표물을 공격으로부터 엄폐하거나 군사작전을 엄폐하기 위하여 민간주민 또는 민간개인의 이동을 지시하여서는 안된다.

8. 이러한 금지에 대한 어떠한 위반도 제57조에 규정된 예방조치를 취할 의무를 포함하여 민간주민 및 민간인에 대한 충돌당사국의 법적의무를 면제하지 아니한다.

제 3 절 민간물자

제 52 조 민간물자의 일반적 보호

1. 민간물자는 공격 또는 보복의 대상이 되지 아니한다. 민간물자라함은 제2항에 정의한 군사목표물이 아닌 모든 물건을 말한다.

2. 공격의 대상은 엄격히 군사목표물에 한정된다. 물건에 관한 군사목표물은 그 성질 · 위치 · 목적 · 용도상 군사적 행동에 유효한 기여를 하고, 당시의 지배적 상황에 있어 그것들의 전부 또는 일부의 파괴, 포획 또는 무용화가 명백한 군사적 이익을 제공하는 물건에 한정된다.

3. 예배장소, 가옥이나 기타 주거 또는 학교와 같이 통상적으로 민간목적에 전용되는 물건이 군사행동에 유효한 기여를 하기 위하여 사용되는 지의 여부가 의심스러운 경우에는, 그렇게 사용되지 아니하는 것으로 추정된다.

제 53 조 문화재 및 예배장소의 보호

무력충돌의 경우에 있어서 문화재의 보호를 위한 1954년 5월14일자 헤이그협약의 제 규정 및 기타 관련 국제협약의 제 규정을 침해함이 없이 다음 사항은 금지된다.

가. 국민의 문화적 또는 정신적 유산을 형성하는 역사적 기념물, 예술작품 또는 예배장소를 목표로 모든 적대행위를 범하는 것.

나. 그러한 물건을 군사적 노력을 지원하기 위하여 사용하는 것.

다. 그러한 물건을 보복의 대상으로 하는 것.

제 54 조 민간주민의 생존에 불가결한 물건의 보호

1. 전투방법으로서 민간인의 기아 작전은 금지된다.

2. 민간주민 또는 적대국에 대하여 식료품·식료품생산을 위한 농경지역·농작물·가축·음료수 시설과 그 공급 및 관개시설과 같은 민간주민의 생존에 필요 불가결한 물건들의 생계적 가치를 부정하려는 특수한 목적을 위하여 이들을 공격·파괴·이동 또는 무용화하는 것은 그 동기의 여하를 불문하고, 즉 민간인을 굶주리게 하거나 그들을 퇴거하게 하거나 또는 기타 여하한 동기에서이든 불문하고 금지된다.

3. 제2항에서의 금지는 동항의 적용을 받는 물건이 적대국에 의하여 다음과 같이 사용되는 경우에는 적용되지 아니한다.

   가. 오직 군대구성원의 급양으로 사용되는 경우, 또는

   나. 급양으로서가 아니라 하더라도 결국 군사행동에 대한 직접적 지원으로 사용되는 경우. 다만, 여하한 경우에라도 민간주민의 기아를 야기시키거나 또는 그들의 퇴거를 강요하게 할 정도로 부족한 식량 또는 물을 남겨놓을 우려가 있는 조치를 취하지 아니하는 것을 조건으로 한다.

4. 이러한 물건은 보복의 대상이 되어서는 아니된다.

5. 침략으로부터 자국영역을 방위함에 있어서 충돌당사국의 필요불가결한 요구를 인정하여, 충돌당사국은 긴박한 군사상의 필요에 의하여 요구되는 경우에는 자국의 지배하에 있는 그러한 영역 내에서 제2항에 규정된 금지사항을 파기할 수 있다.

제 55 조 자연환경의 보호

1. 광범위하고 장기적인 심각한 손상으로부터 자연환경을 보호하기 위하여 전투 중에 주의조치가 취하여져야 한다. 이러한 보호는 자연환경에 대하여 그러한 손상을 끼치고 그로인하여 주민의 건강 또는 생존을 침해할 의도를 갖고 있거나 또는 침해할 것으로 예상되는 전투방법 또는 수단의 사용금지를 포함한다.

2. 보복의 수단으로서의 자연환경에 대한 공격은 금지된다.

제 56 조 위험한 물리력을 포함하고 있는 시설물의 보호

1. 위험한 물리력을 포함하고 있는 시설물, 즉 댐·제방·원자력발전소는 비록 군사목표물인 경우라도 그러한 공격이 위험한 물리력을 방출하고 그것으로 인하여 민간주민에 대해 극심한 손상을 야기하게 되는 경우에는 공격의 대상이 되지 아니한다. 이러한 시설물 내에 위치하거나 또는 그에 인접하여 위치한 기타 군사목표물도 그러한 공격이 시설물로부터 위험한 물리력을 방출하고 그것으로 민간주민에 대하여 극심한 손상을 야기하게 되는 경우에는 공격의 대상이 되지 아니한다.

2. 제1항에 규정된 공격에 대한 특별보호는 다음의 경우에 중지한다.

　가. 댐 또는 제방에 관하여는, 그것이 통상적인 기능 이외의 다른 목적으로 사용되고 군사작전에 대한 정규적이고 중요한 직접적인 지원으

로 사용되며 또한 그러한 공격이 지원을 종결시키기 위하여 실행 가능한 유일의 방법일 경우

나. 원자력발전소에 관하여는, 그것이 군사작전에 대한 정규적이고 중요한 직접적인 지원으로 전력을 제공하며 그러한 공격이 지원을 종결시키기 위하여 실행 가능한 유일의 방법일 경우다. 이러한 시설물 내에 또는 그에 인접하여 위치한 기타의 군사목표물에 관하여는, 그것들이 군사작전에 대한 정규적이고 중요한 직접적인 지원으로 사용되며 또한 그러한 공격이 지원을 종결시키기 위하여 실행 가능한 유일의 방법일 경우

3. 모든 경우에 있어서 민간주민 및 민간개인은 제57조에 규정된 예방조치의 보호를 포함하여 국제법에 의하여 그들에게 부여된 모든 보호를 받을 자격이 있다. 보호가 중지되고 제1항에 언급된 모든 시설물 또는 군사목표물이 공격받는 경우에는, 위험한 물리력의 방출을 피하기 위하여 모든 실제적인 예방조치가 취하여져야 한다.

4. 제1항에 언급된 모든 시설물 또는 군사목표물을 보복의 대상으로 하는 것은 금지된다.

5. 충돌당사국은 어떠한 군사목표물이라도 제1항에 언급된 시설물에 인접하여 설치되지 않도록 노력하여야 한다. 그러나 보호대상인 시설물을 공격으로부터 방위하려는 목적만을 위하여 건설된 시설물은 허용될 수 있으며, 그것들은 공격의 대상이 되지 아니한다. 단, 보호대상인 시설물에 대한 공격에 대응하기 위하여 필요한 방어적 행위의 경우를 제외하고는 그것들이 적대행위에 사용되지 아니할 것과 그것들의 무장화가 보호대상인 시설물에 대한 적대행위의 격퇴만을 가능하게 하는 무기에 국한될 것을 조건으로 한다.

6. 체약당사국 및 충돌당사국은 위험한 물리력을 포함하는 물건에 대한 추

가적 보호를 규정하기 위하여 그들 상호간에 추가적 협정을 체결하도록
권고된다.

7. 본 조에 의하여 보호되는 물건들의 식별을 용이하게 하기 위하여, 충돌
당사국은 본 의정서 제1부속서 제16조에 규정된 바와 같이 동일한 축
선상에 위치하는 선명한 오렌지색의 3개의 원군으로 구성되는 특별한
표지로써 그것들을 표시할 수 있다. 그러한 표지의 부재는 어떠한 충돌
당사국에 대하여서도 본 조에 의한 그들의 의무를 결코 면제하지 아니
한다.

제 4 절 예방조치

제 57 조 공격에 있어서의 예방조치

1. 군사작전 수행에 있어 민간주민, 민간인 및 민간물자가 피해를 받지 아
니하도록 하기 위하여 부단한 보호조치가 취하여져야 한다.

2. 공격에 관하여 다음의 예방조치가 취하여져야 한다.

가. 공격을 계획하거나 결정하는 자들은,

(1) 공격의 목표가 민간인도 아니고 민간물자도 아니며, 특별한 보
호를 받는 것도 아니나 제52조 제2항의 의미에 속하는 군사목표
물이기 때문에 그것들을 공격하는 것이 본 의정서의 제 규정에
의하여 금지 되지 아니한다는 것을 증명하기 위하여 실행가능한
모든 것을 다하여야 한다.

(2) 우발적인 민간인 생명의 손실, 민간인에 대한 상해 및 민간물자
에 대한 손상을 피하고 어떠한 경우에도 그것을 극소화하기 위
하여 공격의 수단 및 방법의 선택에 있어서 실행 가능한 모든 예
방조치를 취하여야 한다.

(3) 우발적인 민간인 생명의 손실, 민간인에 대한 상해, 민간물자에 대한 손상 또는 그 복합적 결과를 야기할 우려가 있거나 또는 구체적이고 직접적인 소기의 군사적 이익과 비교하여 과도한 모든 공격의 개시를 결정하는 것을 피하여야 한다.

나. 목표물이 군사목표물이 아니거나 특별한 보호를 받는 것이 분명한 경우 및 공격이 우발적인 민간인 생명의 손실·민간인에 대한 상해·물자에 대한 손상 또는 그것들의 결합을 야기할 우려가 있거나 또는 구체적이고 직접적인 소기의 군사적 이익과 관련하여 과도한 것으로 될 것이 분명한 경우에는 그 공격은 취소 또는 중지되어야 한다.

다. 상황이 허용되는 한, 민간주민에게 영향을 미칠 공격에 관하여 유효한 사전경고가 주어져야 한다.

3. 유사한 군사적 이익을 취득하기 위하여 수개의 군사목표물의 선택이 가능한 경우에는 선택되는 목표물은 그것에 대한 공격이 민간인 생명 및 민간물자에 대하여 최소한의 위험만을 야기 시킬 것으로 예상되는 것이어야 한다.

4. 해상 또는 공중에서의 군사작전 수행에 있어 충돌당사국은 무력충돌에 적용되는 국제법의 제규칙 하에서의 자국의 권리와 의무에 따라, 민간인 생명의 손실 및 민간물자의 손상을 피하기 위하여 모든 합리적인 예방조치를 취하여야 한다.

5. 본 조의 어떠한 규정도 민간주민, 민간인 또는 민간물자에 대한 어떠한 공격이라도 이를 허가하는 것으로 해석되어서는 안된다.

제 58 조 공격의 영향에 대한 예방조치
충돌당사국은 가능한 한 최대한도로,
가. 제4협약 제49조를 침해함이 없이 자국의 지배하에 있는 민간주민, 민간

개인 및 민간물자를 군사목표물의 인근으로부터 이동시키도록 노력하
여야 한다.

나. 군사목표물을 인구가 조밀한 지역 내에 또는 인근에 위치하게 하는 것
을 피하여야 한다.

다. 자국의 지배하에 있는 민간주민, 민간개인 및 민간물자를 군사작전으
로부터 연유하는 위험으로부터 보호하기 위하여 기타 필요한 예방조
치를 취하여야 한다.

제 5 절 특별보호의 대상이 되는 지구 및 지대

제 59 조 무방호지구

1. 충돌당사국이 무방호지구를 공격하는 것은 어떠한 방법에 의해서든지
금지된다.

2. 충돌당사국의 적절한 당국은 군대가 접전하고 있는 지대에 인접하여 있
거나 또는 그 안에 있는 어떠한 거주지역이라도 적대국에 의한 점령을
위하여 개방되어 있을 경우에는 동 지역을 무방호지구로 선언할 수 있
다. 그러한 지구는 다음의 조건을 충족시켜야한다.

　　가. 모든 전투원과 이동 가능한 무기 및 군사장비는 철수되었을 것.

　　나. 고정군사시설 또는 설비가 적대적으로 사용되지 아니할 것.

　　다. 당국 또는 주민에 의하여 여하한 적대행위도 행하여지지 아니할 것.

　　라. 군사작전을 지원하는 어떠한 활동도 행하여지지 아니할 것.

3. 제협약 및 본 의정서에 의하여 특별히 보호되는 자 및 법과 질서의 유지
를 유일한 목적으로 보존되는 경찰력의 이 지역 내의 존재는 제2항에 규
정된 제 조건에 저촉되지 아니한다.

4. 제2항에 따라 행하여진 선언은 적대국에 통보되어야 하며 무방호지구의

한계를 가능한 한 정확하게 정의하고 표시하여야 한다. 선언을 통고 받은 충돌당사국은 그것의 접수를 확인하고 제2항에 규정된 조건이 실제로 충족되는 한 그 지구를 무방호지구로 취급하여야 하며, 이 경우 동국은 선언을 행한 당사국에게 이를 즉시 통고하여야 한다. 제2항에 규정된 조건이 충족되지 아니한 경우에도 그 지구는 본 의정서의 기타 규정 및 무력 충돌 시에 적용되는 국제법의 기타 규칙들에 의하여 부여된 보호를 계속 향유한다.

5. 충돌당사국은 그 지구가 제2항에 규정된 조건을 충족시키지 못하는 경우라도 무방호지구의 설정에 합의할 수 있다. 그 합의는 무방호지구의 한계를 가능한 한 정확하게 정의하고 표시하여야 한다.

6. 그러한 합의에 의하여 규제되는 지구를 통제하고 있는 당사국은, 가능한 한 타당사국과 합의된 표지로 그 지구를 표시하여야 하며, 그 표지는 그것이 명료하게 보이는 장소, 특히 그 지구의 주위와 경계선 및 공로상에 부착되어야 한다.

7. 어떤 지구가 제2항 또는 제5항에 언급된 합의에 규정된 제조건을 충족시키지 못하는 경우에는 그 지구는 무방호지구로서의 지위를 상실한다. 그러한 경우에는 그 지구는 본의정서의 기타 규정 및 무력 충돌시 적용되는 국제법의 기타 규칙에 의하여 부여된 보호를 계속 향유한다.

제 60 조 비무장지대

1. 충돌당사국들이 합의에 의하여 비무장지대의 지위를 부여한 지대에 그들의 군사작전을 확장하는 것은, 그러한 확장이 동합의의 조건에 반하는 경우에는 금지된다.

2. 동 합의는 명시적 합의이어야 하고 구두 또는 문서로 직접 또는 이익보호국이나 공정한 인도적 기관을 통하여 체결될 수 있으며, 상호적 및 합

의적 선언들로써 이루어질 수 있다. 동 합의는 적대행위의 발발이후에 뿐 아니라 평시에도 체결될 수 있으며, 비무장지대의 경계를 가능한 한 정확하게 정의하고 표시하여야 한다. 그리고 필요한 경우에는 감독의 방법을 규정하여야 한다.

3. 그러한 합의의 대상은 통상적으로 다음의 제 조건을 충족하는 모든 지대로 한다.

　가. 모든 전투원과 이동 가능한 무기 및 군사장비는 철수되었을 것.

　나. 고정군사시설 또는 설비가 절대적으로 사용되지 아니할 것.

　다. 당국 또는 주민에 의하여 여하한 적대행위도 행하여지지 아니할 것.

　라. 군사적 노력과 관련된 모든 활동이 중지되었을 것. 충돌당사국은 다. 호에 규정된 조건에 대하여 부여될 해석 및 제4항에 언급된 자가 아닌 자로서 비무장지대출입이 허용되는 자들에 관하여 합의하여야 한다.

4. 제 협약 및 본 의정서에 의하여 특별히 보호되는 자 및 법과 질서의 유지를 유일한 목적으로 보존되는 경찰력의 이 지역 내의 존재는 제3항에 규정된 제 조건에 저촉되지 아니한다.

5. 그러한 지대를 통제하고 있는 당사국은 가능한 한 타당사국과 합의된 표지로 그 지대를 표시하여야 하며 그 표지는 그것이 명료하게 보이는 장소에, 특히 그 지대의 주위와 경계선 및 공로상에 부착되어야 한다.

6. 전투행위가 비무장지대에 접근해 오고, 또한 충돌당사국이 그렇게 합의하였을 경우에는 어느 당사국도 군사작전 수행에 관련되는 목적으로 그 지대를 사용하거나 일방적으로 그 지위를 철회할 수 없다.

7. 충돌당사국 일방이 제3항 또는 제6항의 규정에 대하여 중대한 위반을 하는 경우에는 타방은 그 지대에 비무장지대의 지위를 부여한 합의에 의한 의무로부터 면제된다. 그러한 경우에는 그 지위를 상실하나 본 의정서

의 기타 규정 및 무력충돌에 적용되는 기타 국제법규에 의하여 제공되는
보호를 계속 향유한다.

제 6 절 민방위

제 61 조 정의 및 범위
본 의정서의 제 목적을 위하여,
가. "민방위"라 함은 적대행위 또는 재해의 위험에 대하여 주민을 보호하
고, 주민이 그것의 직접적 영향으로부터 복구할 수 있게 하고 또한 주민
의 생존에 필요한 조건을 부여함을 목적으로 하는, 다음에서 말하는 인
도적 임무의 일부 또는 전부의 수행을 의미한다. 이러한 임무는 다음과
같다.
(1) 경 고
(2) 대 피
(3) 대피소의 관리
(4) 등화관제조치의 관리
(5) 구 조
(6) 의료(응급조치를 포함) 및 종교 활동
(7) 소화 작업
(8) 위험지역의 탐사 및 표시
(9) 오염물 정화 및 유사한 보호조치
(10) 비상숙소 및 물자의 공급
(11) 이재지역에 있어서의 질서의 회복 및 유지를 위한 긴급지원
(12) 불가결한 공익시설물의 긴급보수
(13) 사망자의 긴급처리

(14) 생존에 불가결한 물건의 보전상의 지원

(15) 전기임무 중 어느 것이라도 수행하는데 필요한 보충적인 활동(계획, 조직 등 포함)

나. "민방위단체"라 함은 충돌당사국의 권한 있는 당국에 의하여 가. 호에 언급된 모든 임무를 수행하기 위하여 조직 또는 허가된 그리고 그러한 임무에 배속되어 그것을 전담하는 상설 편제 및 기타 편성단위를 의미한다.

다. 민방위단체의 "요원"이라 함은 충돌당사국에 의하여 가. 호에 언급된 임무의 수행만을 위하여 배속된 자(동 당사국의 권한 있는 당국에 의하여 이러한 단체의 행정에만 배속된 요원을 포함)들을 의미한다.

라. 민방위단체의 "자재"라 함은 가. 호에 언급된 임무의 수행을 위하여 이러한 단체에 의하여 사용되는 장비, 물자 및 수송기관을 의미한다.

제 62 조 일반적 보호

1. 민간민방위단체 및 그 요원은, 본 의정서의 제 규정, 특히 본장의 제규정을 따를 것을 조건으로 하여, 보호된다. 그들은 절대적인 군사상 필요의 경우를 제외하고 그들의 민방위임무를 수행할 자격이 있다.

2. 제1항의 규정은, 비록 민간민방위단체의 구성원은 아니라 하더라도, 권한 있는 당국의 호소에 응하여 그것의 지배 하에서 민방위임무를 수행하는 민간인들에게도 또한 적용된다.

3. 민방위 목적에 사용되는 건물과 자재 및 민간주민에게 제공되는 대피소는 제52조의 적용을 받는다. 민방위 목적에 사용되는 물건은 그것들이 속하는 당사국에 의하지 아니하고는 파괴되거나 또는 그것들의 고유한 용도가 변경될 수 없다.

제 63 조 피점령지역에 있어서의 민방위

1. 피점령지역에 있어서, 민간민방위단체는 당국으로부터 자체의 임무수행에 필요한 편의를 제공받는다. 여하한 상황에 있어서라도 그 요원은 이러한 임무의 고유적 수행을 방해하게 될 활동을 하도록 강요되어서는 안된다. 점령국은 이러한 단체의 임무의 효율적 수행을 위태롭게 하는 방식으로 그 조직 또는 요원을 변경하여서는 안된다. 이러한 단체는 점령국의 국민 또는 이해관계에 대하여 우선권을 부여하도록 요구하여서는 안된다.

2. 점령국은 민간민방위단체에 대하여 민간주민의 이익을 해치는 방식으로 그들의 임무를 수행하도록 강요, 강제 또는 유도하여서는 안된다.

3. 점령국은 안전상의 이유로 민방위단체의 무장을 해제할 수 있다.

4. 점령국은, 만일 그러한 적용 또는 수용이 민간주민에게 유해하게 될 경우에는 민방위 단체들에 속하거나 그것들에 의하여 사용되는 건물 또는 자재에 대하여 그것의 고유적 용도를 변경하거나 또는 그것을 수용하여서는 안된다.

5. 제4항의 일반규칙이 계속 준수될 것을 조건으로 하여, 점령국은 다음의 특별한 조건에 따라 이러한 자원을 수용 또는 전용할 수 있다.
   가. 건물 또는 자재가 민간주민의 기타 욕구를 위하여 필요할 것, 그리고
   나. 수용 또는 전용이 그러한 욕구가 존재하는 기간 중에 한하여 계속될 것.

6. 점령국은 민간주민의 사용에 제공되거나 또는 그러한 주민이 필요로 하는 대피소를 전용하거나 수용할 수 없다.

제 64 조 중립국 또는 기타 충돌비당사국의 민간민방위단체 및 국제조정 기구

1. 제62조, 제63조, 제65조 및 제66조는 한 충돌당사국의 영역 내에서 그 당

사국의 동의 및 그 통제 하에서 제61조에 언급된 민방위 임무를 수행하는 중립국 또는 기타 충돌비당사국의 민간민방위단체들의 요원 및 자재에도 또한 전용된다. 그러한 원조의 통고는 가능한 한 조속히 모든 관계 적대국들에게 대하여 행하여진다. 어떠한 상황에 있어서도 이러한 활동은 충돌에 대한 개입으로 간주되지 아니한다. 단, 이러한 활동은 관계충돌당사국의 안보상의 이해관계에 대하여 충분한 고려를 하여 수행되어야 한다.

2. 제1항에서 말하는 원조를 받는 충돌당사국 및 그것을 공여하는 체약국은 적절한 경우에는 그러한 민방위 활동의 국제적 조정을 용이하게 하여야 한다. 그러한 경우에 있어 관계 국제기구는 본 절의 제 규정을 받는다.

3. 피점령지역에 있어서는 점령국은 자국의 자원 또는 피점령지역의 자원으로 민방위 임무의 적절한 수행을 보장할 수 있는 경우에 한하여 중립국 또는 기타 충돌비당사국의 민간민방위단체 및 국제조정기구들의 활동을 배제 또는 제한할 수 있다.

제 65 조 보호의 정지

1. 민간민방위단체와 그 요원, 건물, 대피소 및 자재가 받을 자격이 있는 보호는 이들이 고유의 임무에서 일탈하여 적에게 유해한 행위를 범하거나 이를 범하도록 사용되지 아니하는 한, 정지되지 아니한다. 단, 보호는 하시라도 적절한 경우, 타당한 시한이 설정된 경고가 발하여진 연후에, 그리고 그러한 경고가 무시된 연후에라야만 정지될 수 있다.

2. 다음의 것은 적에게 유해한 행위로 간주되어서는 아니된다.

   가. 민방위임무가 군당국의 지시 또는 그 지배 하에서 수행되는 것.

   나. 민간민방위요원이 민방위임무 수행에 있어서 군요원과 협동하는 것, 또는 약간의 군요원이 민간민방위단체에 부속되는 것.

다. 민방위임무의 수행이 부수적으로 군인 희생자들, 특히 전투능력상
　　　실자들에게 이익을 주는 것.

3. 민간민방위요원이 질서유지를 위하여 또는 자위를 위하여 개인용 소화
　　기를 휴대하는 것도 또한 적에게 유해한 행위로 간주되어서는 아니된다.
　　단, 지상전투가 진행되고 있거나 또는 진행될 것 같이 보이는 지역에 있
　　어서는 충돌당사국은 민방위요원과 전투원 간의 구별을 용이하게 하기
　　위하여 동화기를 피스톨 또는 연발권총과 같은 권총으로 한정 시키는 적
　　절한 조치를 취한다. 민방위요원이 그러한 지역 내에서 기타 개인소화
　　기를 휴대하고 있는 경우라 하더라도, 일단 그들의 민방위요원으로서의
　　자격이 인지되는 즉시 그들은 존중되고 보호된다.

4. 민간민방위단체의 편성이 군사적 편제를 따르고 그 복무가 강제적임을
　　이유로 본절에 의하여 부여된 보호를 그들로부터 박탈하여서는 아니
　　된다.

제 66 조 신분증명 및 식별

1. 각 충돌당사국은 자국의 민방위단체와 그 요원, 건물 및 자재가 민방위임
　　무를 전담 수행하는 기간 동안 식별될 수 있도록 보장하기 위하여 노력한
　　다. 민간주민에게 제공되는 대피소도 동일하게 식별될 수 있어야 한다.

2. 각 충돌당사국은 또한 민방위의 국제적 식별표지가 부착되는 민방위요
　　원, 건물 및 자재는 물론 민간인 대피소를 분간하는 것을 가능하게 할 방
　　법 및 절차를 채택하고 시행하기 위하여 노력한다.

3. 피점령지역 및 전투가 진행되고 있거나 또는 진행될 것 같이 보이는 지
　　역에 있어서는 민간민방위요원은 민방위의 국제적 식별표지에 의하여
　　그리고 그들의 지위를 증명하는 신분증명서에 의하여 인지될 수 있어야
　　한다.

4. 민방위의 국제적 식별표지는 그것이 민방위단체와 그 요원, 건물 및 자재의 보호와 민간인 대피소를 위하여 사용되는 경우 오렌지색 바탕에 청색 정삼각형으로 한다.

5. 식별표지에 추가하여 충돌당사국은 민방위의 식별 목적을 위한 식별신호의 사용에 관하여 합의할 수 있다.

6. 제1항부터 제4항까지의 제 규정의 적용은 본 의정서 제1부속서 제5장에 의하여 규정된다.

7. 평시에 있어서, 제4항에 규정된 표지는 권한 있는 국내 당국의 동의를 얻어 민방위 식별 목적을 위하여 사용될 수 있다.

8. 체약당사국 및 충돌당사국은 민방위의 국제적 식별표지의 부착을 감독하기 위하여 그리고 그것의 모든 남용을 방지하고 억제하기 위하여 필요한 조치를 취한다.

9. 민방위의 의무 및 종교요원, 의무대 및 의무용 수송기관의 식별은 또한 제18조에 의하여 규제된다.

제 67 조 민방위단체에 배속된 군대구성원 및 군부대

1. 민방위단체에 배속된 군대구성원 및 군부대는 다음 사항을 조건으로 하여 존중되고 보호된다.

　　가. 그러한 요원 및 그러한 부대가 제61조에 언급된 어떠한 임무의 수행을 위하여 영구적으로 배속되고 전담될 것.

　　나. 상기와 같이 배속되었을 경우, 그러한 요원은 충돌기간 중에 어떠한 다른 군사적 임무도 수행하지 아니할 것.

　　다. 그러한 요인은 적절한 대형 규격의 국제적 민방위 식별표지를 뚜렷하게 부착함으로써 여타의 군대구성원과 명백히 구별될 수 있어야 하며, 그들의 지위를 증명하는 본의정서 제1부속서 제5장에서 말하는 신분증명서를 발급 받을 것.

라. 그러한 요원 및 그러한 부대는 질서유지의 목적을 위하여 또는 자위를 위하여 개인용 소화기만으로 무장할 것. 제65조제3항의 규정은 이 경우에도 또한 적용된다.

마. 그러한 요원은 적대행위에 직접 가담하지 아니할 것. 그리고 그들의 민방위 임무를 이탈하여 적대국에게 유해한 행위를 범하거나 또는 이를 범하기 위하여 사용되지 아니할 것.

바. 그러한 요원 및 그러한 부대는 자국의 영역 내에서만 그들의 민방위 임무를 수행할 것.

상기 가. 및 나. 호에 규정된 조건에 의하여 구속되는 모든 군대구성원에 의한 상기 마. 호에 기술된 조건의 위반은 금지된다.

2. 민방위단체내에서 복무하는 군요원은, 적대국의 권력 내에 들어가는 경우, 포로로 된다. 피점령지역에 있어서는 그들은 필요한 경우 오직 동지역 민간주민의 이익을 위하여서만, 민방위 임무에 사용될 수 있다. 단, 만일 그러한 업무가 위험한 것일 경우에는 그들이 그러한 임무를 위하여 자원하는 것을 조건으로 한다.

3. 민방위단체에 배속된 군부대의 건물과 장비 및 수송기관의 주요 물품은 국제적 민방위 식별표지로 명백히 표시된다. 이 식별표지는 적절한 대형의 규격이어야 한다.

4. 민방위단체에 영구적으로 배속되고 민방위 임무를 전담하는 군부대의 자재 및 건물은, 만일 그것들이 적대국의 수중에 들어가는 경우에는 전쟁법의 규율을 받는다. 그것들이 민방위 임무의 수행을 위하여 요구되는 경우에는, 민간주민의 필요 충족을 위한 사전 조치가 취하여지지 아니하는 한, 긴급한 군사상 필요의 경우를 제외하고는 민방위 목적으로부터 전용될 수 없다.

제 2 장 민간주민을 위한 구호

제 68 조 적용범위
본장의 제 규정은 본 의정서에서 규정된 바와 같은 민간주민에게 적용되며, 제4협약의 제23조, 제55조, 제59조, 제61조, 제62조 및 기타 관계규정에 대한 보완 규정이다.

제 69 조 피점령 지역에 있어서의 기본적 필요
1. 식량 및 의료품에 관한 제4협약 제55조에 규정된 의무에 추가하여, 점령국은 가용한 수단을 다하여 그리고 어떠한 불리한 차별도 함이 없이, 피복, 침구, 대피장소, 피점령 지역의 민간주민의 생존에 필수적인 기타물품 및 종교적 예배에 필요한 물건의 공급을 또한 보장한다.
2. 피점령 지역의 민간주민을 위한 구호활동은 제4협약 제59조, 제60조, 제62조, 제108조, 제109조, 제110조 및 제111조 그리고 본 의정서 제71조에 의하여 규제되며 지체없이 시행된다.

제 70 조 구호활동
1. 만일 충돌당사국의 지배하에 있는 자들로서 피점령지역이 아닌 모든 지역의 민간주민이 제69조에서 언급된 물품을 충족히 공급받지 못하는 경우에는, 그 성질상 인도적이고 공정한 그리고 어떠한 불리한 차별도 없이 행하여지는 구호활동은 그러한 구호활동과 관계있는 당사국들의 합의에 따를 것을 조건으로 행하여져야 한다. 그러한 구호의 제의는 무력충돌에 대한 개입이나 또는 비우호적 행위로 간주되어서는 안된다. 구호품의 분배에 있어서는 아동, 임산부 및 보모로서 제4협약 또는 본 의정서에 의하여 특전적 대우 또는 특별한 보호가 부여되는 자들에게 우선권

이 주어진다.

2. 충돌당사국 및 각 체약당사국은 그러한 원조가 적대국의 민간주민에게 행선하는 것이라 하더라도, 본장에 의하여 제공되는 모든 구호품, 장비 및 요원의 신속하고 무해한 통과를 허용하고 이에 대한 편의를 제공하여야 한다.

3. 제2항에 의하여 구호품, 장비 및 요원의 통과를 허용하는 충돌당사국 및 각 체약당사국은,

   가. 그러한 통과가 허용되는 기술적 조치(검색을 포함)를 지시할 권리가 있다.

   나. 이익보호국의 현지 감독 하에 행하여지는 이러한 원조의 분배에 있어서 그러한 허용을 조건부로 할 수 있다.

   다. 관계 민간주민의 이익관계상 긴급한 필요의 경우를 제외하고는, 절대로 구호품의 본래 의도된 용도를 전용하거나 또는 전달을 지체하여서는 안된다.

4. 충돌당사국은 구호품을 보호하고 그것들의 신속한 분배를 용이하게 하여야 한다.

5. 충돌당사국 및 관계 각 체약당사국은 제1항에서 말하는 구호활동의 효율적 조정을 장려하고 용이하게 하여야 한다.

제 71 조 구호활동에 참여하는 요원

1. 필요한 경우에는, 구호요원은 특히 구호품의 수송 및 분배를 위하여 모든 구호활동에 제공된 원조의 일부를 형성할 수 있다. 그러한 요원의 참여는 그들이 자신의 임무를 수행할 영역이 속하는 당사국의 승인에 따를 것을 조건으로 한다.

2. 그러한 요원은 존중되고 보호된다.

3. 구호품을 수령하는 각 당사국은 실행 가능한 최대한도로, 그들이 구호임
  무를 수행하는데 있어서 제1항에서 말하는 구호요원에게 조력한다. 오
  직 긴급한 군사상 필요의 경우에 있어서만 구호요원의 활동은 제한될 수
  있거나 또는 그들의 이동이 일시적으로 제한될 수 있다.
4. 어떠한 상황 하에서라도 구호요원은 본 의정서에 의한 그들의 임무의 조
  건을 초과할 수 없다. 특히 그들은 자신의 임무를 수행중인 영역이 속하
  는 당사국의 안보상의 요구를 고려하여야 한다. 이러한 조건을 존중하
  지 아니하는 모든 요원의 임무는 중지될 수 있다.

제 3 장 충돌당사국의 권력 내에 있는 개인의 대우

제 1 절 적용범위 및 개인과 물건의 보호

제 72 조 적용범위
본장의 제 규정은 국제적 무력충돌 기간 중에 있어서의 기본적 인권의 보
호에 관한 기타의 적용 가능한 국제법규에 대하여뿐 아니라, 제4협약 특히
그 제1편 및 제3편에 들어있는 자로 서 충돌당사국의 권력 내에 있는 민간
인 및 민간물자의 인도적 보호에 관한 제규칙에 대한 보완규정이다.

제 73 조 피난민 및 무국적자
적대행위의 개시전에 관계 당사국들에 의하여 채택된 관련 국제조약에 의
하거나 또는 피난국이나 거류국의 국내법에 의하여 무국적자 또는 피난민
으로서 인정된 자들은 모든 상황에 있어서 그리고 어떠한 불리한 차별도
받음이 없이 제4협약 제1편 및 제3편이 의미하는 피보호자로 된다.

제 74 조 이산가족의 재결합

체약당사국 및 충돌당사국은 무력충돌의 결과로 이산된 가족들의 재결합을 모든 가능한 방법으로 용이하게 하며, 특히 제 협약 및 본 의정서의 제규정에 의하여 그리고 각기 자국의 안전보장규칙에 따라 이러한 임무에 종사하는 인도적 단체들의 사업을 장려한다.

제 75 조 기본권보장

1. 충돌당사국의 권력 내에 있고 제 협약 또는 본 의정서에 의하여 보다 유리한 대우를 받지 못하는 자들은, 본 의정서의 제1조에서 말하는 사태에 의하여 영향을 받는 한, 모든 상황에 있어 인도적으로 대우되며, 인종 · 피부색 · 성별 · 언어 · 종교 · 신앙 · 정치적 또는 기타의 견해 · 국가적 또는 사회적 출신여하 · 빈부 · 가문 또는 기타의 지위 및 기타 유사한 기준에 근거한 불리한 차별을 받음이 없이, 최소한 본조에 규정된 보호를 향유한다. 각 당사국은 모든 그러한 자들의 신체 · 명예 · 신념 및 종교의식을 존중한다.

2. 다음의 제 행위는 행위주체가 민간인이든 군사대리인이든 불문하고 또한 시간과 장소에 관계없이 금지된다.

　　가. 인간의 생명, 건강 및 신체적 또는 정신적인 안녕에 대한 폭력행위, 특히

　　　　(1) 살 인

　　　　(2) 신체적이든 정신적이든 불문하고 모든 종류의 고문

　　　　(3) 체형

　　　　(4) 신체절단

　　나. 인간의 존엄성에 대한 침해, 특히 모욕적이고 치욕적인 취급, 강제매음 및 모든 형태의 저열한 폭행

다. 인질행위

라. 집단적 처벌

마. 전기의 행위 중 어느 것을 행하도록 하는 위협

3. 무력충돌에 관계되는 행위로 인하여 체포 또는 구류되는 모든 자는 자기가 이해하는 언어로 이 조치가 취하여진 이유를 신속히 통지받는다. 형사범죄를 이유로 하는 체포 또는 구류의 경우를 제외하고, 그러한 자는 가능한 최소한의 지체 후 그리고 체포, 구류 또는 억류를 정당화하는 상황이 종식되는 즉시 모든 경우에 있어 석방된다.

4. 일반적으로 승인된 정식의 사법절차 원칙을 존중하는 공정하고 정식으로 구성된 법원에 의하여 언도되는 유치판결에 따르는 경우를 제외하고는, 무력충돌에 관련되는 형사범죄의 유죄성이 인정된 자에 대하여 어떠한 선고도 언도될 수 없고 어떠한 형벌도 집행될 수 없으며, 전기의 원칙은 다음을 포함한다.

가. 동절 차는 피고인이 자신의 혐의사실에 관하여 지체 없이 통지받도록 규정하고 재판의 전과 그 기간 중에 피고인에게 모든 필요한 항변의 권리와 수 단을 제공한다.

나. 누구도 개인적인 형사책임에 근거한 것을 제외하고는 범행에 대하여 유죄 판결을 받지 아니한다.

다. 누구도 범행 당시에 자기가 복종하는 국내법 또는 국제법에 의하여 형사범죄가 구성되지 아니하는 어떠한 작위 또는 부작위를 이유로 하여 형사범죄로 기소되거나 또는 유죄판결을 받지 아니한다. 또한 형사범죄의 행위당시에 적용되는 것보다 더 중한 형벌이 과하여져서는 안된다. 만일 범행 후에, 보다 경한 형벌을 과하기 위한 규정이 제정되는 경우에는 그 범행자는 그것의 이익을 향수한다.

라. 모든 피의자는 법에 의하여 유죄가 입증될 때까지 무죄로 추정된다.

마. 모든 피의자는 출석재판을 받을 권리가 있다.

바. 누구나 자신에게 불리한 증언을 하거나 또는 유죄를 자백하도록 강요되지 아니한다.

사. 모든 범행피의자는 자기에게 불리한 증언을 심문할 권리와, 자기에게 불리한 증언과 동일한 조건하에서 자기에게 유리한 입회 및 심문을 취득할 권리가 있다.

아. 누구도 자기를 무죄 또는 유죄로 하는 최종판결이 전에 언도된 바 있는 범행을 이유로, 동일한 당사국에 의하여 동일한 법률 및 사법절차에 따라 기소되거나 또는 처벌받지 아니한다.

자. 범행을 이유로 기소된 자는 누구나 공개적인 판결언도를 받을 권리가 있다. 그리고

차. 유죄판결을 받은 자는 언도 즉시 자기의 사법적 및 기타 구제책과 그것의 행사시한에 관하여 통지받는다.

5. 무력충돌에 관련된 이유로 자유가 제한된 여성은 남성숙소로부터 분리된 숙소에 수용된다. 그들은 여성의 직접적인 감독하에 놓인다. 단, 가족들이 구류 또는 억류되는 경우에는, 그들은 가능하면 한시라도 동일한 장소에 수용되고 가족단위로 숙박한다.

6. 무력충돌에 관련된 이유로, 체포, 구류 또는 억류된 자들은 무력절차의 종식 후에라도, 그들의 최종석방, 송환 또는 복귀 시까지 본조에 규정된 보호를 향유한다.

7. 전쟁범죄 또는 인도에 대한 죄로 기소된 자들의 기소 및 재판에 관한 모든 의문을 없애기 위하여 다음의 제원칙이 적용된다.

가. 그러한 범죄로 기소된 자들은 적용가능한 국제법규에 부합하는 기소의 목적 및 재판에 복종하여야 한다.

나. 제 협약 또는 본 의정서에 의하여 보다 유리한 대우를 받지 못하는

모든 그러한 자들은, 그들이 기소당한 범죄가 제협약 또는 본 의정서의 중대한 위반을 구성하는지 여부를 불문하고, 본조에 의하여 규정된 대우를 받는다.

8. 본조의 어느 규정도 제1항에 규정된 자들에 대하여 모든 적용 가능한 국제법규에 의하여 보다 큰 보호를 부여하는 보다 유리한 다른 모든 규정을 제한 또는 침해하는 것으로 해석되지 아니한다.

제 2 절 여성 및 아동을 위한 조치

제 76 조 여성의 보호

1. 부녀자는 특별한 보호의 대상이 되며 특히 건강, 강제매음 및 기타 모든 형태의 저열한 폭행으로부터 보호된다.
2. 무력충돌에 관련된 이유로 체포, 구류 또는 억류된 임부 및 영아의 모는 최우선적으로 심리된다.
3. 충돌당사국은 가능한 최대한도로 임부 또는 영아의 모에 대하여 무력충돌에 관련된 범행을 이유로 하는 사형언도를 피하도록 노력한다. 그러한 범행을 이유로 한 사형은 전 기한 부녀자에게 집행되어서는 안된다.

제 77 조 아동의 보호

1. 아동은 특별한 보호의 대상이 되며 모든 형태의 저열한 폭행으로부터 보호된다. 충돌당사국은 그들의 연령 기타 어떠한 이유를 불문하고 그들이 필요로 하는 양호 및 원조를 제공한다.
2. 충돌당사국은 15세 미만의 아동이 적대행위에 직접 가담하지 아니하고, 특히 자국군대에 그들이 징모되지 아니하도록 하기 위하여 모든 실행 가능한 조치를 취한다. 15세 이상 18세미만의 그러한 자들 중에서 징모하

는 경우에는, 충돌당사국은 최연장자들에게 우선순위를 부여하기 위하여 노력한다.

3. 만일 예외적으로 제2항의 규정에도 불구하고 15세미만의 아동들이 적대행위에 직접 가담하여 적대국의 권력에 들어가는 경우에는, 그들이 포로이든 아니든 불문하고 그들은 본조에 의하여 부여된 특별한 보호를 계속 향수한다.

4. 만일 무력충돌에 관련된 이유로 체포, 구류 및 억류된 경우에는 제75조5항에 규정된 바와 같이 가족들이 가족단위로 숙박하게 되는 경우를 제외하고, 아동들은 성인의 숙소와 분리된 숙소에 수용된다.

5. 무력충돌에 관련된 범행을 이유로 하는 사형은, 범행 당시에 18세 미만인 자에 대하여 집행되어서는 안된다.

제 78 조 아동의 소개

1. 어떠한 충돌당사국도 자국민이 아닌 아동들의 외국으로의 소개를 위한 조치를 취하여서는 안된다. 단, 아동의 건강상 또는 치료 상 불가피한 이유가 있거나 또는 피점령지역 내에서의 경우를 제외하고 안보상의 이유가 있는 일시적 소개는 제외한다. 부모 또는 법정후견인이 있을 경우에는 이러한 소개에 대한 그들의 서명동의를 요한다. 만일 그러한 자들이 없을 경우에는 법률 또는 관습에 의하여 아동의 양호에 1차적 책임을 지는 자들에 의한 이러한 소개에 대한 서명동의를 요한다. 모든 이러한 소개는 관계 당사국, 즉 소개조치를 취하는 당사국, 아동을 수용하는 국가 그리고 소개되는 아동이 소속하는 당사국의 동의를 얻어 이익보호국에 의한 감독을 받는다. 각 경우에 있어 모든 충돌당사국은 소개를 위태롭게 함을 피하기 위하여 모든 실행 가능한 조치를 취한다.

2. 제1항에 의하여 소개가 행하여지는 경우에는 하시라도, 각 아동의 교육(그의 부모가 원하는 바와 같은 그들의 종교적 및 윤리적 교육을 포함)은 그 아동이 외국에 있는 동안에도 가능한 최대한도의 지속성을 가지고 실시된다.

3. 본조에 의하여 소개된 아동들이 자기의 가족 및 소속국가로 귀환하는 것을 용이하게 함을 목적으로, 소개조치를 취하는 당사국의 당국과 그리고 적절한 경우에는 수용국의 당국은 각 아동을 위하여 사진이 첨부된 카드를 작성하여 그것을 국제적십자위원회의 중앙심인기관에 송부한다. 각 카드에는 가능하면 하시라도, 그리고 그것이 아동에게 유해한 아무런 위험도 내포하지 아니하는 경우에는 항상, 다음의 사항이 기재된다.

가. 아동의 성

나. 아동의 이름

다. 아동의 성별

라. 출생지 및 생년월일(만일 그 일자가 미상이면 추정연령)

마. 부친의 성명

바. 모친의 성명

사. 아동의 근친자

아. 아동의 국적

자. 아동의 모국어 및 그가 말할 수 있는 기타 모든 언어

차. 아동의 가족주소

카. 아동의 모든 신분증명서 번호

타. 아동의 건강상태

파. 아동의 혈액형

하. 모든 특징

거. 아동의 발견일자 및 장소

너. 아동의 소속국가를 출국한 날짜 및 장소

더. 아동의 종교(만일 가지고 있을 경우에 한함)

러. 수용국내의 아동의 현주소

머. 아동의 귀환 전에 사망한 경우에는 사망한 일자, 장소 및 상황과 매
장 장소

제 3 절 기자

제 79 조 기자의 보호조치

1. 무력충돌지역 내에서 위험한 직업적 임무에 종사하는 기자들은 제50조
제1항이 의미하는 민간인으로 간주된다.

2. 그들은 민간인으로서의 자신의 지위에 불리하게 영향을 미치는 어떠한
행위도 하지 아니할 것을 조건으로 하여, 제 협약 및 본 의정서에 의하여
민간인 자격으로 보호되며, 종군기자의 권리를 침해받음이 없이 제3협
약 제4조 라. 호에 규정된 지위로서 군대에 파견한다.

3. 그들은 본 의정서 제2부속서에 첨부된 모형과 동일한 신분증명서를 소
지할 수 있다. 이 증명서는 언론기관의 소재지국 정부에 의하여 발급되
어야 하며 기자로서의 그의 지위를 증명하여야 한다.

제 5 편 제 협약 및 본 의정서의 시행

제 1 장 총칙

제 80 조 시행을 위한 조치

1. 체약당사국 및 충돌당사국은 제협약 및 본 의정서에 의한 자국 의무의

이행을 위하여 지체 없이 모든 필요한 조치를 취하여야 한다.

2. 체약당사국 및 충돌당사국은 제협약 및 본 의정서의 준수를 보장하기 위하여 명령과 지시를 내려야 하며 그 집행을 감독하여야 한다.

제 81 조 적십자 및 기타 인도적 단체의 활동

1. 충돌당사국은 충돌 희생자에 대한 보호와 원조를 보장하기 위하여 제협약 및 본 의정서에 의하여 국제적십자위원회에 맡겨진 기능을 수행할 수 있도록 하기 위하여 자국의 능력의 범위 내에서의 모든 편의를 동위원회에 제공하여야 한다. 국제적십자위원회는 또한 관계 충돌당사국의 동의를 조건으로 이러한 희생자들을 위한 기타 모든 인도적 활동을 수행할 수 있다.

2. 충돌당사국은 각기 자국의 적십자(적신월, 적사자태양)단체들이 제 협약 및 본 의정서의 제 규정과 국제적십자회의에서 제정된 적십자기본원칙에 따라 충돌희생자들을 위한 그들의 인도적 활동을 수행하도록 하기 위하여 필요한 편의를 제공하여야 한다.

3. 체약당사국 및 충돌당사국은 적십자(적신월, 적사자태양)단체 및 적십자사연맹이 제협약 및 본 의정서의 제 규정과 국제적십자회의에서 제정된 적십자기본원칙에 따라 충돌희생자들에게 제공하는 원조에 대하여 모든 가능한 방법으로 편의를 제공하여야 한다.

4. 체약당사국 및 충돌당사국은 가능한 한 최대한도로, 제협약 및 본 의정서에 언급된 것들로서 각기 충돌당사국에 의하여 정식으로 허가되고 제협약 및 본 의정서에 제규정에 따라 자체의 인도적 활동을 수행하는 기타 인도적 단체들에게 제공되는 제2항 및 제3항에서 언급한 것과 유사한 편의를 제공하여야 한다.

제 82 조 군대내의 법률고문

체약당사국은 항시 그리고 충돌당사국은 무력충돌 시 필요한 경우에, 제협약 및 본 의정서의 적용에 관하여 그리고 이 문제에 있어 군대에 시달되는 적절한 지시에 관하여 적절한 수준에서 군지휘관에 대한 자문을 하게 될 법률 고문들의 확보를 보장하여야 한다.

제 83 조 보급

1. 체약당사국은 무력충돌 시에 있어서와 같이 평시에 있어서도, 제협약 및 본 의정서를 각기 자국 내에서 가급적 광범위하게 보급하고 특히 자국의 군사교육 계획 속에 이에 관한 학습을 장려함으로써 동협약 및 의정서가 군대 및 민간주민에게 습득되도록 하여야 한다.
2. 무력충돌 시에 제협약 및 본 의정서의 적용에 관하여 책임을 지는 군 또는 민간당국은 그것의 본문에 정통하여야 한다.

제 84 조 적용규칙

체약당사국은 가능한 한 조속히 수탁국을 통하여 그리고 적절한 경우에는 이익보호국을 통하여, 본의정서의 적용을 보장하기 위하여 자국이 채택한 법률 및 규칙은 물론 본 의정서의 공식번역문을 상호 전달하여야 한다.

제 2 장 제 협약 및 본 의정서에 대한 위반의 억제

제 85 조 본 의정서에 대한 위반의 억제

1. 위반 및 중대한 위반의 억제에 관한 제 협약의 기존 규정들과 본장에 의하여 추가되는 규정들은 본 의정서의 위반 및 중대한 위반의 억제에도 적용된다.

2. 제 협약에서 중대한 위반으로 규정된 제 행위는, 그것들이 본 의정서 제 44조, 제45조 및 제73조에 의하여 보호되는 자로서 적대국의 권력내에 있는 자들에 대하여 또는 본 의정서에 의하여 보호되는 적대국의 부상자, 병자 및 난선자에 대하여 또는 적대국의 지배 하에 있고 본 의정서에 의하여 보호되는 의부 또는 종교요원, 의무부대, 의무수송기관에 대하여 범하여진 경우에는 본 의정서의 중대한 위반이 된다.

3. 제11조에 규정된 중요한 위반외에 다음의 제 행위는, 본 의정서의 관련 규정을 위반하여 고의적으로 행하여짐으로써 사망이나 신체 또는 건강에 대한 중대한 상해를 야기하는 경우에는 본 의정서의 중대한 위반으로 간주된다.

　가. 민간주민이나 민간개인을 공격의 대상으로 하는 것.

　나. 그러한 공격이 제57조 제2항 가.(3)에 규정된 바와 같이 과도한 생명의 손실, 민간에 대한 상해 또는 민간물자에 대한 손상을 야기하리라는 것을 인식하면서 민간주민 또는 민간물자에 영향을 미치는 무차별 공격을 개시하는 것.

　다. 그러한 공격이 제57조 제2항 가.(3)에 규정된 바와 같이 과도한 생명의 손실, 민간인에 대한 상해 또는 민간물자에 대한 손상을 야기하리라는 것을 인식하면서 위험한 물리력을 함유하는 시설물에 대하여 공격을 개시하는 것.

　라. 무방호지구 및 비무장지대를 공격의 대상으로 하는 것.

　마. 어떠한 사람이 전투능력 상실자임을 알면서 그 자를 공격의 대상으로 하는 것.

　바. 제37조에 위반하여 적십자, 적신월 또는 적사자태양의 식별표장 또는 제 협약이나 본 의정서에 의하여 승인된 기타 보호표시를 배신적으로 사용하는 것.

4. 전항 및 제협약에 정의된 중대한 위반 외에 다음의 것은 제협약 및 본 의정서에 위반하여 고의적으로 행하여진 경우에는 본 의정서의 중대한 위반으로 간주된다.

　가. 점령국이 제4협약의 제49조에 위반하여 자국민간주민의 일부를 피점령지역으로 이송하거나 피점령지역 주민의 전부 또는 일부를 동 지역 내부 또는 외부로 추방 또는 이송하는 것.

　나. 포로 또는 민간인의 송환에 있어서의 부당한 지체

　다. 인종차별 정책의 관행 및 기타 인종차별정책에 기초하여 인간의 존엄에 대한 모욕을 포함하는 비인도적이고 품위를 저하시키는 관행

　라. 제국민의 문화적, 정신적 유산을 형성하는 것으로서 예컨대 권위있는 국제기구의 체제 내에서 특별협정에 의하여 특별한 보호가 부여되고 있는 명백히 인정된 역사적 기념물, 예술작품, 또는 예배장소를 공격의 대상으로 함으로써 적대국에 의한 제53조 나.호에 대한 위반의 증거가 없으며 그리고 그러한 역사적 기념물, 예술작품 및 예배장소가 군사목표물에 바로 인접하여 소재하지 아니함에도 불구하고 결과적으로 그것들의 광범위한 파괴를 야기하는 것.

　마. 제협약에 의하여 보호되는 자 또는 본조 제2항에 언급된 자로부터 공정한 정식의 재판을 받을 권리를 박탈하는 것.

5. 제협약 및 본 의정서의 적용을 침해함이 없이 동 협약 및 의정서의 중대한 위반은 전쟁범죄로 간주된다.

제 86 조 부작위

1. 체약당사국 및 충돌당사국은 작위의무가 있는 경우에 이를 행하지 않음으로써 발행하는 제협약 또는 본 의정서의 중대한 위반을 억제하여 기타 모든 위반을 억제하기 위하여 필요한 조치를 취하여야 한다.

2. 제협약 및 본 의정서 의 위반이 부하에 의하여 행하여졌다는 사실은 경우에 따라 부하가 그러한 위반을 행하고 있는 중이거나 행하리라는 것을 알았거나 또는 당시의 상황 하에서 그렇게 결론지을 수 있을 만한 정보를 갖고 있었을 경우, 그리고 권한 내에서 위반을 예방 또는 억제하기 위하여 실행 가능한 모든 조치를 취하지 아니하였을 경우에는 그 상관의 형사 또는 징계책임을 면제하지 아니한다.

제 87 조 지휘관의 의무

1. 체약당사국 및 충돌당사국은 군 지휘관들에게 그들의 지휘 하에 있는 군대구성원 및 그들의 통제 하에 있는 다른 자들의 제 협약 및 본 의정서에 대한 위반을 예방하고 필요한 경우에는 이를 억제하며 권한 있는 당국에 이를 보고하도록 요구하여야 한다.
2. 위반을 예방하고 억제하기 위하여 체약당사국 및 충돌당사국은 군지휘관들이 그들의 책임수준에 상응하게 그들의 지휘하에 있는 군대구성원들이 제협약 및 본 의정서에 의거한 자신의 의무를 알고 있도록 보장할 것을 요구하여야 한다.
3. 체약당사국 및 충돌당사국은 자신의 통제하에 있는 부하 또는 다른 자들이 제협약 또는 본 의정서의 위반을 행하려 하거나 행하였다는 것을 알고 있는 모든 지휘관에게 제협약 또는 본 의정서의 그러한 위반을 예방하기 위하여 필요한 조치를 솔선하여 취하도록 요구하여야 한다.

제 88 조 형사문제에 있어서의 상호부조

1. 체약당사국은 제협약 또는 본 의정서의 중대한 위반에 관하여 제기된 형사소추와 관련하여 최대한도의 부조를 상호 제공한다.
2. 제협약 및 본 의정서 제85조 제1항에 규정된 권리 및 의무에 따라 그리고

상황이 허용하는 경우에는 체약당사국은 범죄인 인도문제에 있어 협조하여야 한다. 그들은 혐의를 받는 범행이 발생한 영역이 속하는 국가의 요청에 대하여 충분한 고려를 하여야 한다.

3. 요청을 받은 체약당사국의 법률은 모든 경우에 적용된다. 단, 전항의 규정은 형사문제에 있어서의 상호부조 대상의 전부 또는 일부를 규제하고 있거나 규제하게 될 쌍무적 또는 다자적 성질의 기타 모든 조약의 규정으로부터 발생하는 의무에 영향을 미치지 아니한다.

제 89 조 협조

제 협약 또는 본 의정서의 중대한 위반의 경우에 체약당사국은 공동으로 또는 개별적으로 유엔과 협조하여 그리고 유엔헌장에 좇아 행동할 것을 약정한다.

제 90 조 국제사실조사위원회

1. 가. 높은 덕망과 공인된 공정성을 갖춘 위원 15인으로 구성되는 국제사실조사위원회(이하 위원회라 칭한다)가 설치된다.

나. 20개국 이상의 체약당사국이 제2항에 따라 위원회 권능을 수락하기로 합의한 경우에는 수탁국은 그때 그리고 그 후 5년의 간격을 두고 위원회 위원의 선출을 위하여 체약당사국 대표로 구성되는 회의를 소집한다. 동 회의에서 대표들은 각 체약당사국이 1명씩 지명한 명단 중에서 비밀투표에 의하여 위원회 위원을 선출한다.

다. 위원회 위원은 개인자격으로 봉직하며 차기회의에서 새로운 위원이 선출될 때까지 재임한다.

라. 선거 시에 체약당사국은 위원회위원으로 선출되는 자가 필요한 자격을 개인적으로 보유할 것과 위원회 전체로서는 공평한 지역적 대

표성이 안배되도록 보장하여야 한다.

마. 불의의 결원이 생길 경우에는, 전호들의 제 규정을 충분히 고려하여 위원회 자체가 그 결원을 충원하여야 한다.

바. 수탁국은 위원회의 기능수행을 위하여 필요한 행정적 편의를 동 위원회에 제공하여야 한다.

2. 가. 체약당사국은 서명·비준·가입시 또는 그 이후의 기타 모든 시기에 있어 그들과 동일한 의무를 수락하는 기타 모든 체약당사국과의 관계에 있어 본조에 의하여 허가된 바와 같이 그러한 기타 체약당사국에 의하여 주장되는 혐의사실을 조사하기 위한 위원회의 권능을 사실상 그리고 특별한 합의없이 인정한다는 것을 선언할 수 있다.

나. 위에서 언급된 선언은 수탁국에 기탁되어야 하며, 수탁국은 그것의 사본을 체약당사국들에 전달하여야 한다.

다. 위원회는 다음 사항에 대하여 권한이 있다.

(1) 제 협약 및 본 의정서에 정의된 바와 같은 중대한 위반이라고 주장되는 모든 혐의사실 또는 제협약이나 본 의정서의 기타 심각한 위반에 대한 조사,

(2) 위원회의 주선을 통하여 제협약 및 본 의정서를 존중하는 태도의 회복 촉진.

라. 기타의 상황 하에서는, 위원회는 오직 기타의 관계 당사국들의 동의 하에서만 충돌당사국의 요청에 따라 조사를 행한다.

마. 본 항의 위의 제 규정에 따라 제1협약 제52조, 제2협약 제53조, 제3협약 제132조 및 제4협약 제149조의 제규정은 제협약의 모든 위반혐의에 대하여 계속 적용되며 본 의정서의 위반 혐의에도 확대 적용된다.

3. 가. 관계당사국들에 의하여 달리 합의되지 아니하는 한, 모든 조사는 다음과 같이 임명되는 위원 7인으로 구성되는 소위원회에 의하여 수행

된다.

   (1) 충돌당사국의 국민이 아닌 자로서 위원장이 형평한 지역적 대표
      성의 기초위에서 충돌당사국과의 협의 후에 임명한 위원회의 위
      원 5인

   (2) 어느 충돌당사국의 국민도 아닌 자로서 각 측이 1인씩 지명하는
      2인의 특별위원

  나. 조사요청이 접수되는 위원회 위원장은 소위원회의 설치를 위하여
     적절한 시한을 지정한다. 특별위원이 시한 내에 지명되지 아니하는
     경우에는, 위원장은 소위원회의 위원 정원을 충원하기 위하여 필요
     한 추가 위원을 즉시 지명한다.

4. 가. 조사임무를 수행하기 위하여 제3항에 따라 설치된 소위원회는 충돌
     당사국들이 그것에 대하여 조력하고 증거를 제출하도록 요청한다.
     소위원회는 또한 적절하다고 생각되는 기타의 증거를 찾을 수 있으
     며 적절하게 사태의 조사를 수행할 수 있다.

  나. 모든 증거는 위원회를 상대로 그것에 관하여 비평할 수 있는 권리가
     있는 당사국들에게 충분히 공개되어야 한다.

  다. 각 당사국은 그러한 증거에 대항할 권리가 있다.

5. 가. 위원회는 적절하다고 생각하는 건의사항을 첨부하여 사실조사에
     관한 보고서를 당사국들에게 제출하여야 한다.

  나. 소위원회가 진실 되고 공정한 사실 판정을 위한 충분한 증거를 입수
     하는 것이 불가능한 경우에는 위원회는 그 불가능의 이유를 설명하
     여야 한다.

  다. 위원회는 모든 충돌당사국이 위원회로 하여금 그렇게 하도록 요구
     하지 아니하는 한, 사실 판정을 공표하여서는 안된다.

6. 위원회는 위원회의 위원장직 및 소위원회의 위원장직에 관한 규칙을 포

함하는 자체의 규칙을 제정한다. 동 규칙들은 위원회 위원장의 직능이 항시 행사될 것과 군사임무수행의 경우에는 충돌당사국의 국민이 아닌 자에 의하여 그러한 기능이 행사되도록 보장하여야 한다.

7. 위원회의 행정비용은 제2항에 의거한 선언을 행한 체약당사국들로부터의 기금과 자발적인 기여금에 의하여 충당된다. 조사를 요청하는 당사국은 소위원회의 경비를 위해 필요한 자금을 선납하며 제소된 상대 당사국으로부터 소위원회 소요 경비의 50%까지를 상환 받는다. 반대주장이 소위원회에 제기되는 경우에는 각 측은 필요한 자금의 50%씩을 선납한다.

제 91 조 책임
제 협약 또는 본 의정서의 규정을 위반하는 충돌당사국은 필요한 경우에는 보상금을 지불할 책임이 있다. 동 당사국은 자국군대의 일부를 구성하는 자들이 행한 모든 행위에 대하여 책임을 진다.

제 6 편 최종규정

제 92 조 서명
본 의정서는 최종의정서 서명 6개월 후부터 제협약의 당사국들에 의한 서명을 위하여 개방되며 12개월간 개방된다.

제 93 조 비준
본 의정서는 가급적 조속히 비준되어야 한다. 비준서는 제 협약의 수탁국인 스위스 연방 정부에 기탁된다.

제 94 조 가입

본 의정서는 제협약의 당사국으로서 이에 서명하지 아니한 모든 당사국의 가입을 위하여 개방된다. 가입서는 수탁국에 기탁된다.

제 95 조 발효

1. 본 의정서는 2개국의 비준서 또는 가입서가 기탁된 6개월 후부터 효력을 발생한다.

2. 본 의정서 발효 후에 비준 또는 가입하는 제협약 당사국에 대하여는 그 당사국에 의하여 비준서 또는 가입서가 기탁된 6개월 후부터 효력을 발생한다.

제 96 조 본 의정서 발효이후의 조약관계

1. 제협약 당사국들이 동시에 본 의정서의 당사국인 경우에는, 제협약은 본 의정서에 의하여 보완되어 적용된다.

2. 충돌 당사국중 일방이 본 의정서의 구속을 받지 아니하는 경우에는, 의정서 당사국들은 그들 상호관계에 있어서 본 의정서의 구속을 받는다. 더우기 그들은 본 의정서의 구속을 받지 아니하는 개개의 당사국과의 관계에 있어서, 만일 후자가 본 의정서의 정규를 수락하고 이를 적용하는 경우에는, 본 의정서의 구속을 받는다.

3. 체약당사국에 대항하여 제1조 제4항에 규정된 유형의 무력충돌에 가담하는 민중을 대표하는 당국은 수탁국에 제출되는 일방적선언의 방식으로 당해 충돌에 관하여 제협약 및 본 의정서를 적용할 것을 보증할 수 있다. 그러한 선언은 수탁국에 접수되는 즉시 당해 충돌에 관하여 다음과 같은 효력을 가진다.

　가. 제협약 및 본 의정서는 충돌당사국인 전기당국에 대하여 즉시 효력

를 발생한다.

나. 전기당국은 제협약 및 본 의정서의 체약당사국들에게 부여된 것과 동일한 권리와 의무를 지닌다.

다. 제 협약 및 본 의정서는 모든 충돌당사국을 동일하게 구속한다.

제 97 조 개정

1. 모든 체약당사국은 본 의정서의 개정을 제안할 수 있다. 모든 개정안은 수탁국에 전달되며 수탁국은 체약당사국 및 국제적십자위원회와의 협의 후, 개정안을 심의하기 위한 회의의 소집여부를 결정한다.

2. 수탁국은 제협약의 체약당사국들과 함께 본 의정서의 모든 체약당사국들을 본 의정서의 서명국인지 여부를 불문하고 동 회의에 초청한다.

제 98 조 제 I 부속서의 개정

1. 본 의정서의 효력 발생 후 4년이 경과하기 전에 그리고 그 후 4년 이상의 간격을 두고 국제적십자위원회는 본 의정서 제1부속서에 관해 체약당사국과 협의하며, 만일 동 위원회가 필요하다고 생각하는 경우에는 제1부속서를 재검토하고 이에 대한 바람직한 개정안을 제안하기 위한 전문가 회의를 제의할 수 있다. 체약당사국들에 대하여 그러한 회의를 위한 제의를 통지한 후, 6개월 이내에 그들 중 3분의 1이상이 반대하지 아니하는 한, 국제적십자위원회는 회의를 소집하고 적절한 국제기구의 옵서버도 초청한다. 그러한 회의는 또한 체약당사국 3분의 1이상의 요구가 있을 경우에는 국제적십자위원회에 의하여서도 하시라도 소집된다.

2. 수탁국은 만일 전문가 회의 후에 국제적십자위원회 또는 체약당사국의 3분의 1이상의 요구가 있을 경우에는, 동 회의에서 제의된 개정안을 심의하기 위하여 체약당사국 및 제협약 체약당사국회의를 소집한다.

3. 제1부속서에 대한 개정안은 전기회의에 출석하고 투표한 체약당사국 3분의 2이상의 다수에 의하여 채택될 수 있다.

4. 수탁국은 전기와 같이 채택된 모든 개정내용을 체약당사국 및 제협약 체약당사국들에게 통지한다. 개정은 전기와 같이 통지된 때로부터 1년의 기간이 만료하기 전에, 체약 당사국 3분의 1이상에 의한 동 개정의 불수락 선언이 수탁국에 전달되지 아니하는 한 그 기간의 말일에 수락된 것으로 간주된다.

5. 제4항에 따라 수락된 것으로 간주되는 개정은, 동항에 따라 불수락 선언을 행한 국가가 아닌 여타의 모든 체약당사국들에 대하여 수락 3개월 후에 효력을 발생한다. 그러한 선언을 행한 모든 당사국은 하시라도 그 선언을 철회할 수 있으며, 개정은 그 당사국에 대하여 그때로부터 3개월 후에 효력 을 발생한다.

6. 수탁국은 체약당사국 및 제 협약 체약당사국에게 개정의 효력발생, 개정으로 구속을 받는 당사국, 각 당사국과의 관계에 있어서의 발효일자, 제4항에 따른 불수락선언 및 그러한 선언의 철회에 관하여 통고한다.

제 99 조 탈퇴

1. 한 체약당사국이 본 의정서로부터 탈퇴하는 경우에는, 그 탈퇴는 탈퇴서의 접수 1년 후라야만 효력을 발생한다. 단, 1년 기간의 만료직후 탈퇴국이 제1조의 규정에 의한 사태 중 하나에 가담하고 있는 경우에는, 그 탈퇴는 무력충돌 또는 점령의 종료이전 및 모든 경우에 있어서 제협약 또는 본의정서에 의하여 보호되는 자들의 최종 석방·송환 또는 복귀와 관계되는 업무가 종료되기 전까지는 효력을 발생하지 아니한다.

2. 탈퇴는 서면으로 수탁국에 통고되며, 수탁국은 이를 모든 체약당사국에 전달한다.

3. 탈퇴는 오직 탈퇴하는 당사국에 대해서만 효력을 발생한다.

4. 제1항에 의한 모든 탈퇴는, 그 탈퇴가 발효하기 전에 행하여진 모든 행위와 관련하여, 무력충돌을 이유로 본 의정서에 의하여 탈퇴당사국에게 이미 발생된 의무에 영향을 미치지 아니한다.

제 100 조 통고

수탁국은 제협약 당사국 및 체약당사국들에게 본 의정서의 서명국인지의 여부를 불문하고 다음 사항을 통보한다.

가. 본 의정서에 대한 서명과 제93조 및 제94조에 따른 비준서, 가입서의 기탁

나. 제95조에 따른 본 의정서의 발효일자

다. 제84조, 제90조 및 제97조에 따라 접수된 통지 및 선언

라. 제96조 3항에 따라 접수된 선언(이것은 가장 신속한 방법으로 전달되어야 한다)

마. 제99조에 따른 탈퇴

제 101 조 등록

1. 본 의정서는 발효 후 국제연합헌장 제102조에 따라 등록 및 공포를 위하여 수탁국에 의하여 국제연합 사무국에 전달된다.

2. 수탁국은 또한 본 의정서에 관하여 접수된 모든 비준, 가입 및 탈퇴에 관하여 국제연합 사무국에 통보한다.

제 102 조 인증등본

아랍어, 중국어, 영어, 프랑스어, 러시아어 및 스페인어 본이 동등이 인증된 의정서의 원본은 수탁국에 기탁되며, 수탁국은 그 인증등본을 모든 제 협

약 당사국에게 전달한다.

제 I 부속서

식별에 관한 규정

제 1 조 총칙

1. 이 부속서의 식별에 관한 규정은 제네바협약 및 의정서의 관련규정을 이행하는 것이다. 즉, 이는 제네바협약 및 의정서에서 보호되는 요원, 물질, 부대, 수송기관 및 장비의 확인을 용이하게 하는 것을 목적으로 한다.
2. 이 규정은 자동적으로 보호권을 성립시키지 않는다. 이 권리는 협약 및 의정서의 관련 규정에 의하여 규율된다.
3. 제네바협약 및 의정서의 관련규정에 따를 것을 조건으로 권한 있는 당국은 항상 식별표장 및 신호의 사용, 표시, 채색 및 탐지를 규정한다.
4. 체약당사국 및 특히 충돌당사국은 식별 가능성을 강화하고 또한 이 분야의 기술의 발전을 충분히 고려하여 그 밖의 추가적인 신호, 수단, 체계를 설정하는데 합의하도록 항상 요청된다.

제 1 장 신분증명서

제 2 조 상임민간의무요원 및 종교요원용 신분증명서

1. 의정서 제18조 제3항의 규정에 의한 상임민간의무요원 및 종교요원용 신분증명서는 다음과 같은 것이어야 한다.
   가. 식별표장이 들어 있고 호주머니 속에 휴대할 수 있는 규격일 것.

나. 실제적으로 내구성이 있을 것.

다. 국어 또는 공용어로 기재될 것(추가로 기타 언어로도 기재될 수 있음)

라. 소지자의 성명, 생년월일(또는 생년월일을 알 수 없을 때에는 발급 당시의 연령) 그리고 신분증번호가 있으면 이를 기입할 것.

마. 소지자가 어떤 자격으로 제협약 및 의정서의 보호를 받을 권리가 있는 지가 기재되어 있을 것.

바. 소지자의 서명이나 무지인 또는 그 양자와 함께 그의 사진이 붙어있을 것.

사. 권한 있는 당국의 관인 및 서명이 들어 있을 것.

아. 증명서의 발급일자 및 유효기간 만료일자가 기재되어 있을 것.

2. 신분증명서는 각 체약당사국의 전역을 통하여 통일된 것이어야 하고, 가능한 한 모든 충돌당사국에 대하여 동일한 양식의 것이어야 한다. 충돌당사국은 표1에서 보는 바와 같은 단일언어식 예형에 따를 수 있다. 만일 그러한 예형이 표1에 제시된 것과 상이한 경우에는, 그들은 적대행위의 발발 시에 그들이 사용하는 예형의 견본을 상호 전달한다. 신분증명서는, 가능한 경우에는 2통으로 작성되어 발급당국이 1통을 보관하며, 동 당국은 자신이 발행한 증명서의 통제를 유지하여야 한다.

3. 여하한 상황에 있어서도, 상임민간의무요원 및 종교요원은 자신의 신분증명서를 박탈당하여서는 안된다. 신분증명서를 분실한 경우에는, 그들은 부본을 발급받을 권리가 있다.

제 3 조 임시민간의무요원 및 종교요원용 신분증명서

1. 임시민간의무요원 및 종교요원용 신분증명서는 가능한 한 언제나 본 규칙 제1조에 규정된 것과 동일하여야 한다. 충돌당사국은 표1에 제시된 예형에 따를 수 있다.

2. 임시민간의무요원 및 종교요원에게 본 규칙 제1조에 규정된 것과 동일한 신분증명서의 발급이 저해되는 형편일 경우에는 동 요원에게 권한 있는 당국이 서명한 증명서가 발급되며, 그 증명서에는 피발급자가 임시요원으로서의 임무에 배속되고 있다는 것을 증명하고 가능하면 그러한 임무배속의 기간 및 식별표장을 착용할 수 있는 권리가 기재되어야 한다. 동 증명서에는 소지자의 성명 및 생년월일(또는 생년월일을 알 수 없을 때에는 발급당시의 연령), 또는 직무 및 신분증번호가 있으면 이를 기입하여야 한다. 동 증명서에는 소지자의 서명이나 무지인, 또는 양자가 함께 찍혀 있어야 한다.

표1 : 신분증명서의 예형 (규격 : 가로74mm×세로105mm)

이 면

신장 ·······	안색 ·······	두발색

기타 특징 또는 참고사항:

소지자의 사진

관 인	소지자의 서명이나 무인인 또는 양자

표 면

(신 증명서를 발급하는 국가 및 당국의 명을 기재하기 위한 여백)

상임 민간 의무 종교 요원용 임시

신 분 증 명 서

성 명 ·······························

생년월일(또는 연령) ·······················

신분증번호(있는 경우에 한함) ······················

본 증명서의 소지자는 1949년 8월 12일자 제네바 제협약과 1949년 8월 12일자 제네바 제협약에 대한 추가 및 국제적 무력충돌 희생자의 보호에 관한 의정서(제I의정서)에 의하여 ········ 의 자격으로 보호한다.

발급년월일 ················ 증명서 번호

발급당사국의 서명

유효기간 만료일자 ················

제 2 장 식별표장

제 4 조 형태 및 성질

1. 식별표장(백색바탕에 적색)은 상황에 따라 적절한 대형의 규격이어야 한다. 십자, 신월 또는 사자태양의 형태에 관하여서는, 체약국은 표2에 제시된 예형에 따를 수 있다.
2. 야간이나 또는 가시도가 감소된 때에는, 식별표장은 조명 또는 채색될 수 있다. 그것은 또한 기술적인 탐지수단에 의하여 분간될 수 있는 자재로 제작될 수 있다.

표2 : 백색바탕에 적색의 식별표장

제 5 조 사용

1. 식별표장은 언제든지 가급적 여러 방향 및 원거리에서도, 특히 공중에서, 보일 수 있도록 평면상에 또는 깃발로 표시되거나 또는 지형상 적절한 방법으로 표시된다.
2. 야간이나 또는 가시도가 감소된 때에는 식별표장은 조명 또는 채색될 수 있다.
3. 식별표장은 기술적인 탐지수단에 의하여 분간될 수 있는 물질로 만들어질 수 있다. 적색부분은 특히 적외선 도구 등에 의하여 식별을 용이하게

하기 위하여 흑색 바탕위에 채색되어야 한다.

4. 전투지역에서 자신의 임무를 수행하는 의무요원 및 종교요원은 가능한 한 식별표장이 부착된 모자 및 피복을 착용한다.

제 3 장 식별신호

제 6 조 사용

1. 본 장에 규정된 모든 식별신호는 의무부대 및 수송기관이 사용할 수 있다.

2. 이러한 신호는 의무부대 및 수송기관에 의해 독점적으로 사용되며 다른 목적을 위하여 사용 될 수 없다. 그러나 광선신호의 사용은 유보된다.

3. 충돌당사국간에 의무차량, 선박 및 항공기의 청색섬광의 사용을 보유하는 데 관한 특별한 합의가 없는 경우 다른 차량, 선박 및 항공기의 그러한 신호의 사용은 금지되지 아니한다.

4. 시간의 부족이나 또는 그 성질 때문에 식별표장으로 표시될 수 없는 임시의무용 항공기는 이 장에서 허가된 식별신호를 사용할 수 있다.

제 7 조 광선신호

1. ICAO문서 제9051호 항공기술편람에 정의된 것과 같은 청색섬광으로 형성되는 광선신호는 의무용 항공기의 식별을 위한 신호로 사용되도록 제정된다. 다른 항공기는 이 신호를 사용할 수 없다. 청색섬광을 이용하는 의무용 항공기는 이러한 광선신호가 가능한 한 많은 방향에서 보이도록 필요한 만큼의 광선신호를 표시한다.

2. IMO 국제신호규칙 제14장 제4항의 규정에 따라 1949년 제네바협약 및 의정서에 의하여 보호되는 선박은 모든 방향에서 보이도록 하나 또는 그 이상의 청색섬광을 표시한다.

3. 의무차량은 가능한 한 멀리서 보이도록 하나 또는 그 이상의 청색섬광을 표시한다. 그 밖의 색깔의 광선을 사용하는 체약당사국 및 충돌당사국은 이를 통보해야 한다.

4. 권장되는 청색은 색채가 다음의 공식으로 정의되는 ICI 색채도식의 경계 안에 있는 경우에만 획득된다.

녹색부분 $y = 0.065 + 0.805x$

백색부분 $y = 0.400 - x$

자주색부분 $x = 0.133 + 0.600y$

권장되는 청색광선의 섬전속도는 1분에 60회 내지 100회이다.

제 8 조 무선신호

1. 무선신호는 ITU 무선규칙에 기술된 대로 긴급신호와 식별신호로 구성된다.

2. 제1항의 규정된 긴급 또는 식별신호에 후속되는 무선통신은 무선규칙에 이 목적을 위하여 규정된 주파수로, 적절한 간격으로 영어로 전달되며 관련 의무수송기관에 관한 다음의 자료를 전달한다.

　가. 호출신호 또는 그 밖의 승인된 식별수단

　나. 위치

　다. 운송수단의 수 및 종류

　라. 예정노선

　마. 적합할 경우, 주행예상시간 및 출발과 도착 예상시각

　바. 비행고도, 인도되는 무선주파수, 사용어 및 보조탐색레이다방식 및 약호와 같은 모든 정보

3. 제1항, 제2항 및 의정서 제22조, 제23조, 제25조 내지 제31조에 언급된 통신을 용이하게 하기 위하여 체약당사국, 충돌당사국 또는 충돌당사국 일

방은 합의에 따라 또는 단독으로, 국제전기통신협약에 부속된 무선규칙에 따라 통신을 위하여 그들이 사용할 국내선별주파수를 지정의 주파수 배정표에 따라, 그들이 그러한 통신을 위하여 사용할 국내선별주파수를 지정·공표 할 수 있다. 이러한 주파수는 세계무선주관청 회의에서 승인된 절차에 따라 국제전기통신연합에 통고된다.

제 9 조 전자식 식별

1. 1944년 12월 7일자 국제민간항공에 관한 시카고협약 제10부속서에 규정된 후 수시로 수정된 바와 같은 보조탐색레이다(SSR)체제는, 의무용 항공기를 식별하고 그 항로를 추적하기 위하여 사용될 수 있다. 의무용 항공기의 독점적 사용을 위하여 유보되는 방식과 약호는 체약당사국, 충돌당사국 또는 충돌당사국 일방이 합의로 또는 단독으로, 국제민간항공기구에 의하여 권장되는 절차에 따라 설정한다.

2. 보호되는 의무수송기관은 그들의 위치식별을 위하여 표준항공 및 항해레이다송수신기 또는 해운검색 및 구조레이다송수신기를 사용할 수 있다. 보호되는 의무수송기관은 레이 다송수신기에 의해 전달되는 약호, 예를 들면 의무수송기관에 부착되는 약호3/A에 따라 보조탐색레이다 장비를 갖춘 선박이나 항공기에 의하여 식별될 수 있어야 한다. 의무수송기관의 송수신기에 의하여 전달되는 약호는 권한 있는 당국이 그러한 수송기관을 위하여 지정하여야 하며 모든 충돌당사국에 통보되어야 한다.

3. 의무수송기관은 의무수송수단에 의해 전달되는 적절한 수중음향신호에 의해 잠수함이 식별 할 수 있어야 한다. 수중음향신호는 예를 들면 5kHz같은 적절한 음향주파수상의 모오스로 전달되는 YYY 단일 그룹에 후속되는 배의 호출신호로 구성된다. 상기 수중음향식별신호의 사용을 희망하는 충돌당사국은 관련당사국에 가능한 한 신속히 그 신호

를 통지하며, 그들의 병원선의 사용을 통고할 때 사용할 주파수도 함께 통지한다.

4. 충돌당사국은 그들간의 특별한 합의에 의하여 의무용 차량 및 의무용 선박과 항공기의 식별을 위하여 그들이 사용할 유사한 전자식 체제를 설정할 수 있다.

제 4 장 통신

제 10 조 무선통신

1. 제8조에 규정된 긴급신호 및 식별신호는 의정서 제22조, 제23조 및 제25조 내지 제31조에 의하여 시행되는 절차의 적용에 있어 의무부대 및 수송기관에 의한 적절한 무선통신에 선행할 수 있다.

2. 국제전기통신연합 무선규칙의 제40조 및 제40호에 언급된 의무수성기관은 이동위성서비스에 대한 동 무선규칙의 제37조 및 제59호의 규정에 따라 위성시스템을 통하여 그들의 통신을 전달 할 수 있다.

제 11 조 국제약호의 사용

의무부대 및 수송기관은 또한, 국제전신연합, 국제민간항공기구 및 정부 간 해사자문기구에 의하여 제정된 약호 및 신호를 사용할 수 있다. 이러한 약호 및 신호는 전기 제기구에 의하여 제정된 기준, 관행 및 절차에 따라 사용된다.

제 12 조 기타 통신수단

송수신 양용 무선통신이 불가능한 경우에는 정부 간 해사자문기구에 의하여 채택된 국제 신호법 또는 1944년 12월 7일자 국제민간항공에 관한 시카고협약의 해당 부속서에 규정된 후 수시로 수정된 바와 같은 신호가 사용될 수 있다.

제 13 조 비행계획
의정서 제29조에 규정된 비행계획에 관한 합의 및 통고는 가능한 한 국제민간항공기구에 의하여 제정된 절차에 따라 작성된다.

제 14 조 의무용 항공기의 요격에 관한 신호 및 절차
만일 요격기가 비행 중에 있는 의무용 항공기의 정체를 확인하기 위하여 또는 의정서 제30조 및 제31조에 따라 동 항공기를 착륙하도록 요구하기 위하여 사용되는 경우에는, 1944년 12월 7일자로 체결된 후 수시로 수정된 시카고협약 제2부속서에 규정된 시각적 및 무선적요격 표준절차가 요격기에 의하여 사용되어야 한다.

제 5 장 민방위

제 15 조 신분증명서
1. 의정서 제66조 제3항에 규정된 민방위요원용 신분증명서는 본 규칙 제1조의 관계 규정에 의하여 규제된다.
2. 민방위요원용 신분증명서는 표3에 제시된 예형에 따를 수 있다.
3. 만일 민방위요원이 개인용 소화기를 휴대하는 것이 허용되는 경우에는, 그러한 취지의 항목이 전기 신분증명서상에 기재되어야 한다.

제 16 조 국제적 식별표장

1. 의정서 제66조 제4항에 규정된 국제적 민방위표장은 오렌지색바탕에 청색 정삼각형으로 한다. 그 예형은 표4와 같다.

표4 : 오렌지색 바탕에 청색의 삼각형

표3 : 민방위요원용 신분증명서 예형 (규격 : 가로74mm × 세로105mm)

표 면

(본 증명서를 발급하는
국가 및 당국의 명을 기재하기 위한 여백)

민방위요원
신분증명서

성 명 ......

생년월일(또는 연령) ......

신분증번호(있는 경우에 한함) ......

본 증명서의 소지자는 1949년 8월 12일자 제네바 제협약과 1949년 8월 12일자 제네바 제협약에 제협약에 대한 추가 및 국제적 무력충돌 희생자의 보호에 관한 의정서(제1의정서)에 의하여 ......의 자격으로 보호된다.

발급년월일 ......

증명서 번호 ......

발급당국의 서명 ......

유효기간 만료일자 ......

이 면

신장 ...... 안색 ...... 두발색 ......

기타 특징 또는 참고사항:

......

무기

......

소지자의 사진

날 인

소지자의 서명이나
무지인 또는 양자

2. 다음의 사항이 권고된다.

　　가. 만일 청색삼각형이 기치, 완장 또는 근무복에 표시되는 경우에는,
　　　　그 삼각형에 대한 바탕은 오렌지색의 기치, 완장 또는 근무복으로
　　　　할 것.

　　나. 삼각형의 일각은 수직상향으로 할 것.

　　다. 삼각형의 모든 각은 오렌지색 바탕의 가장자리에 닿지 아니할 것.

3. 국제적 식별표장은 상황에 따라 적절한 대형의 규격이어야 한다. 식별
표장은 가능할 경우에는 하시라도 가급적 여러 방향 및 원거리에서 볼
수 있는 평면상 또는 기치 상에 표시된다. 권한 있는 당국의 지시에 따를
것을 조건으로 하여, 민방위요원은 가능한 한 국제적 식별표장이 부착된
모자 및 피복을 착용한다. 야간이나 또는 선명도가 감소된 때에는, 표지
는 조명 또는 채색될 수 있다. 그것은 또한 기술적인 탐지수단에 의하여
분간될 수 있는 자재로 제작될 수 있다.

제 6 장 위험한 물리력을 함유하는 사업장 및 시설

제 17 조 국제적 특별표지

1. 의정서 제56조 제7항에 규정된 위험한 물리력을 함유하는 사업장 및 시
설을 위한 국제적 특별표지는 표5의 도해에 따라, 동일한 축선 상에 위치
하고 각 원 사이의 간격이 그 반경의 길이와 같은 동일규격의 선명한 오
렌지색 3개의 원군으로 하여야 한다.

2. 동 표지는 상황에 따라 적절한 대형의 규격이어야 한다. 연장된 표면상
에 표시될 때에는, 그것은 상황에 따라 적절한 회수로 반복될 수 있다. 동
표지는 가능할 경우에는 하시라도 가급적 여러 방향 및 원거리에서 볼
수 있는 평면상 또는 기치 상에 표시되어야 한다.

3. 기치 상에서는 표지의 윤곽선과 기치의 인접변간의 간격은 그 반경의 길이와 동일하여야 한다. 기치는 직사각형이고 그 바탕은 백색이어야 한다.
4. 야간이나 또는 가시도가 감소된 때에는 표지는 조명 또는 채색될 수 있다. 그것은 또한 기술적 탐지수단에 의하여 분간될 수 있는 자재로 제작될 수 있다.

표5 : 위험한 물리력을 함유하는 사업장 및 시설을 위한 국제적 특별표지

제 II 부속서

위험한 직무에 종사하는 기자용 신분증명서

(표 면)

(본 증명서를 발급하는 국가명)

위험한 직무에 종사하는 기자용

신 분 증 명 서

설 명

본 증명서는 무력충돌 지역내에서 위험한 직무에 종사하는 기자에게 발급됨.

소지자는 1949년 8월 12일자 제네바 제협약 및 그것들에 대한 추가 제1의정서에 의하여 민간인으로서 대우받을 자격이 있음. 본 증명서는 소지자에 의하여 항시 휴대되어야 함. 만일 소지자가 억류되는 경우에는 그 자는 자신의 신원확인을 돕기 위하여 억류당국에 즉시 이를 수교하여야함.

(이 면)

권한이있는 발급당국명 _____		신 장 _____	안 색 _____
		체 중 _____	두발색 _____
		혈액형 _____	Rh인자 _____
장 소 _____		종 교(임의적) _____	
일 자 _____		지 장(임의적) _____	
소지자의 사 진			
	소지자의 서명 _____		
(관인날인)		(좌식지) _____	(우식지) _____
성 _____		신원판별특징 _____	
명 _____		_____	
출생지 및 생년월일 _____		_____	
가자의 소속기관명 _____		_____	
직 종 _____			
유효기간 _____			

(주) 이상 각면의 항목은 한국어와(에) 영어, 아랍어, 스페인어, 프랑스어, 러시아어 본문이 함께 기재됨(여자)

PROTOCOL ADDITIONAL

TO THE GENEVA CONVENTIONS OF 12 AUGUST 1949, AND RELATING TO THE PROTECTION OF VICTIMS OF INTERNATIONAL ARMED CONFLICTS(PROTOCOL I), OF 8 JUNE 1977

Preamble

PART I   General provisions

PART II   Wounded, sick and shipwrecked

SECTION I – General protection

PROTOCOL ADDITIONAL
TO THE GENEVA CONVENTIONS OF 12 AUGUST 1949,
AND RELATING TO THE PROTECTION OF VICTIMS OF
INTERNATIONAL ARMED CONFLICTS(PROTOCOL I), OF 8
JUNE 1977

PREAMBLE

The High Contracting Parties,

Proclaiming their earnest wish to see peace prevail among peoples,

Recalling that every State has the duty, in conformity with the Charter of the United Nations, to refrain in its international relations from the threat or use of force against the sovereignty, territorial integrity or political independence of any State, or in any other manner inconsistent with the purposes of the United Nations,

Believing it necessary nevertheless to reaffirm and develop the provisions protecting the victims of armed conflicts and to supplement measures intended to reinforce their application, Expressing their conviction that nothing in this Protocol or in the Geneva Conventions of 12 August 1949 can be construed as legitimizing or authorizing any act of aggression or any other use of force inconsistent with the Charter of the United Nations,

Reaffirming further that the provisions of the Geneva Conventions of 12 August 1949 and of this Protocol must be fully applied in all circumstances to all persons who are protected by those instruments, without any adverse distinction based on the nature or origin of the armed conflict or on the causes espoused by or attributed to the Parties to the conflict,

Have agreed on the following:

PART I GENERAL PROVISIONS

Article 1 — General principles and scope of application

1. The High Contracting Parties undertake to respect and to ensure respect for this Protocol in all circumstances.

2. In cases not covered by this Protocol or by other international agreements, civilians and combatants remain under the protection and authority of the principles of international law derived from established custom, from the principles of humanity and from the dictates of public conscience.

3. This Protocol, which supplements the Geneva Conventions of 12 August 1949 for the protection of war victims, shall apply in the situations referred to in Article 2 common to those Conventions.

4. The situations referred to in the preceding paragraph include armed conflicts in which peoples are fighting against colonial domination and alien occupation and against racist régimes in the exercise of their right of self-determination, as enshrined in the Charter of the United Nations and the Declaration on Principles of International Law concerning Friendly Relations and Co-operation among States in accordance with the Charter of the United Nations.

Article 2 — Definitions

For the purposes of this Protocol:

a) "First Convention", "Second Convention", "Third Convention" and "Fourth Convention" mean, respectively, the Geneva Convention for the Amelioration of the Condition of the Wounded and Sick in Armed Forces in the Field of 12 August 1949; the Geneva Convention for the Amelioration of the Condition of Wounded, Sick and Shipwrecked Members of Armed Forces at Sea of 12 August 1949; the Geneva Convention relative to the Treatment of Prisoners of War of 12 August 1949; the Geneva Convention relative to the Protection of Civilian Persons in Time of War of 12 August 1949; "the Conventions" means the four Geneva Conventions of 12 August 1949 for the protection of war victims;

b) "rules of international law applicable in armed conflict" means the rules applicable in armed conflict set forth in international agreements to which the Parties to the conflict are Parties and the generally recognized principles and rules of international law which are applicable to armed conflict;

c) "Protecting Power"means a neutral or other State not a Party to the conflict which has been designated by a Party to the conflict and accepted by the adverse Party and has agreed to carry out the functions assigned to a Protecting Power under the Conventions and this Protocol;

d) "substitute"means an organization acting in place of a Protecting Power in accordance with Article 5.

Article 3 — Beginning and end of application

Without prejudice to the provisions which are applicable at all times:

a) the Conventions and this Protocol shall apply from the beginning of any situation referred to in Article 1 of this Protocol;

b) the application of the Conventions and of this Protocol shall cease, in the territory of Parties to the conflict, on the general close of military operations and, in the case of occupied territories, on the termination of the occupation, except, in either circumstance, for those persons whose final release, repatriation or re-establishment takes place thereafter. These persons shall continue to benefit from the relevant provisions of the Conventions and of this Protocol until their final release, repatriation or re-establishment.

Article 4 — Legal status of the Parties to the conflict

The application of the Conventions and of this Protocol, as well as the conclusion of the agreements provided for therein, shall not affect the legal status of the Parties to the conflict. Neither the occupation of a territory nor the application of the Conventions and this Protocol shall affect the legal status of the territory in question.

Article 5 — Appointment of Protecting Powers and of their substitute

1. It is the duty of the Parties to a conflict from the beginning of that conflict to secure the supervision and implementation of the Conventions and of this Protocol by the application of the system of Protecting Powers, including inter alia the designation and acceptance of those Powers, in accordance with the following paragraphs. Protecting Powers shall have the duty of safeguarding the interests of the Parties to the conflict.

2. From the beginning of a situation referred to in Article 1, each Party to the

conflict shall without delay designate a Protecting Power for the purpose of applying the Conventions and this Protocol and shall, likewise without delay and for the same purpose, permit the activities of a Protecting Power which has been accepted by it as such after designation by the adverse Party.

3. If a Protecting Power has not been designated or accepted from the beginning of a situation referred to in Article 1, the International Committee of the Red Cross, without prejudice to the right of any other impartial humanitarian organization to do likewise, shall offer its good offices to the Parties to the conflict with a view to the designation without delay of a Protecting Power to which the Parties to the conflict consent. For that purpose it may, inter alia, ask each Party to provide it with a list of at least five States which that Party considers acceptable to act as Protecting Power on its behalf in relation to an adverse Party, and ask each adverse Party to provide a list of at least five States which it would accept as the Protecting Power of the first Party; these lists shall be communicated to the Committee within two weeks after the receipt of the request; it shall compare them and seek the agreement of any proposed State named on both lists.

4. If, despite the foregoing, there is no Protecting Power, the Parties to the conflict shall accept without delay an offer which may be made by the International Committee of the Red Cross or by any other organization which offers all guarantees of impartiality and efficacy, after due consultations with the said Parties and taking into account the result of these consultations, to act as a substitute. The functioning of such a substitute is subject to the consent of the Parties to the conflict; every effort shall be made by the Parties to the conflict to facilitate the operations of the substitute in the performance

of its tasks under the Conventions and this Protocol.

5. In accordance with Article 4, the designation and acceptance of Protecting Powers for the purpose of applying the Conventions and this Protocol shall not affect the legal status of the Parties to the conflict or of any territory, including occupied territory.

6. The maintenance of diplomatic relations between Parties to the conflict or the entrusting of the protection of a Party's interests and those of its nationals to a third State in accordance with the rules of international law relating to diplomatic relations is no obstacle to the designation of Protecting Powers for the purpose of applying the Conventions and this Protocol.

7. Any subsequent mention in this Protocol of a Protecting Power includes also a substitute.

Article 6 — Qualified persons

1. The High Contracting Parties shall, also in peacetime, endeavour, with the assistance of the national Red Cross (Red Crescent, Red Lion and Sun) Societies, to train qualified personnel to facilitate the application of the Conventions and of this Protocol, and in particular the activities of the Protecting Powers.

2. The recruitment and training of such personnel are within domestic jurisdiction.

3. The International Committee of the Red Cross shall hold at the disposal of the High Contracting Parties the lists of persons so trained which the High Contracting Parties may have established and may have transmitted to it for thatpurpose.

4. The conditions governing the employment of such personnel outside the national territory shall, in each case, be the subject of special agreements between the Parties concerned.

Article 7 — Meetings

The depositary of this Protocol shall convene a meeting of the High Contracting Parties, at the request of one or more of the said Parties and upon the approval of the majority of the said Parties, to consider general problems concerning the application of the Conventions and of the Protocol.

PART II WOUNDED, SICK AND SHIPWRECKED

SECTION I GENERAL PROTECTION

Article 8 — Terminology

For the purposes of this Protocol:

a) "wounded" and "sick" mean persons, whether military or civilian, who, because of trauma, disease or other physical or mental disorder or disability, are in need of medical assistance or care and who refrain from any act of hostility. These terms also cover maternity cases, new-born babies and other persons who may be in need of immediate medical assistance or care, such as the infirm or expectant mothers, and who refrain from any act of hostility;

b) "shipwrecked" means persons, whether military or civilian, who are in peril at sea or in other waters as a result of misfortune affecting them or the vessel or aircraft carrying them and who refrain from any act of hostility. These persons, provided that they continue to refrain from any act of hostility, shall continue to be considered shipwrecked during their rescue until they acquire another status under the Conventions or this Protocol;

c) "medical personnel"means those persons assigned, by a Party to the conflict, exclusively to the medical purposes enumerated under sub-paragraph e) or to the administration of medical units or to the operation or administration of medical transports. Such assignments may be either permanent or temporary. The term includes:

i) medical personnel of a Party to the conflict, whether military or civilian, including those described in the First and Second Conventions, and those assigned to civil defence organizations;

ii) medical personnel of national Red Cross (Red Crescent, Red Lion and Sun) Societies and other national voluntary aid societies duly recognized and authorized by a Party to the conflict;

iii) medical personnel of medical units or medical transports described in Article 9, paragraph 2;

d) "religious personnel"means military or civilian persons, such as chaplains, who are exclusively engaged in the work of their ministry and attached:

i) to the armed forces of a Party to the conflict;

ii) to medical units or medical transports of a Party to the conflict;

iii) to medical units or medical transports described in Article 9, paragraph 2; or

iv) to civil defence organizations of a Party to the conflict.

The attachment of religious personnel may be either permanent or temporary, and the relevant provisions mentioned under sub-paragraph k) apply to them;

e) "medical units" means establishments and other units, whether military or civilian, organized for medical purposes, namely the search for, collection, transportation, diagnosis or treatment — including first-aid treatment — of the wounded, sick and shipwrecked, or for the prevention of disease. The term includes, for example, hospitals and other similar units, blood transfusion centers, preventive medicine centers and institutes, medical depots and the medical and pharmaceutical stores of such units. Medical units may be fixed or mobile, permanent or temporary;

f) "medical transportation"means the conveyance by land, water or air of the wounded, sick, shipwrecked, medical personnel, religious personnel, medical equipment or medical supplies protected by the Conventions and by this Protocol;

g) "medical transports" means any means of transportation, whether military or civilian, permanent or temporary, assigned exclusively to medical transportation and under the control of a competent authority of a Party to the conflict;

h) "medical vehicles"means any medical transports by land;

i) "medical ships and craft"means any medical transports by water;

j) "medical aircraft"means any medical transports by air;

k) "permanent medical personnel", "permanent medical units" and "permanent medical transports" mean those assigned exclusively to medical purposes for an indeterminate period."Temporary medical personnel","temporary medical units" and "temporary medical transports"mean those devoted exclusively to medical purposes for limited periods during the whole of such periods. Unless otherwise specified, the terms "medical personnel", "medical units" and "medical transports" cover both permanent and temporary categories;

l) "distinctive emblem" means the distinctive emblem of the red cross, red crescent or red lion and sun on a white ground when used for the protection of medical units and transports, or medical and religious personnel, equipment or supplies;

m) "distinctive signal" means any signal or message specified for the identification exclusively of medical units or transports in Chapter III of Annex I to this Protocol.

Article 9 — Field of application

1. This Part, the provisions of which are intended to ameliorate the condition of the wounded, sick and shipwrecked, shall apply to all those affected by a situation referred to in Article 1,without any adverse distinction founded on race, colour, sex, language, religion or belief, political or other opinion, national or social origin, wealth, birth or other status, or on any other similar criteria.

2. The relevant provisions of Articles 27 and 32 of the First Convention shall apply to permanent medical units and transports (other than hospital ships, to which Article 25 of the Second Convention applies) and their personnel made available to a Party to the conflict for humanitarian purposes:

a) by a neutral or other State which is not a Party to that conflict;

b) by a recognized and authorized aid society of such a State;

c) by an impartial international humanitarian organization.

Article 10 — Protection and care

1. All the wounded, sick and shipwrecked, to whichever Party they belong, shall be respected and protected.

2. In all circumstances they shall be treated humanely and shall receive, to the fullest extent practicable and with the least possible delay, the medical care and attention required by their condition. There shall be no distinction among them founded on any grounds other than medical ones.

Article 11 — Protection of persons

1. The physical or mental health and integrity of persons who are in the power of the adverse Party or who are interned, detained or otherwise deprived of liberty as a result of a situation referred to in Article 1 shall not be endangered by any unjustified act or omission. Accordingly, it is prohibited to subject the persons described in this Article to any medical procedure which is not indicated by the state of health of the person concerned and which is not consistent with generally accepted medical standards which would be applied under similar medical circumstances to persons who are nationals of the Party conducting the procedure and who are in no way deprived of liberty.

2. It is, in particular, prohibited to carry out on such persons, even with their consent:

   a) physical mutilations;

   b) medical or scientific experiments;

c) removal of tissue or organs for transplantation, except where these acts are justified in conformity with the conditions provided for in paragraph 1.

3. Exceptions to the prohibition in paragraph 2 c) may be made only in the case of donations of blood for transfusion or of skin for grafting, provided that they are given voluntarily and without any coercion or inducement, and then only for therapeutic purposes. under conditions consistent with generally accepted medical standards and controls designed for the benefit of both the donor and the recipient.

4. Any wilful act or omission which seriously endangers the physical or mental health or integrity of any person who is in the power of a Party other than the one on which he depends and which either violates any of the prohibitions in paragraphs 1 and 2 or fails to comply with the requirements of paragraph 3 shall be a grave breach of this Protocol.

5. The persons described in paragraph 1 have the right to refuse any surgical operation. In case of refusal, medical personnel shall endeavour to obtain a written statement to that effect, signed or acknowledged by the patient.

6. Each Party to the conflict shall keep a medical record for every donation of blood for transfusion or skin for grafting by persons referred to in paragraph 1, if that donation is made under the responsibility of that Party. In addition, each Party to the conflict shall endeavour to keep a record of all medical procedures undertaken with respect to any person who is interned, detained or otherwise deprived of liberty as a result of a situation referred to in Article 1. These records shall be available at all times for inspection by the Protecting Power.

Article 12 — Protection of medical units

1. Medical units shall be respected and protected at all times and shall not be the object of attack.

2. Paragraph 1 shall apply to civilian medical units, provided that they:

    a) belong to one of the Parties to the conflict;

    b) are recognized and authorized by the competent authority of one of the Parties to the conflict; or

    c) are authorized in conformity with Article 9, paragraph 2, of this Protocol or Article 27 of the First Convention.

3. The Parties to the conflict are invited to notify each other of the location of their medical units. The absence of such notification shall not exempt any of the Parties from the obligation to comply with the provisions of paragraph 1.

4. Under no circumstances shall medical units be used in an attempt to shield military objectives from attack. Whenever possible, the Parties to the conflict shall ensure that medical units are so sited that attacks against military objectives do not imperil their safety.

Article 13 — Discontinuance of protection of civilian medical units

1. The protection to which civilian medical units are entitled shall not cease unless they are used to commit, outside their humanitarian function, acts harmful to the enemy. Protection may, however, cease only after a warning has been given setting, whenever appropriate, a reasonable time-limit, and after such warning has remained unheeded.

2. The following shall not be considered as acts harmful to the enemy:

    a) that the personnel of the unit are equipped with light individual weapons for their own defence or for that of the wounded and sick in their charge;

b) that the unit is guarded by a picket or by sentries or by an escort;

c) that small arms and ammunition taken from the wounded and sick, and not yet handed to the proper service, are found in the units;

d) that members of the armed forces or other combatants are in the unit for medical reasons.

Article 14 — Limitations on requisition of civilian medical units

1. The Occupying Power has the duty to ensure that the medical needs of the civilian population in occupied territory continue to be satisfied.

2. The Occupying Power shall not, therefore, requisition civilian medical units, their equipment, their matériel or the services of their personnel, so long as these resources are necessary for the provision of adequate medical services for the civilian population and for the continuing medical care of any wounded and sick already under treatment.

3. Provided that the general rule in paragraph 2 continues to be observed, the Occupying Power may requisition the said resources, subject to the following particular conditions:

a) that the resources are necessary for the adequate and immediate medical treatment of the wounded and sick members of the armed forces of the Occupying Power or of prisoners of war;

b) that the requisition continues only while such necessity exists; and

c) that immediate arrangements are made to ensure that the medical needs of the civilian population, as well as those of any wounded and sick under treatment who are affected by the requisition, continue to be satisfied.

Article 15 — Protection of civilian medical and religious personnel

1. Civilian medical personnel shall be respected and protected.

2. If needed, all available help shall be afforded to civilian medical personnel in an area where civilian medical services are disrupted by reason of combat activity.

3. The Occupying Power shall afford civilian medical personnel in occupied territories every assistance to enable them to perform, to the best of their ability, their humanitarian functions. The Occupying Power may not require that, in the performance of those functions, such personnel shall give priority to the treatment of any person except on medical grounds. They shall not be compelled to carry out tasks which are not compatible with their humanitarian mission.

4. Civilian medical personnel shall have access to any place where their services are essential, subject to such supervisory and safety measures as the relevant Party to the conflict may deem necessary.

5. Civilian religious personnel shall be respected and protected. The provisions of the Conventions and of this Protocol concerning the protection and identification of medical personnel shall apply equally to such persons.

Article 16 — General protection of medical duties

1. Under no circumstances shall any person be punished for carrying out medical activities compatible with medical ethics, regardless of the person benefiting therefrom.

2. Persons engaged in medical activities shall not be compelled to perform acts

or to carry out work contrary to the rules of medical ethics or to other medical rules designed for the benefit of the wounded and sick or to the provisions of the Conventions or of this Protocol, or to refrain from performing acts or from carrying out work required by those rules and provisions.

3. No person engaged in medical activities shall be compelled to give to anyone belonging either to an adverse Party, or to his own Party except as required by the law of the latter Party, any information concerning the wounded and sick who are, or who have been, under his care, if such information would, in his opinion, prove harmful to the patients concerned or to their families. Regulations for the compulsory notification of communicable diseases shall, however, be respected.

Article 17 — Role of the civilian population and of aid societies

1. The civilian population shall respect the wounded, sick and shipwrecked, even if they belong to the adverse Party, and shall commit no act of violence against them. The civilian population and aid societies, such as national Red Cross (Red Crescent, Red Lion and Sun) Societies, shall be permitted, even on their own initiative, to collect and care for the wounded, sick and shipwrecked, even in invaded or occupied areas. No one shall be harmed, prosecuted, convicted or punished for such humanitarian acts.

2. The Parties to the conflict may appeal to the civilian population and the aid societies referred to in paragraph 1 to collect and care for the wounded, sick and shipwrecked, and to search for the dead and report their location; they shall grant both protection and the necessary facilities to those who respond

to this appeal. If the adverse Party gains or regains control of the area, that Party also shall afford the same protection and facilities for so long as they are needed.

Article 18 — Identification

1. Each Party to the conflict shall endeavour to ensure that medical and religious personnel and medical units and transports are identifiable.

2. Each Party to the conflict shall also endeavour to adopt and to implement methods and procedures which will make it possible to recognize medical units and transports which use the distinctive emblem and distinctive signals.

3. In occupied territory and in areas where fighting is taking place or is likely to take place, civilian medical personnel and civilian religious personnel should be recognizable by the distinctive emblem and an identity card certifying their status.

4. With the consent of the competent authority, medical units and transports shall be marked by the distinctive emblem. The ships and craft referred to in Article 22 of this Protocol shall be marked in accordance with the provisions of the Second Convention.

5. In addition to the distinctive emblem, a Party to the conflict may, as provided in Chapter III of Annex 1 to this Protocol, authorize the use of distinctive signals to identify medical units and transports. Exceptionally, in the special cases covered in that Chapter, medical transports may use distinctive signals without displaying the distinctive emblem.

6. The application of the provisions of paragraphs 1 to 5 of this Article is

governed by Chapters I to III of Annex I to this Protocol. Signals designated in Chapter III of the Annex for the exclusive use of medical units and transports shall not, except as provided therein, be used for any purpose other than to identify the medical units and transports specified in that Chapter.

7. This Article does not authorize any wider use of the distinctive emblem in peacetime than is prescribed in Article 44 of the First Convention.

8. The provisions of the Conventions and of this Protocol relating to supervision of the use of the distinctive emblem and to the prevention and repression of any misuse thereof shall be applicable to distinctive signals.

Article 19 — Neutral and other States not Parties to the conflict

Neutral and other States not Parties to the conflict shall apply the relevant provisions of this Protocol to persons protected by this Part who may be received or interned within their territory, and to any dead of the Parties to that conflict whom they may find.

Article 20 — Prohibition of reprisals

Reprisals against the persons and objects protected by this Part are prohibited.

SECTION II MEDICAL TRANSPORTATION

Article 21 — Medical vehicles

Medical vehicles shall be respected and protected in the same way as mobile medical units under the Conventions and this Protocol.

Article 22 — Hospital ships and coastal rescue craft

1. The provisions of the Conventions relating to:

   a) vessels described in Articles 22, 24, 25 and 27 of the Second Convention,

   b) their lifeboats and small craft,

   c) their personnel and crews, and

   d) the wounded, sick and shipwrecked on board, shall also apply where these vessels carry civilian wounded, sick and shipwrecked who do not belong to any of the categories mentioned in Article 13 of the Second Convention. Such civilians shall not, however, be subject to surrender to any Party which is not their own, or to capture at sea. If they find themselves in the power of a Party to the conflict other than their own, they shall be covered by the Fourth Convention and by this Protocol.

2. The protection provided by the Conventions to vessels described in Article 25 of the Second Convention shall extend to hospital ships made available for humanitarian purposes to a Party to the conflict:

   a) by a neutral or other State which is not a Party to that conflict; or

   b) by an impartial international humanitarian organization, provided that, in either case, the requirements set out in that Article are complied with.

3. Small craft described in Article 27 of the Second Convention shall be protected even if the notification envisaged by that Article has not been made. The Parties to the conflict are, nevertheless, invited to inform each other of any details of such craft which will facilitate their identification and recognition.

Article 23 — Other medical ships and craft

1. Medical ships and craft other than those referred to in Article 22 of this Protocol and Article 38 of the Second Convention shall,whether at sea or in other waters, be respected and protected in the same way as mobile medical units under the Conventions and this Protocol. Since this protection can only be effective if they can be identified and recognized as medical ships or craft, such vessels should be marked with the distinctive emblem and as far as possible comply with the second paragraph of Article 43 of the Second Convention.

2. The ships and craft referred to in paragraph 1 shall remain subject to the laws of war. Any warship on the surface able immediately to enforce its command may order them to stop, order them off, or make them take a certain course, and they shall obey every such command. Such ships and craft may not in any other way be diverted from their medical mission so long as they are needed for the wounded, sick and shipwrecked on board.

3. The protection provided in paragraph 1 shall cease only under the conditions set out in Articles 34 and 35 of the Second Convention. A clear refusal to obey a command given in accordance with paragraph 2 shall be an act harmful to the enemy under Article 34 of the Second Convention.

4. A Party to the conflict may notify any adverse Party as far in advance of sailing as possible of the name, description, expected time of sailing, course and estimated speed of the medical ship or craft, particularly in the case of ships of over 2,000 gross tons, and may provide any other information which would facilitate identification and recognition. The adverse Party shall acknowledge receipt of such information.

5. The provisions of Article 37 of the Second Convention shall apply to medical and religious personnel in such ships and craft.

6. The provisions of the Second Convention shall apply to the wounded, sick and shipwrecked belonging to the categories referred to in Article 13 of the Second Convention and in Article 44 of this Protocol who may be on board such medical ships and craft. Wounded, sick and shipwrecked civilians who do not belong to any of the categories mentioned in Article 13 of the Second Convention shall not be subject, at sea, either to surrender to any Party which is not their own, or to removal from such ships or craft; if they find themselves in the power of a Party to the conflict other than their own, they shall be covered by the Fourth Convention and by this Protocol.

Article 24 — Protection of medical aircraft
Medical aircraft shall be respected and protected, subject to the provisions of this Part.

Article 25 — Medical aircraft in areas not controlled by an adverse Party
In and over land areas physically controlled by friendly forces, or in and over sea areas not physically controlled by an adverse Party, the respect and protection of medical aircraft of a Party to the conflict is not dependent on any agreement with an adverse Party. For greater safety, however, a Party to the conflict operating its medical aircraft in these areas may notify the adverse Party, as provided in Article 29, in particular when such aircraft are making flights bringing them within range of surface-to-air weapons systems of the adverse Party.

Article 26 — Medical aircraft in contact or similar zones

1. In and over those parts of the contact zone which are physically controlled by friendly forces and in and over those areas the physical control of which is not clearly established, protection for medical aircraft can be fully effective only by prior agreement between the competent military authorities of the Parties to the conflict, as provided for in Article 29. Although, in the absence of such an agreement, medical aircraft operate at their own risk, they shall nevertheless be respected after they have been recognized as such.

2. "Contact zone" means any area on land where the forward elements of opposing forces are in contact with each other, especially where they are exposed to direct fire from the ground.

Article 27 — Medical aircraft in areas controlled by an adverse Party

1. The medical aircraft of a Party to the conflict shall continue to be protected while flying over land or sea areas physically controlled by an adverse Party, provided that prior agreement to such flights has been obtained from the competent authority of that adverse Party.

2. A medical aircraft which flies over an area physically controlled by an adverse Party without, or in deviation from the terms of, an agreement provided for in paragraph 1, either through navigational error or because of an emergency affecting the safety of the flight, shall make every effort to identify itself and to inform the adverse Party of the circumstances. As soon as such medical aircraft has been recognized by the adverse Party, that Party shall make all reasonable efforts to give the order to land or to alight on

water, referred to in Article 30, paragraph 1, or to take other measures to safeguard its own interests, and, in either case, to allow the aircraft time for compliance, before resorting to an attack against the aircraft.

Article 28 — Restrictions on operations of medical aircraft

1. The Parties to the conflict are prohibited from using their medical aircraft to attempt to acquire any military advantage over an adverse Party. The presence of medical aircraft shall not be used in an attempt to render military objectives immune from attack.

2. Medical aircraft shall not be used to collect or transmit intelligence data and shall not carry any equipment intended for such purposes. They are prohibited from carrying any persons or cargo not included within the definition in Article 8, sub-paragraph f). The carrying on board of the personal effects of the occupants or of equipment intended solely to facilitate navigation, communication, or identification shall not be considered as prohibited.

3. Medical aircraft shall not carry any armament except small arms and ammunition taken from the wounded, sick and shipwrecked on board and not yet handed to the proper service, and such light individual weapons as may be necessary to enable the medical personnel on board to defend themselves and the wounded, sick and shipwrecked in their charge.

4. While carrying out the flights referred to in Articles 26 and 27, medical aircraft shall not, except by prior agreement with the adverse Party, be used to search for the wounded, sick and shipwrecked.

Article 29 — Notifications and agreements concerning medical aircraft

1. Notifications under Article 25, or requests for prior agreement under Articles 26, 27, 28 (paragraph 4), or 31 shall state the proposed number of medical aircraft, their flight plans and means of identification, and shall be understood to mean that every flight will be carried out in compliance with Article 28.

2. A Party which receives a notification given under Article 25 shall at once acknowledge receipt of such notification.

3. A Party which receives a request for prior agreement under Articles 26, 27, 28(paragraph 4), or 31 shall, as rapidly as possible, notify the requesting Party:

   a) that the request is agreed to;

   b) that the request is denied; or

   c) of reasonable alternative proposals to the request. It may also propose a prohibition or restriction of other flights in the area during the time involved. If the Party which submitted the request accepts the alternative proposals, it shall notify the other Party of such acceptance.

4. The Parties shall take the necessary measures to ensure that notifications and agreements can be made rapidly.

5. The Parties shall also take the necessary measures to disseminate rapidly the substance of any such notifications and agreements to the military units concerned and shall instruct those units regarding the means of identification that will be used by the medical aircraft in question.

Article 30 — Landing and inspection of medical aircraft

1. Medical aircraft flying over areas which are physically controlled by an

adverse Party, or over areas the physical control of which is not clearly established, may be ordered to land or to alight on water, as appropriate, to permit inspection in accordance with the following paragraphs. Medical aircraft shall obey any such order.

2. If such an aircraft lands or alights on water, whether ordered to do so or for other reasons, it may be subjected to inspection solely to determine the matters referred to in paragraphs 3 and 4. Any such inspection shall be commenced without delay and shall be conducted expeditiously. The inspecting Party shall not require the wounded and sick to be removed from the aircraft unless their removal is essential for the inspection. That Party shall in any event ensure that the condition of the wounded and sick is not adversely affected by the inspection or by the removal.

3. If the inspection discloses that the aircraft:
   a) is a medical aircraft within the meaning of Article 8, sub-paragraph j),
   b) is not in violation of the conditions prescribed in Article 28, and
   c) has not flown without or in breach of a prior agreement where such agreement is required, the aircraft and those of its occupants who belong to the adverse Party or to a neutral or other State not a Party to the conflict shall be authorized to continue the flight without delay.

4. If the inspection discloses that the aircraft:
   a) is not a medical aircraft within the meaning of Article 8, sub-paragraph j),
   b) is in violation of the conditions prescribed in Article 28, or
   c) has flown without or in breach of a prior agreement where such agreement is required, the aircraft may be seized. Its occupants shall be treated in conformity with the relevant provisions of the Conventions and

of this Protocol. Any aircraft seized which had been assigned as a permanent medical aircraft may be used thereafter only as a medical aircraft.

Article 31 — Neutral or other States not Parties to the conflict

1. Except by prior agreement, medical aircraft shall not fly over or land in the territory of a neutral or other State not a Party to the conflict. However, with such an agreement, they shall be respected throughout their flight and also for the duration of any calls in the territory. Nevertheless they shall obey any summons to land or to alight on water, as appropriate.

2. Should a medical aircraft, in the absence of an agreement or in deviation from the terms of an agreement, fly over the territory of a neutral or other State not a Party to the conflict, either through navigational error or because of an emergency affecting the safety of the flight, it shall make every effort to give notice of the flight and to identify itself. As soon as such medical aircraft is recognized, that State shall make all reasonable efforts to give the order to land or to alight on water referred to in Article 30, paragraph 1, or to take other measures to safeguard its own interests, and, in either case, to allow the aircraft time for compliance, before resorting to an attack against the aircraft.

3. If a medical aircraft, either by agreement or in the circumstances mentioned in paragraph 2, lands or alights on water in the territory of a neutral or other State not Party to the conflict, whether ordered to do so or for other reasons, the aircraft shall be subject to inspection for the purposes of determining whether it is in fact a medical aircraft. The inspection shall be commenced

without delay and shall be conducted expeditiously. The inspecting Party shall not require the wounded and sick of the Party operating the aircraft to be removed from it unless their removal is essential for the inspection. The inspecting Party shall in any event ensure that the condition of the wounded and sick is not adversely affected by the inspection or the removal. If the inspection discloses that the aircraft is in fact a medical aircraft, the aircraft with its occupants, other than those who must be detained in accordance with the rules of international law applicable in armed conflict, shall be allowed to resume its flight, and reasonable facilities shall be given for the continuation of the flight. If the inspection discloses that the aircraft is not a medical aircraft, it shall be seized and the occupants treated in accordance with paragraph 4.

4. The wounded, sick and shipwrecked disembarked, otherwise than temporarily, from a medical aircraft with the consent of the local authorities in the territory of a neutral or other State not a Party to the conflict shall, unless agreed otherwise between that State and the Parties to the conflict, be detained by that State where so required by the rules of international law applicable in armed conflict, in such a manner that they cannot again take part in the hostilities. The cost of hospital treatment and internment shall be borne by the State to which those persons belong.

5. Neutral or other States not Parties to the conflict shall apply any conditions and restrictions on the passage of medical aircraft over, or on the landing of medical aircraft in, their territory equally to all Parties to the conflict.

SECTION III MISSING AND DEAD PERSONS

Article 32 — General principle

In the implementation of this Section, the activities of the High Contracting Parties, of the Parties to the conflict and of the international humanitarian organizations mentioned in the Conventions and in this Protocol shall be prompted mainly by the right of families to know the fate of their relatives.

Article 33 — Missing persons

1. As soon as circumstances permit, and at the latest from the end of active hostilities, each Party to the conflict shall search for the persons who have been reported missing by an adverse Party. Such adverse Party shall transmit all relevant information concerning such persons in order to facilitate such searches.

2. In order to facilitate the gathering of information pursuant to the preceding paragraph, each Party to the conflict shall, with respect to persons who would not receive more favourable consideration under the Conventions and this Protocol:

   a) record the information specified in Article 138 of the Fourth Convention in respect of such persons who have been detained, imprisoned or otherwise held in captivity for more than two weeks as a result of hostilities or occupation, or who have died during any period of detention;

   b) to the fullest extent possible, facilitate and, if need be, carry out the search for and the recording of information concerning such persons if they have died in other circumstances as a result of hostilities or occupation.

3. Information concerning persons reported missing pursuant to paragraph 1 and requests for such information shall be transmitted either directly or through the Protecting Power or the Central Tracing Agency of the International Committee of the Red Cross or national Red Cross (Red Crescent, Red Lion and Sun) Societies. Where the information is not transmitted through the International Committee of the Red Cross and its Central Tracing Agency, each Party to the conflict shall ensure that such information is also supplied to the Central Tracing Agency.

4. The Parties to the conflict shall endeavour to agree on arrangements for teams to search for, identify and recover the dead from battlefied areas, including arrangements, if appropriate, for such teams to be accompanied by personnel of the adverse Party while carrying out these missions in areas controlled by the adverse Party. Personnel of such teams shall be respected and protected while exclusively carrying out these duties.

Article 34 — Remains of deceased

1. The remains of persons who have died for reasons related to occupation or in detention resulting from occupation or hostilities and those of persons not nationals of the country in which they have died as a result of hostilities shall be respected, and the gravesites of all such persons shall be respected, maintained and marked as provided for in Article 130 of the Fourth Convention, where their remains or gravesites would not receive more favourable consideration under the Conventions and this Protocol.

2. As soon as circumstances and the relations between the adverse Parties permit, the High Contracting Parties in whose territories graves and, as the case may be, other locations of the remains of persons who have died as a result of hostilities or during occupation or in detention are situated, shall conclude agreements in order:

a) to facilitate access to the gravesites by relatives of the deceased and by representatives of official graves registration services and to regulate the practical arrangements for such access;

b) to protect and maintain such gravesites permanently;

c) to facilitate the return of the remains of the deceased and of personal effects to the home country upon its request or, unless that country objects, upon the request of the next of kin.

3. In the absence of the agreements provided for in paragraph 2 b) or c) and if the home country of such deceased is not willing to arrange at its expense for the maintenance of such gravesites, the High Contracting Party in whose territory the gravesites are situated may offer to facilitate the return of the remains of the deceased to the home country. Where such an offer has not been accepted the High Contracting Party may, after the expiry of five years from the date of the offer and upon due notice to the home country, adopt the arrangements laid down in its own laws relating to cemeteries and graves.

4. A High Contracting Party in whose territory the gravesites referred to in this Article are situated shall be permitted to exhume the remains only:

a) in accordance with paragraphs 2 c) and 3, or

b) where exhumation is a matter of overriding public necessity, including cases of medical and investigative necessity, in which case the High Contracting Party shall at all times respect the remains, and shall give notice to the home country of its intention to exhume the remains together with details of the intended place of reinterment.

PART III METHODS AND MEANS OF WARFARE COMBATANT AND PRISONER-OF-WAR STATUS

SECTION I METHODS AND MEANS OF WARFARE

Article 35 — Basic rules

1. In any armed conflict, the right of the Parties to the conflict to choose methods or means of warfare is not unlimited.

2. It is prohibited to employ weapons, projectiles and material and methods of warfare of a nature to cause superfluous injury or unnecessary suffering.

3. It is prohibited to employ methods or means of warfare which are intended, or may be expected, to cause widespread, long-term and severe damage to the natural environment.

Article 36 — New weapons

In the study, development, acquisition or adoption of a new weapon, means or method of warfare, a High Contracting Party is under an obligation to determine whether its employment would, in some or all circumstances, be prohibited by this Protocol or by any other rule of international law applicable to the High Contracting Party.

Article 37 — Prohibition of perfidy

1. It is prohibited to kill, injure or capture an adversary by resort to perfidy. Acts inviting the confidence of an adversary to lead him to believe that he is entitled to, or is obliged to accord, protection under the rules of international law applicable in armed conflict, with intent to betray that confidence, shall constitute perfidy. The following acts are examples of perfidy:

    a) the feigning of an intent to negotiate under a flag of truce or of a surrender;

    b) the feigning of an incapacitation by wounds or sickness;

    c) the feigning of civilian, non-combatant status; and

    d) the feigning of protected status by the use of signs,emblems or uniforms of the United Nations or of neutral or other States not Parties to the conflict.

2. Ruses of war are not prohibited. Such ruses are acts which are intended to mislead an adversary or to induce him to act recklessly but which infringe no rule of international law applicable in armed conflict and which are not perfidious because they do not invite the confidence of an adversary with respect to protection under that law. The following are examples of such ruses: the use of camouflage, decoys, mock operations and misinformation.

Article 38 — Recognized emblems

1. It is prohibited to make improper use of the distinctive emblem of the red

cross, red crescent or red lion and sun or of other emblems, signs or signals provided for by the Conventions or by this Protocol. It is also prohibited to misuse deliberately in an armed conflict other internationally recognized protective emblems, signs or signals, including the flag of truce, and the protective emblem of cultural property.

2. It is prohibited to make use of the distinctive emblem of the United Nations, except as authorized by that Organization.

Article 39 — Emblems of nationality

1. It is prohibited to make use in an armed conflict of the flags or military emblems, insignia or uniforms of neutral or other States not Parties to the conflict.

2. It is prohibited to make use of the flags or military emblems, insignia or uniforms of adverse Parties while engaging in attacks or in order to shield, favour, protect or impede military operations.

3. Nothing in this Article or in Article 37, paragraph 1 d), shall affect the existing generally recognized rules of international law applicable to espionage or to the use of flags in the conduct of armed conflict at sea.

Article 40 — Quarter

It is prohibited to order that there shall be no survivors, to threaten an adversary therewith or to conduct hostilities on this basis.

Article 41 — Safeguard of an enemy hors de combat

1. A person who is recognized or who, in the circumstances, should be recognized to be hors de combat shall not be made the object of attack.

2. A person is hors de combat if:

a) he is in the power of an adverse Party;

b) he clearly expresses an intention to surrender; or

c) he has been rendered unconscious or is otherwise incapacitated by wounds or sickness, and therefore is incapable of defending himself; provided that in any of these cases he abstains from any hostile act and does not attempt to escape.

3. When persons entitled to protection as prisoners of war have fallen into the power of an adverse Party under unusual conditions of combat which prevent their evacuation as provided for in Part III, Section I, of the Third Convention, they shall be released and all feasible precautions shall be taken to ensure their safety.

Article 42 — Occupants of aircraft

1. No person parachuting from an aircraft in distress shall be made the object of attack during his descent.

2. Upon reaching the ground in territory controlled by an adverse Party, a person who has parachuted from an aircraft in distress shall be given an opportunity to surrender before being made the object of attack, unless it is apparent that he is engaging in a hostile act.

3. Airborne troops are not protected by this Article.

SECTION II COMBATANT AND PRISONER—OF—WAR STATUS

Article 43 — Armed forces

1. The armed forces of a Party to a conflict consist of all organized armed

forces, groups and units which are under a command responsible to that Party for the conduct of its subordinates, even if that Party is represented by a government or an authority not recognized by an adverse Party. Such armed forces shall be subject to an internal disciplinary system which, inter alia, shall enforce compliance with the rules of international law applicable in armed conflict.

2. Members of the armed forces of a Party to a conflict (other than medical personnel and chaplains covered by Article 33 of the Third Convention) are combatants, that is to say, they have the right to participate directly in hostilities.

3. Whenever a Party to a conflict incorporates a paramilitary or armed law enforcement agency into its armed forces it shall so notify the other Parties to the conflict.

Article 44 — Combatants and prisoners of war

1. Any combatant, as defined in Article 43, who falls into the power of an adverse Party shall be a prisoner of war.

2. While all combatants are obliged to comply with the rules of international law applicable in armed conflict, violations of these rules shall not deprive a combatant of his right to be a combatant or, if he falls into the power of an adverse Party, of his right to be a prisoner of war, except as provided in paragraphs 3 and 4.

3. In order to promote the protection of the civilian population from the effects of hostilities, combatants are obliged to distinguish themselves from the civilian population while they are engaged in an attack or in a military

operation preparatory to an attack. Recognizing, however, that there are situations in armed conflicts where,owing to the nature of the hostilities an armed combatant cannot so distinguish himself, he shall retain his status as a combatant, provided that, in such situations, he carries his arms openly:

a) during each military engagement, and

b) during such time as he is visible to the adversary while he is engaged in a military deployment preceding the launching of an attack in which he is to participate. Acts which comply with the requirements of this paragraph shall not be considered as perfidious within the meaning of Article 37, paragraph 1 c).

4. A combatant who falls into the power of an adverse Party while failing to meet the requirements set forth in the second sentence of paragraph 3 shall forfeit his right to be a prisoner of war, but he shall, nevertheless, be given protections equivalent in all respects to those accorded to prisoners of war by the Third Convention and by this Protocol. This protection includes protections equivalent to those accorded to prisoners of war by the Third Convention in the case where such a person is tried and punished for any offences he has committed.

5. Any combatant who falls into the power of an adverse Party while not engaged in an attack or in a military operation preparatory to an attack shall not forfeit his rights to be a combatant and a prisoner of war by virtue of his prior activities.

6. This Article is without prejudice to the right of any person to be a prisoner of war pursuant to Article 4 of the Third Convention.

7. This Article is not intended to change the generally accepted practice of

States with respect to the wearing of the uniform by combatants assigned to the regular, uniformed armed units of a Party to the conflict.

8. In addition to the categories of persons mentioned in Article 13 of the First and Second Conventions, all members of the armed forces of a Party to the conflict, as defined in Article 43 of this Protocol, shall be entitled to protection under those Conventions if they are wounded or sick or, in the case of the Second Convention, shipwrecked at sea or in other waters.

Article 45 — Protection of persons who have taken part in hostilities

1. A person who takes part in hostilities and falls into the power of an adverse Party shall be presumed to be a prisoner of war, and therefore shall be protected by the Third Convention, if he claims the status of prisoner of war, or if he appears to be entitled to such status, or if the Party on which he depends claims such status on his behalf by notification to the detaining Power or to the Protecting Power. Should any doubt arise as to whether any such person is entitled to the status of prisoner of war, he shall continue to have such status and, therefore, to be protected by the Third Convention and this Protocol until such time as his status has been determined by a competent tribunal.

2. If a person who has fallen into the power of an adverse Party is not held as a prisoner of war and is to be tried by that Party for an offence arising out of the hostilities, he shall have the right to assert his entitlement to prisoner-of-war status before a judicial tribunal and to have that question adjudicated. Whenever possible under the applicable procedure, this adjudication shall occur before the trial for the offence. The representatives

of the Protecting Power shall be entitled to attend the proceedings in which that question is adjudicated, unless, exceptionally, the proceedings are held in camera in the interest of State security. In such a case the detaining Power shall advise the Protecting Power accordingly.

3. Any person who has taken part in hostilities, who is not entitled to prisoner-ofwar status and who does not benefit from more favourable treatment in accordance with the Fourth Convention shall have the right at all times to the protection of Article 75 of this Protocol. In occupied territory, any such person, unless he is held as a spy, shall also be entitled, notwithstanding Article 5 of the Fourth Convention, to his rights of communication under that Convention.

Article 46 — Spies

1. Notwithstanding any other provision of the Conventions or of this Protocol, any member of the armed forces of a Party to the conflict who falls into the power of an adverse Party while engaging in espionage shall not have the right to the status of prisoner of war and may be treated as a spy.

2. A member of the armed forces of a Party to the conflict who, on behalf of that Party and in territory controlled by an adverse Party, gathers or attempts to gather information shall not be considered as engaging in espionage if, while so acting, he is in the uniform of his armed forces.

3. A member of the armed forces of a Party to the conflict who is a resident of territory occupied by an adverse Party and who, on behalf of the Party on which he depends, gathers or attempts to gather information of military value within that territory shall not be considered as engaging in espionage

unless he does so through an act of false pretences or deliberately in a clandestine manner. Moreover, such a resident shall not lose his right to the status of prisoner of war and may not be treated as a spy unless he is captured while engaging in espionage.

4. A member of the armed forces of a Party to the conflict who is not a resident of territory occupied by an adverse Party and who has engaged in espionage in that territory shall not lose his right to the status of prisoner of war and may not be treated as a spy unless he is captured before he has rejoined the armed forces to which he belongs.

Article 47 — Mercenaries

1. A mercenary shall not have the right to be a combatant or a prisoner of war.

2. A mercenary is any person who:

    a) is specially recruited locally or abroad in order to fight in an armed conflict;

    b) does, in fact, take a direct part in the hostilities;

    c) is motivated to take part in the hostilities essentially by the desire for private gain and, in fact, is promised, by or on behalf of a Party to the conflict, material compensation substantially in excess of that promised or paid to combatants of similar ranks and functions in the armed forces of that Party;

    d) is neither a national of a Party to the conflict nor a resident of territory controlled by a Party to the conflict;

    e) is not a member of the armed forces of a Party to the conflict; and

    f) has not been sent by a State which is not a Party to the conflict on official duty as a member of its armed forces.

PART IV CIVILIAN POPULATION

SECTION I GENERAL PROTECTION AGAINST EFFECTS OF HOSTILITIES

CHAPTER I BASIC RULE AND FIELD OF APPLICATION

Article 48 — Basic rule

In order to ensure respect for and protection of the civilian population and civilian objects, the Parties to the conflict shall at all times distinguish between the civilian population and combatants and between civilian objects and military objectives and accordingly shall direct their operations only against military objectives.

Article 49 — Definition of attacks and scope of application

1. "Attacks"means acts of violence against the adversary, whether in offence or in defence.

2. The provisions of this Protocol with respect to attacks apply to all attacks in whatever territory conducted, including the national territory belonging to a Party to the conflict but under the control of an adverse Party.

3. The provisions of this Section apply to any land, air or sea warfare which may affect the civilian population, individual civilians or civilian objects on land. They further apply to all attacks from the sea or from the air against objectives on land but do not otherwise affect the rules of international law applicable in armed conflict at sea or in the air.

4. The provisions of this Section are additional to the rules concerning humanitarian protection contained in the Fourth Convention, particularly in Part II thereof, and in other international agreements binding upon the High Contracting Parties, as well as to other rules of international law relating to the protection of civilians and civilian objects on land, at sea or in the air against the effects of hostilities.

CHAPTER II CIVILIANS AND CIVILIAN POPULATION

Article 50 — Definition of civilians and civilian population

1. A civilian is any person who does not belong to one of the categories of persons referred to in Article 4 A 1), 2), 3) and 6) of the Third Convention and in Article 43 of this Protocol. In case of doubt whether a person is a civilian, that person shall be considered to be a civilian.
2. The civilian population comprises all persons who are civilians.
3. The presence within the civilian population of individuals who do not come within the definition of civilians does not deprive the population of its civilian character.

Article 51 — Protection of the civilian population

1. The civilian population and individual civilians shall enjoy general protection against dangers arising from military operations. To give effect to this protection, the following rules, which are additional to other applicable rules of international law, shall be observed in all circumstances.
2. The civilian population as such, as well as individual civilians, shall not be

the object of attack. Acts or threats of violence the primary purpose of which is to spread terror among the civilian population are prohibited.

3. Civilians shall enjoy the protection afforded by this Section, unless and for such time as they take a direct part in hostilities.

4. Indiscriminate attacks are prohibited. Indiscriminate attacks are:

   a) those which are not directed at a specific military objective;

   b) those which employ a method or means of combat which cannot be directed at a specific military objective; or

   c) those which employ a method or means of combat the effects of which cannot be limited as required by this Protocol; and consequently, in each such case, are of a nature to strike military objectives and civilians or civilian objects without distinction.

5. Among others, the following types of attacks are to be considered as indiscriminate:

   a) an attack by bombardment by any methods or means which treats as a single military objective a number of clearly separated and distinct military objectives located in a city, town, village or other area containing a similar concentration of civilians or civilian objects; and

   b) an attack which may be expected to cause incidental loss of civilian life, injury to civilians, damage to civilian objects, or a combination thereof, which would be excessive in relation to the concrete and direct military advantage anticipated.

6. Attacks against the civilian population or civilians by way of reprisals are prohibited.

7. The presence or movements of the civilian population or individual civilians

shall not be used to render certain points or areas immune from military operations, in particular in attempts to shield military objectives from attacks or to shield, favour or impede military operations. The Parties to the conflict shall not direct the movement of the civilian population or individual civilians in order to attempt to shield military objectives from attacks or to shield military operations.

8. Any violation of these prohibitions shall not release the Parties to the conflict from their legal obligations with respect to the civilian population and civilians, including the obligation to take the precautionary measures provided for in Article 57.

CHAPTER III CIVILIAN OBJECTS

Article 52 — General protection of civilian objects
1. Civilian objects shall not be the object of attack or of reprisals. Civilian objects are all objects which are not military objectives as defined in paragraph 2.
2. Attacks shall be limited strictly to military objectives. In so far as objects are concerned, military objectives are limited to those objects which by their nature, location, purpose or use make an effective contribution to military action and whose total or partial destruction, capture or neutralization, in the circumstances ruling at the time, offers a definite military advantage.
3. In case of doubt whether an object which is normally dedicated to civilian purposes, such as a place of worship, a house or other dwelling or a school, is being used to make an effective contribution to military action, it shall be

presumed not to be so used.

Article 53 — Protection of cultural objects and of places of worship

Without prejudice to the provisions of the Hague Convention for the Protection of Cultural Property in the Event of Armed Conflict of 14 May 1954, and of other relevant international instruments, it is prohibited:

a) to commit any acts of hostility directed against the historic monuments, works of art or places of worship which constitute the cultural or spiritual heritage of peoples;

b) to use such objects in support of the military effort;

c) to make such objects the object of reprisals.

Article 54 — Protection of objects indispensable to the survival of the civilian population

1. Starvation of civilians as a method of warfare is prohibited.

2. It is prohibited to attack, destroy, remove or render useless objects indispensable to the survival of the civilian population, such as foodstuffs, agricultural areas for the production of foodstuffs, crops, livestock, drinking water installations and supplies and irrigation works, for the specific purpose of denying them for their sustenance value to the civilian population or to the adverse Party, whatever the motive, whether in order to starve out civilians, to cause them to move away, or for any other motive.

3. The prohibitions in paragraph 2 shall not apply to such of the objects covered by it as are used by an adverse Party:

a) as sustenance solely for the members of its armed forces; or

b) if not as sustenance, then in direct support of military action, provided, however, that in no event shall actions against these objects be taken which may be expected to leave the civilian population with such inadequate food or water as to cause its starvation or force its movement.

4. These objects shall not be made the object of reprisals.

5. In recognition of the vital requirements of any Party to the conflict in the defence of its national territory against invasion, derogation from the prohibitions contained in paragraph 2 may be made by a Party to the conflict within such territory under its own control where required by imperative military necessity.

Article 55 — Protection of the natural environment

1. Care shall be taken in warfare to protect the natural environment against widespread, long-term and severe damage. This protection includes a prohibition of the use of methods or means of warfare which are intended or may be expected to cause such damage to the natural environment and thereby to prejudice the health or survival of the population.

2. Attacks against the natural environment by way of reprisals are prohibited.

Article 56 — Protection of works and installations containing dangerous forces

1. Works or installations containing dangerous forces, namely dams, dykes and nuclear electrical generating stations, shall not be made the object of attack, even where these objects are military objectives, if such attack may cause the release of dangerous forces and consequent severe losses among

the civilian population. Other military objectives located at or in the vicinity of these works or installations shall not be made the object of attack if such attack may cause the release of dangerous forces from the works or installations and consequent severe losses among the civilian population.

2. The special protection against attack provided by paragraph 1 shall cease:

   a) for a dam or a dyke only if it is used for other than its normal function and in regular, significant and direct support of military operations and if such attack is the only feasible way to terminate such support;

   b) for a nuclear electrical generating station only if it provides electric power in regular, significant and direct support of military operations and if such attack is the only feasible way to terminate such support;

   c) for other military objectives located at or in the vicinity of these works or installations only if they are used in regular, significant and direct support of military operations and if such attack is the only feasible way to terminate such support.

3. In all cases, the civilian population and individual civilians shall remain entitled to all the protection accorded them by international law, including the protection of the precautionary measures provided for in Article 57. If the protection ceases and any of the works, installations or military objectives mentioned in paragraph 1 is attacked, all practical precautions shall be taken to avoid the release of the dangerous forces.

4. It is prohibited to make any of the works, installations or military objectives mentioned in paragraph 1 the object of reprisals.

5. The Parties to the conflict shall endeavour to avoid locating any military objectives in the vicinity of the works or installations mentioned in

paragraph 1. Nevertheless, installations erected for the sole purpose of defending the protected works or installations from attack are permissible and shall not themselves be made the object of attack, provided that they are not used in hostilities except for defensive actions necessary to respond to attacks against the protected works or installations and that their armament is limited to weapons capable only of repelling hostile action against the protected works or installations.

6. The High Contracting Parties and the Parties to the conflict are urged to conclude further agreements among themselves to provide additional protection for objects containing dangerous forces.

7. In order to facilitate the identification of the objects protected by this Article, the Parties to the conflict may mark them with a special sign consisting of a group of three bright orange circles placed on the same axis, as specified in Article 16 of Annex 1 to this Protocol. The absence of such marking in no way relieves any Party to the conflict of its obligations under this Article.

CHAPTER IV PRECAUTIONARY MEASURES

Article 57 — Precautions in attack

1. In the conduct of military operations, constant care shall be taken to spare the civilian population, civilians and civilian objects.

2. With respect to attacks, the following precautions shall be taken:

    a) those who plan or decide upon an attack shall:

        i) do everything feasible to verify that the objectives to be attacked are neither civilians nor civilian objects and are not subject to special protection but are military objectives within the meaning of paragraph 2 of Article 52 and that it is not prohibited by the provisions of this Protocol to attack them;

   ii) take all feasible precautions in the choice of means and methods of attack with a view to avoiding, and in any event to minimizing, incidental loss of civilian life, injury to civilians and damage to civilian objects;

   iii) refrain from deciding to launch any attack which may be expected to cause incidental loss of civilian life, injury to civilians, damage to civilian objects, or a combination thereof, which would be excessive in relation to the concrete and direct military advantage anticipated;

b) an attack shall be cancelled or suspended if it becomes apparent that the objective is not a military one or is subject to special protection or that the attack may be expected to cause incidental loss of civilian life, injury to civilians, damage to civilian objects, or a combination thereof, which would be excessive in relation to the concrete and direct military advantage anticipated;

c) effective advance warning shall be given of attacks which may affect the civilian population, unless circumstances do not permit.

3. When a choice is possible between several military objectives for obtaining a similar military advantage, the objective to be selected shall be that the attack on which may be expected to cause the least danger to civilian lives and to civilian objects.

4. In the conduct of military operations at sea or in the air, each Party to the conflict shall, in conformity with its rights and duties under the rules of

international law applicable in armed conflict, take all reasonable precautions to avoid losses of civilian lives and damage to civilian objects.

5. No provision of this Article may be construed as authorizing any attacks against the civilian population, civilians or civilian objects.

Article 58 — Precautions against the effects of attacks

The Parties to the conflict shall, to the maximum extent feasible:

a) without prejudice to Article 49 of the Fourth Convention, endeavour to remove the civilian population, individual civilians and civilian objects under their control from the vicinity of military objectives;

b) avoid locating military objectives within or near densely populated areas;

c) take the other necessary precautions to protect the civilian population, individual civilians and civilian objects under their control against the dangers resulting from military operations.

CHAPTER V   LOCALITIES AND ZONES UNDER SPECIAL PROTECTION

Article 59 — Non-defended localities.

1. It is prohibited for the Parties to the conflict to attack, by any means whatsoever, non-defended localities.

2. The appropriate authorities of a Party to the conflict may declare as a nondefended locality any inhabited place near or in a zone where armed forces are in contact which is open for occupation by an adverse Party. Such a locality shall fulfil the following conditions:

a) all combatants, as well as mobile weapons and mobile military equipment, must have been evacuated;

b) no hostile use shall be made of fixed military installations or establishments;

c) no acts of hostility shall be committed by the authorities or by the population; and

d) no activities in support of military operations shall be undertaken.

3. The presence, in this locality, of persons specially protected under the Conventions and this Protocol, and of police forces retained for the sole purpose of maintaining law and order, is not contrary to the conditions laid down in paragraph 2.

4. The declaration made under paragraph 2 shall be addressed to the adverse Party and shall define and describe, as precisely as possible, the limits of the nondefended locality. The Party to the conflict to which the declaration is addressed shall acknowledge its receipt and shall treat the locality as a non-defended locality unless the conditions laid down in paragraph 2 are not in fact fulfilled, in which event it shall immediately so inform the Party making the declaration. Even if the conditions laid down in paragraph 2 are not fulfilled, the locality shall continue to enjoy the protection provided by the other provisions of this Protocol and the other rules of international law applicable in armed conflict.

5. The Parties to the conflict may agree on the establishment of non-defended localities even if such localities do not fulfil the conditions laid down in paragraph 2. The agreement should define and describe. as precisely as possible, the limits of the non-defended locality; if necessary, it may lay down the methods of supervision.

6. The Party which is in control of a locality governed by such an agreement shall mark it, so far as possible, by such signs as may be agreed upon with the other Party, which shall be displayed where they are clearly visible, especially on its perimeter and limits and on highways.

7. A locality loses its status as a non-defended locality when it ceases to fulfil the conditions laid down in paragraph 2 or in the agreement referred to in paragraph 5. In such an eventuality, the locality shall continue to enjoy the protection provided by the other provisions of this Protocol and the other rules of international law applicable in armed conflict.

Article 60 — Demilitarized zones

1. It is prohibited for the Parties to the conflict to extend their military operations to zones on which they have conferred by agreement the status of demilitarized zone, if such extension is contrary to the terms of this agreement.

2. The agreement shall be an express agreement, may be concluded verbally or in writing, either directly or through a Protecting Power or any impartial humanitarian organization, and may consist of reciprocal and concordant declarations. The agreement may be concluded in peacetime, as well as after the outbreak of hostilities, and should define and describe, as precisely as possible, the limits of the demilitarized zone and, if necessary, lay down the methods of supervision.

3. The subject of such an agreement shall normally be any zone which fulfils the following conditions:

a) all combatants, as well as mobile weapons and mobile military equipment, must have been evacuated;

b) no hostile use shall be made of fixed military installations or establishments;

c) no acts of hostility shall be committed by the authorities or by the population; and

d) any activity linked to the military effort must have ceased. The Parties to the conflict shall agree upon the interpretation to be given to the condition laid down in sub-paragraph d) and upon persons to be admitted to the demilitarized zone other than those mentioned in paragraph 4.

4. The presence, in this zone, of persons specially protected under the Conventions and this Protocol, and of police forces retained for the sole purpose of maintaining law and order, is not contrary to the conditions laid down in paragraph 3.

5. The Party which is in control of such a zone shall mark it, so far as possible, by such signs as may be agreed upon with the other Party, which shall be displayed where they are clearly visible, especially on its perimeter and limits and on highways.

6. If the fighting draws near to a demilitarized zone, and if the Parties to the conflict have so agreed, none of them may use the zone for purposes related to the conduct of military operations or unilaterally revoke its status.

7. If one of the Parties to the conflict commits a material breach of the provisions of paragraphs 3 or 6, the other Party shall be released from its obligations under the agreement conferring upon the zone the status of demilitarized zone. In such an eventuality, the zone loses its status but shall continue to enjoy the protection provided by the other provisions of this

Protocol and the other rules of international law applicable in armed conflict.

CHAPTER VI CIVIL DEFENCE

Article 61 — Definitions and scope

For the purposes of this Protocol:

a) "civil defence" means the performance of some or all of the undermentioned humanitarian tasks intended to protect the civilian population against the dangers, and to help it to recover from the immediate effects, of hostilities or disasters and also to provide the conditions necessary for its survival. These tasks are:

i) warning;

ii) evacuation;

iii) management of shelters;

iv) management of blackout measures;

v) rescue;

vi) medical services, including first aid, and religious assistance;

vii) fire-fighting;

viii) detection and marking of danger areas;

ix) decontamination and similar protective measures;

x) provision of emergency accommodation and supplies;

xi) emergency assistance in the restoration and maintenance of order in distressed areas;

xii) emergency repair of indispensable public utilities;

xiii) emergency disposal of the dead;

xiv) assistance in the preservation of objects essential for survival;

xv) complementary activities necessary to carry out any of the tasks mentioned above, including, but not limited to, planning and organization;

b) "civil defence organizations" means those establishments and other units which are organized or authorized by the competent authorities of a Party to the conflict to perform any of the tasks mentioned under sub-paragraph a), and which are assigned and devoted exclusively to such tasks;

c) "personnel" of civil defence organizations means those persons assigned by a Party to the conflict exclusively to the performance of the tasks mentioned under sub-paragraph a), including personnel assigned by the competent authority of that Party exclusively to the administration of these organizations;

d) "matériel" of civil defence organizations means equipment, supplies and transports used by these organizations for the performance of the tasks mentioned under sub-paragraph a).

Article 62 — General protection

1. Civilian civil defence organizations and their personnel shall be respected and protected, subject to the provisions of this Protocol, particularly the provisions of this Section. They shall be entitled to perform their civil defence tasks except in case of imperative military necessity.

2. The provisions of paragraph 1 shall also apply to civilians who, although not members of civilian civil defence organizations, respond to an appeal from the competent authorities and perform civil defence tasks under their

control.

3. Buildings and matériel used for civil defence purposes and shelters provided for the civilian population are covered by Article 52. Objects used for civil defence purposes may not be destroyed or diverted from their proper use except by the Party to which they belong.

Article 63 — Civil defence in occupied territories

1. In occupied territories, civilian civil defence organizations shall receive from the authorities the facilities necessary for the performance of their tasks. In no circumstances shall their personnel be compelled to perform activities which would interfere with the proper performance of these tasks. The Occupying Power shall not change the structure or personnel of such organizations in any way which might jeopardize the efficient performance of their mission. These organizations shall not be required to give priority to the nationals or interests of that Power.

2. The Occupying Power shall not compel, coerce or induce civilian civil defence organizations to perform their tasks in any manner prejudicial to the interests of the civilian population.

3. The Occupying Power may disarm civil defence personnel for reasons of security.

4. The Occupying Power shall neither divert from their proper use nor requisition buildings or matériel belonging to or used by civil defence organizations if such diversion or requisition would be harmful to the civilian population.

5. Provided that the general rule in paragraph 4 continues to be observed, the

Occupying Power may requisition or divert these resources, subject to the following particular conditions:

a) that the buildings or matériel are necessary for other needs of the civilian population; and

b) that the requisition or diversion continues only while such necessity exists.

6. The Occupying Power shall neither divert nor requisition shelters provided for the use of the civilian population or needed by such population.

Article 64 — Civilian civil defence organizations of neutral or other States not Parties to the conflict and international co-ordinating organizations

1. Articles 62, 63, 65 and 66 shall also apply to the personnel and matériel of civilian civil defence organizations of neutral or other States not Parties to the conflict which perform civil defence tasks mentioned in Article 61 in the territory of a Party to the conflict, with the consent and under the control of that Party. Notification of such assistance shall be given as soon as possible to any adverse Party concerned. In no circumstances shall this activity be deemed to be an interference in the conflict. This activity should, however, be performed with due regard to the security interests of the Parties to the conflict concerned.

2. The Parties to the conflict receiving the assistance referred to in paragraph 1 and the High Contracting Parties granting it should facilitate international coordination of such civil defence actions when appropriate. In such cases the relevant international organizations are covered by the provisions of this

Chapter.

3. In occupied territories, the Occupying Power may only exclude or restrict the activities of civilian civil defence organizations of neutral or other States not Parties to the conflict and of international co-ordinating organizations if it can ensure the adequate performance of civil defence tasks from its own resources or those of the occupied territory.

Article 65 — Cessation of protection

1. The protection to which civilian civil defence organizations, their personnel, buildings, shelters and matériel are entitled shall not cease unless they commit or are used to commit, outside their proper tasks, acts harmful to the enemy. Protection may, however, cease only after a warning has been given setting, whenever appropriate, a reasonable time-limit, and after such warning has remained unheeded.

2. The following shall not be considered as acts harmful to the enemy:

   a) that civil defence tasks are carried out under the direction or control of military authorities;

   b) that civilian civil defence personnel co-operate with military personnel in the performance of civil defence tasks, or that some military personnel are attached to civilian civil defence organizations;

   c) that the performance of civil defence tasks may incidentally benefit military victims, particularly those who are hors de combat.

3. It shall also not be considered as an act harmful to the enemy that civilian civil defence personnel bear light individual weapons for the purpose of maintaining order or for self-defence. However, in areas where land

fighting is taking place or is likely to take place, the Parties to the conflict shall undertake the appropriate measures to limit these weapons to handguns, such as pistols or revolvers, in order to assist in distinguishing between civil defence personnel and combatants. Although civil defence personnel bear other light individual weapons in such areas, they shall nevertheless be respected and protected as soon as they have been recognized as such.

4. The formation of civilian civil defence organizations along military lines, and compulsory service in them, shall also not deprive them of the protection conferred by this Chapter.

Article 66 — Identification

1. Each Party to the conflict shall endeavour to ensure that its civil defence organizations, their personnel, buildings and matériel, are identifiable while they are exclusively devoted to the performance of civil defence tasks. Shelters provided for the civilian population should be similarly identifiable.

2. Each Party to the conflict shall also endeavour to adopt and implement methods and procedures which will make it possible to recognize civilian shelters as well as civil defence personnel, buildings and matériel on which the international distinctive sign of civil defence is displayed.

3. In occupied territories and in areas where fighting is taking place or is likely to take place, civilian civil defence personnel should be recognizable by the international distinctive sign of civil defence and by an identity card certifying their status.

4. The international distinctive sign of civil defence is an equilateral blue

triangle on an orange ground when used for the protection of civil defence organizations, their personnel, buildings and matériel and for civilian shelters.

5. In addition to the distinctive sign, Parties to the conflict may agree upon the use of distinctive signals for civil defence identification purposes.

6. The application of the provisions of paragraphs 1 to 4 is governed by Chapter V of Annex 1 to this Protocol.

7. In time of peace, the sign described in paragraph 4 may, with the consent of the competent national authorities, be used for civil defence identification purposes.

8. The High Contracting Parties and the Parties to the conflict shall take the measures necessary to supervise the display of the international distinctive sign of civil defence and to prevent and repress any misuse thereof.

9. The identification of civil defence medical and religious personnel, medical units and medical transports is also governed by Article 18.

Article 67 — Members of the armed forces and military units assigned to civil defence organizations

1. Members of the armed forces and military units assigned to civil defence organizations shall be respected and protected, provided that:

a) such personnel and such units are permanently assigned and exclusively devoted to the performance of any of the tasks mentioned in Article 61;

b) if so assigned, such personnel do not perform any other military duties during the conflict;

c) such personnel are clearly distinguishable from the other members of the armed forces by prominently displaying the international distinctive sign of civil defence, which shall be as large as appropriate, and such personnel are provided with the identity card referred to in Chapter V of Annex 1 to this Protocol certifying their status;

d) such personnel and such units are equipped only with light individual weapons for the purpose of maintaining order or for self-defence. The provisions of Article 65, paragraph 3 shall also apply in this case;

e) such personnel do not participate directly in hostilities, and do not commit, or are not used to commit, outside their civil defence tasks, acts harmful to the adverse Party;

f) such personnel and such units perform their civil defence tasks only within the national territory of their Party. The non-observance of the conditions stated in e) above by any member of the armed forces who is bound by the conditions prescribed in a) and b) above is prohibited.

2. Military personnel serving within civil defence organizations shall, if they fall into the power of an adverse Party, be prisoners of war. In occupied territory they may, but only in the interest of the civilian population of that territory, be employed on civil defence tasks in so far as the need arises, provided however that, if such work is dangerous, they volunteer for such tasks.

3. The buildings and major items of equipment and transports of military units assigned to civil defence organizations shall be clearly marked with the international distinctive sign of civil defence. This distinctive sign shall be as large as appropriate.

4. The matériel and buildings of military units permanently assigned to civil

defence organizations and exclusively devoted to the performance of civil defence tasks shall, if they fall into the hands of an adverse Party, remain subject to the laws of war. They may not be diverted from their civil defence purpose so long as they are required for the performance of civil defence tasks, except in case of imperative military necessity, unless previous arrangements have been made for adequate provision for the needs of the civilian population.

SECTION II RELIEF IN FAVOUR OF THE CIVILIAN POPULATION

Article 68 — Field of application

The provisions of this Section apply to the civilian population as defined in this Protocol and are supplementary to Articles 23, 55, 59, 60, 61 and 62 and other relevant provisions of the Fourth Convention.

Article 69 — Basic needs in occupied territories

1. In addition to the duties specified in Article 55 of the Fourth Convention concerning food and medical supplies, the Occupying Power shall, to the fullest extent of the means available to it and without any adverse distinction, also ensure the provision of clothing, bedding, means of shelter, other supplies essential to the survival of the civilian population of the occupied territory and objects necessary for religious worship.

2. Relief actions for the benefit of the civilian population of occupied territories are governed by Articles 59, 60, 61, 62, 108, 109, 110 and 111 of the Fourth Convention, and by Article 71 of this Protocol, and shall be implemented

without delay.

Article 70 — Relief actions

1. If the civilian population of any territory under the control of a Party to the conflict, other than occupied territory, is not adequately provided with the supplies mentioned in Article 69, relief actions which are humanitarian and impartial in character and conducted without any adverse distinction shall be undertaken, subject to the agreement of the Parties concerned in such relief actions. Offers of such relief shall not be regarded as interference in the armed conflict or as unfriendly acts. In the distribution of relief consignments, priority shall be given to those persons, such as children, expectant mothers, maternity cases and nursing mothers, who, under the Fourth Convention or under this Protocol, are to be accorded privileged treatment or special protection.

2. The Parties to the conflict and each High Contracting Party shall allow and facilitate rapid and unimpeded passage of all relief consignments, equipment and personnel provided in accordance with this Section, even if such assistance is destined for the civilian population of the adverse Party.

3. The Parties to the conflict and each High Contracting Party which allow the passage of relief consignments, equipment and personnel in accordance with paragraph 2:

   a) shall have the right to prescribe the technical arrangements, including search, under which such passage is permitted;

   b) may make such permission conditional on the distribution of this assistance being made under the local supervision of a Protecting Power;

c) shall, in no way whatsoever, divert relief consignments from the purpose for which they are intended nor delay their forwarding, except in cases of urgent necessity in the interest of the civilian population concerned.

4. The Parties to the conflict shall protect relief consignments and facilitate their rapid distribution.

5. The Parties to the conflict and each High Contracting Party concerned shall encourage and facilitate effective international co-ordination of the relief actions referred to in paragraph 1.

Article 71 — Personnel participating in relief actions

1. Where necessary, relief personnel may form part of the assistance provided in any relief action, in particular for the transportation and distribution of relief consignments; the participation of such personnel shall be subject to the approval of the Party in whose territory they will carry out their duties.

2. Such personnel shall be respected and protected.

3. Each Party in receipt of relief consignments shall, to the fullest extent practicable, assist the relief personnel referred to in paragraph 1 in carrying out their relief mission. Only in case of imperative military necessity may the activities of the relief personnel be limited or their movements temporarily restricted.

4. Under no circumstances may relief personnel exceed the terms of their mission under this Protocol. In particular they shall take account of the security requirements of the Party in whose territory they are carrying out their duties. The mission of any of the personnel who do not respect these conditions may be terminated.

SECTION III TREATMENT OF PERSONS IN THE POWER OF A PARTY TO THE CONFLICT

CHAPTER I FIELD OF APPLICATION AND PROTECTION OF PERSONS AND OBJECTS

Article 72 — Field of application

The provisions of this Section are additional to the rules concerning humanitarian protection of civilians and civilian objects in the power of a Party to the conflict contained in the Fourth Convention, particularly Parts I and III thereof, as well as to other applicable rules of international law relating to the protection of fundamental human rights during international armed conflict.

Article 73 — Refugees and stateless persons

Persons who, before the beginning of hostilities, were considered as stateless persons or refugees under the relevant international instruments accepted by the Parties concerned or under the national legislation of the State of refuge or State of residence shall be protected persons within the meaning of Parts I and III of the Fourth Convention, in all circumstances and without any adverse distinction.

Article 74 — Reunion of dispersed families

The High Contracting Parties and the Parties to the conflict shall facilitate in every possible way the reunion of families dispersed as a result of armed conflicts and shall encourage in particular the work of the humanitarian organizations engaged in this task in accordance with the provisions of the Conventions and of this Protocol and in conformity with their respective security regulations.

Article 75 — Fundamental guarantees

1. In so far as they are affected by a situation referred to in Article 1 of this Protocol, persons who are in the power of a Party to the conflict and who do not benefit from more favourable treatment under the Conventions or under this Protocol shall be treated humanely in all circumstances and shall enjoy, as a minimum, the protection provided by this Article without any adverse distinction based upon race, colour, sex, language, religion or belief, political or other opinion, national or social origin, wealth, birth or other status, or on any other similar criteria. Each Party shall respect the person, honour, convictions and religious practices of all such persons.

2. The following acts are and shall remain prohibited at any time and in any place whatsoever, whether committed by civilian or by military agents:

   a) violence to the life, health, or physical or mental well-being of persons, in particular:

   i) murder;

   ii) torture of all kinds, whether physical or mental;

   iii) corporal punishment; and

   iv) mutilation;

   b) outrages upon personal dignity, in particular humiliating and degrading treatment, enforced prostitution and any form of indecent assault;

   c) the taking of hostages;

d) collective punishments; and

e) threats to commit any of the foregoing acts.

3. Any person arrested, detained or interned for actions related to the armed conflict shall be informed promptly, in a language he understands, of the reasons why these measures have been taken. Except in cases of arrest or detention for penal offences, such persons shall be released with the minimum delay possible and in any event as soon as the circumstances justifying the arrest, detention or internment have ceased to exist.

4. No sentence may be passed and no penalty may be executed on a person found guilty of a penal offence related to the armed conflict except pursuant to a conviction pronounced by an impartial and regularly constituted court respecting the generally recognized principles of regular judicial procedure, which include the following:

a) the procedure shall provide for an accused to be informed without delay of the particulars of the offence alleged against him and shall afford the accused before and during his trial all necessary rights and means of defence;

b) no one shall be convicted of an offence except on the basis of individual penal responsibility;

c) no one shall be accused or convicted of a criminal offence on account of any act or omission which did not constitute a criminal offence under the national or international law to which he was subject at the time when it was committed; nor shall a heavier penalty be imposed than that which was applicable at the time when the criminal offence was committed; if, after the commission of the offence, provision is made by law for the imposition of a lighter penalty, the offender shall benefit thereby;

d) anyone charged with an offence is presumed innocent until proved guilty according to law;

e) anyone charged with an offence shall have the right to be tried in his presence;

f) no one shall be compelled to testify against himself or to confess guilt;

g) anyone charged with an offence shall have the right to examine, or have examined, the witnesses against him and to obtain the attendance and examination of witnesses on his behalf under the same conditions as witnesses against him;

h) no one shall be prosecuted or punished by the same Party for an offence in respect of which a final judgement acquitting or convicting that person has been previously pronounced under the same law and judicial procedure;

i) anyone prosecuted for an offence shall have the right to have the judgement pronounced publicly; and

j) a convicted person shall be advised on conviction of his judicial and other remedies and of the time-limits within which they may be exercised.

5. Women whose liberty has been restricted for reasons related to the armed conflict shall be held in quarters separated from men's quarters. They shall be under the immediate supervision of women. Nevertheless, in cases where families are detained or interned, they shall, whenever possible, be held in the same place and accommodated as family units.

6. Persons who are arrested, detained or interned for reasons related to the armed conflict shall enjoy the protection provided by this Article until final

release, repatriation or re-establishment, even after the end of the armed conflict.

7. In order to avoid any doubt concerning the prosecution and trial of persons accused of war crimes or crimes against humanity, the following principles shall apply:

a) persons who are accused of such crimes should be submitted for the purpose of prosecution and trial in accordance with the applicable rules of international law; and

b) any such persons who do not benefit from more favourable treatment under the Conventions or this Protocol shall be accorded the treatment provided by this Article, whether or not the crimes of which they are accused constitute grave breaches of the Conventions or of this Protocol.

8. No provision of this Article may be construed as limiting or infringing any other more favourable provision granting greater protection, under any applicable rules of international law, to persons covered by paragraph 1.

CHAPTER II   MEASURES IN FAVOUR OF WOMEN AND CHILDREN

Article 76 — Protection of women

1. Women shall be the object of special respect and shall be protected in particular against rape, forced prostitution and any other form of indecent assault.

2. Pregnant women and mothers having dependent infants who are arrested, detained or interned for reasons related to the armed conflict, shall have their cases considered with the utmost priority.

3. To the maximum extent feasible, the Parties to the conflict shall endeavour to avoid the pronouncement of the death penalty on pregnant women or mothers having dependent infants, for an offence related to the armed conflict. The death penalty for such offences shall not be executed on such women.

Article 77 — Protection of children

1. Children shall be the object of special respect and shall be protected against any form of indecent assault. The Parties to the conflict shall provide them with the care and aid they require, whether because of their age or for any other reason.

2. The Parties to the conflict shall take all feasible measures in order that children who have not attained the age of fifteen years do not take a direct part in hostilities and, in particular, they shall refrain from recruiting them into their armed forces. In recruiting among those persons who have attained the age of fifteen years but who have not attained the age of eighteen years, the Parties to the conflict shall endeavour to give priority to those who are oldest.

3. If, in exceptional cases, despite the provisions of paragraph 2, children who have not attained the age of fifteen years take a direct part in hostilities and fall into the power of an adverse Party, they shall continue to benefit from the special protection accorded by this Article, whether or not they are prisoners of war.

4. If arrested, detained or interned for reasons related to the armed conflict, children shall be held in quarters separate from the quarters of adults,

except where families are accommodated as family units as provided in Article 75, paragraph 5.

5. The death penalty for an offence related to the armed conflict shall not be executed on persons who had not attained the age of eighteen years at the time the offence was committed.

Article 78 — Evacuation of children

1. No Party to the conflict shall arrange for the evacuation of children, other than its own nationals, to a foreign country except for a temporary evacuation where compelling reasons of the health or medical treatment of the children or, except in occupied territory, their safety, so require. Where the parents or legal guardians can be found, their written consent to such evacuation is required. If these persons cannot be found, the written consent to such evacuation of the persons who by law or custom are primarily responsible for the care of the children is required. Any such evacuation shall be supervised by the Protecting Power in agreement with the Parties concerned, namely, the Party arranging for the evacuation, the Party receiving the children and any Parties whose nationals are being evacuated. In each case, all Parties to the conflict shall take all feasible precautions to avoid endangering the evacuation.

2. Whenever an evacuation occurs pursuant to paragraph 1, each child's education, including his religious and moral education as his parents desire, shall be provided while he is away with the greatest possible continuity.

3. With a view to facilitating the return to their families and country of children evacuated pursuant to this Article, the authorities of the Party arranging for

the evacuation and, as appropriate, the authorities of the receiving country shall establish for each child a card with photographs, which they shall send to the Central Tracing Agency of the International Committee of the Red Cross. Each card shall bear, whenever possible, and whenever it involves no risk of harm to the child, the following information:

a) surname(s) of the child;

b) the child's first name(s);

c) the child's sex;

d) the place and date of birth (or, if that date is not known, the approximate age);

e) the father's full name;

f) the mother's full name and her maiden name;

g) the child's next of kin;

h) the child's nationality;

i) the child's native language, and any other languages he speaks;

j) the address of the child's family;

k) any identification number for the child;

l) the child's state of health;

m) the child's blood group;

n) any distinguishing features;

o) the date on which and the place where the child was found;

p) the date on which and the place from which the child left the country;

q) the child's religion, if any;

r) the child's present address in the receiving country;

s) should the child die before his return, the date, place and circumstances of death and place of interment.

CHAPTER III JOURNALISTS

Article 79 — Measures of protection for journalists

1. Journalists engaged in dangerous professional missions in areas of armed conflict shall be considered as civilians within the meaning of Article 50, paragraph 1.

2. They shall be protected as such under the Conventions and this Protocol, provided that they take no action adversely affecting their status as civilians, and without prejudice to the right of war correspondents accredited to the armed forces to the status provided for in Article 4 A 4) of the Third Convention.

3. They may obtain an identity card similar to the model in Annex II of this Protocol. This card, which shall be issued by the government of the State of which the journalist is a national or in whose territory he resides or in which the news medium employing him is located, shall attest to his status as a journalist.

PART V EXECUTION OF THE CONVENTIONS AND OF THIS PROTOCOL

SECTION I GENERAL PROVISIONS

Article 80 — Measures for execution

1. The High Contracting Parties and the Parties to the conflict shall without

delay take all necessary measures for the execution of their obligations under the Conventions and this Protocol.

2. The High Contracting Parties and the Parties to the conflict shall give orders and instructions to ensure observance of the Conventions and this Protocol, and shall supervise their execution.

Article 81 — Activities of the Red Cross and other humanitarian organizations

1. The Parties to the conflict shall grant to the International Committee of the Red Cross all facilities within their power so as to enable it to carry out the humanitarian functions assigned to it by the Conventions and this Protocol in order to ensure protection and assistance to the victims of conflicts; the International Committee of the Red Cross may also carry out any other humanitarian activities in favour of these victims, subject to the consent of the Parties to the conflict concerned.

2. The Parties to the conflict shall grant to their respective Red Cross (Red Crescent, Red Lion and Sun) organizations the facilities necessary for carrying out their humanitarian activities in favour of the victims of the conflict, in accordance with the provisions of the Conventions and this Protocol and the Fundamental Principles of the Red Cross as formulated by the International Conferences of the Red Cross.

3. The High Contracting Parties and the Parties to the conflict shall facilitate in every possible way the assistance which Red Cross (Red Crescent, Red Lion and Sun) organizations and the League of Red Cross Societies1 extend to the victims 1 On 10 February 1992 the Swiss Federal Council, government of the

State depositary of the 1949 Geneva Conventions, notified all States party to the Conventions that on 28 November 1991 the League of Red Cross and Red Crescent Societies had changed its name to "International Federation of Red Cross and Red Crescent Societies". of conflicts in accordance with the provisions of the Conventions and this Protocol and with the Fundamental Principles of the Red Cross as formulated by the International Conferences of the Red Cross.

4. The High Contracting Parties and the Parties to the conflict shall, as far as possible, make facilities similar to those mentioned in paragraphs 2 and 3 available to the other humanitarian organizations referred to in the Conventions and this Protocol which are duly authorized by the respective Parties to the conflict and which perform their humanitarian activities in accordance with the provisions of the Conventions and this Protocol.

Article 82 — Legal advisers in armed forces

The High Contracting Parties at all times, and the Parties to the conflict in time of armed conflict, shall ensure that legal advisers are available, when necessary, to advise military commanders at the appropriate level on the application of the Conventions and this Protocol and on the appropriate instruction to be given to the armed forces on this subject.

Article 83 — Dissemination

1. The High Contracting Parties undertake, in time of peace as in time of armed conflict, to disseminate the Conventions and this Protocol as widely as possible in their respective countries and, in particular, to include the study

thereof in their programmes of military instruction and to encourage the study thereof by the civilian population, so that those instruments may become known to the armed forces and to the civilian population.

2. Any military or civilian authorities who, in time of armed conflict, assume responsibilities in respect of the application of the Conventions and this Protocol shall be fully acquainted with the text thereof.

Article 84 — Rules of application

The High Contracting Parties shall communicate to one another, as soon as possible, through the depositary and, as appropriate, through the Protecting Powers, their official translations of this Protocol, as well as the laws and regulations which they may adopt to ensure its application.

SECTION II REPRESSION OF BREACHES OF THE CONVENTIONS AND OF THIS PROTOCOL

Article 85 — Repression of breaches of this Protocol

1. The provisions of the Conventions relating to the repression of breaches and grave breaches, supplemented by this Section, shall apply to the repression of breaches and grave breaches of this Protocol.

2. Acts described as grave breaches in the Conventions are grave breaches of this Protocol if committed against persons in the power of an adverse Party protected by Articles 44, 45 and 73 of this Protocol, or against the wounded, sick and shipwrecked of the adverse Party who are protected by this Protocol, or against those medical or religious personnel, medical units or

medical transports which are under the control of the adverse Party and are protected by this Protocol.

3. In addition to the grave breaches defined in Article 11, the following acts shall be regarded as grave breaches of this Protocol, when committed wilfully, in violation of the relevant provisions of this Protocol, and causing death or serious injury to body or health:

a) making the civilian population or individual civilians the object of attack;

b) launching an indiscriminate attack affecting the civilian population or civilian objects in the knowledge that such attack will cause excessive loss of life, injury to civilians or damage to civilian objects, as defined in Article 57, paragraph 2 a) iii);

c) launching an attack against works or installations containing dangerous forces in the knowledge that such attack will cause excessive loss of life, injury to civilians or damage to civilian objects, as defined in Article 57, paragraph 2 a) iii);

d) making non-defended localities and demilitarized zones the object of attack

e) making a person the object of attack in the knowledge that he is hors de combat;

f) the perfidious use, in violation of Article 37, of the distinctive emblem of the red cross, red crescent or red lion and sun or of other protective signs recognized by the Conventions or this Protocol.

4. In addition to the grave breaches defined in the preceding paragraphs and in the Conventions, the following shall be regarded as grave breaches of this Protocol, when committed wilfully and in violation of the Conventions or

the Protocol:

a) the transfer by the Occupying Power of parts of its own civilian population into the territory it occupies, or the deportation or transfer of all or parts of the population of the occupied territory within or outside this territory, in violation of Article 49 of the Fourth Convention;

b) unjustifiable delay in the repatriation of prisoners of war or civilians;

c) practices of apartheid and other inhuman and degrading practices involving outrages upon personal dignity, based on racial discrimination;

d) making the clearly-recognized historic monuments, works of art or places of worship which constitute the cultural or spiritual heritage of peoples and to which special protection has been given by special arrangement, for example, within the framework of a competent international organization, the object of attack, causing as a result extensive destruction thereof, where there is no evidence of the violation by the adverse Party of Article 53, subparagraph b), and when such historic monuments, works of art and places of worship are not located in the immediate proximity of military objectives;

e) depriving a person protected by the Conventions or referred to in paragraph 2 of this Article of the rights of fair and regular trial.

5. Without prejudice to the application of the Conventions and of this Protocol, grave breaches of these instruments shall be regarded as war crimes.

Article 86 — Failure to act

1. The High Contracting Parties and the Parties to the conflict shall repress grave breaches, and take measures necessary to suppress all other breaches,

of the Conventions or of this Protocol which result from a failure to act when under a duty to do so.

2. The fact that a breach of the Conventions or of this Protocol was committed by a subordinate does not absolve his superiors from penal or disciplinary responsibility, as the case may be, if they knew, or had information which should have enabled them to conclude in the circumstances at the time, that he was committing or was going to commit such a breach and if they did not take all feasible measures within their power to prevent or repress the breach.

Article 87 — Duty of commanders

1. The High Contracting Parties and the Parties to the conflict shall require military commanders, with respect to members of the armed forces under their command and other persons under their control, to prevent and, where necessary, to suppress and report to competent authorities breaches of the Conventions and of this Protocol.

2. In order to prevent and suppress breaches, High Contracting Parties and Parties to the conflict shall require that, commensurate with their level of responsibility, commanders ensure that members of the armed forces under their command are aware of their obligations under the Conventions and this Protocol.

3. The High Contracting Parties and Parties to the conflict shall require any commander who is aware that subordinates or other persons under his control are going to commit or have committed a breach of the Conventions or of this Protocol, to initiate such steps as are necessary to prevent such

violations of the Conventions or this Protocol, and, where appropriate, to initiate disciplinary or penal action against violators thereof.

Article 88 — Mutual assistance in criminal matters

1. The High Contracting Parties shall afford one another the greatest measure of assistance in connexion with criminal proceedings brought in respect of grave breaches of the Conventions or of this Protocol.

2. Subject to the rights and obligations established in the Conventions and in Article 85, paragraph 1, of this Protocol, and when circumstances permit, the High Contracting Parties shall co-operate in the matter of extradition. They shall give due consideration to the request of the State in whose territory the alleged offence has occurred.

3. The law of the High Contracting Party requested shall apply in all cases. The provisions of the preceding paragraphs shall not, however, affect the obligations arising from the provisions of any other treaty of a bilateral or multilateral nature which governs or will govern the whole or part of the subject of mutual assistance in criminal matters.

Article 89 — Co-operation

In situations of serious violations of the Conventions or of this Protocol, the High Contracting Parties undertake to act, jointly or individually, in co-operation with the United Nations and in conformity with the United Nations Charter.

Article 90 — International Fact-Finding Commission

1. a) An International Fact-Finding Commission (hereinafter referred to as "the

Commission") consisting of fifteen members of high moral standing and acknowledged impartiality shall be established.

b) When not less than twenty High Contracting Parties have agreed to accept the competence of the Commission pursuant to paragraph 2, the depositary shall then, and at intervals of five years thereafter, convene a meeting of representatives of those High Contracting Parties for the purpose of electing the members of the Commission. At the meeting, the representatives shall elect the members of the Commission by secret ballot from a list of persons to which each of those High Contracting Parties may nominate one person.

c) The members of the Commission shall serve in their personal capacity and shall hold office until the election of new members at the ensuing meeting.

d) At the election, the High Contracting Parties shall ensure that the persons to be elected to the Commission individually possess the qualifications required and that, in the Commission as a whole, equitable geographical representation is assured.

e) In the case of a casual vacancy, the Commission itself shall fill the vacancy, having due regard to the provisions of the preceding sub-paragraphs.

f) The depositary shall make available to the Commission the necessary administrative facilities for the performance of its functions.

2. a) The High Contracting Parties may at the time of signing, ratifying or acceding to the Protocol, or at any other subsequent time, declare that they recognize ipso facto and without special agreement, in relation to any other High Contracting Party accepting the same obligation, the competence of the Commission to enquire into allegations by such other Party, as

authorized by this Article.

b) The declarations referred to above shall be deposited with the depositary, which shall transmit copies thereof to the High Contracting Parties.

c) The Commission shall be competent to:

   i) enquire into any facts alleged to be a grave breach as defined in the Conventions and this Protocol or other serious violation of the Conventions or of this Protocol;

   ii) facilitate, through its good offices, the restoration of an attitude of respect for the Conventions and this Protocol.

d) In other situations, the Commission shall institute an enquiry at the request of a Party to the conflict only with the consent of the other Party or Parties concerned.

e) Subject to the foregoing provisions of this paragraph, the provisions of Article 52 of the First Convention, Article 53 of the Second Convention, Article 132 of the Third Convention and Article 149 of the Fourth Convention shall continue to apply to any alleged violation of the Conventions and shall extend to any alleged violation of this Protocol.

3. a) Unless otherwise agreed by the Parties concerned, all enquiries shall be undertaken by a Chamber consisting of seven members appointed as follows:

   i) five members of the Commission, not nationals of any Party to the conflict, appointed by the President of the Commission on the basis of equitable representation of the geographical areas, after consultation with the Parties to the conflict;

   ii) two ad hocmembers, not nationals of any Party to the conflict, one to be appointed by each side.

b) Upon receipt of the request for an enquiry, the President of the Commission shall specify an appropriate time-limit for setting up a Chamber. If any ad hoc member has not been appointed within the time-limit, the President shall immediately appoint such additional member or members of the Commission as may be necessary to complete the membership of the Chamber.

4. a) The Chamber set up under paragraph 3 to undertake an enquiry shall invite the Parties to the conflict to assist it and to present evidence. The Chamber may also seek such other evidence as it deems appropriate and may carry out an investigation of the situation in loco.

b) All evidence shall be fully disclosed to the Parties, which shall have the right to comment on it to the Commission.

c) Each Party shall have the right to challenge such evidence.

5. a) The Commission shall submit to the Parties a report on the findings of fact of the Chamber, with such recommendations as it may deem appropriate.

b) If the Chamber is unable to secure sufficient evidence for factual and impartial findings, the Commission shall state the reasons for that inability.

c) The Commission shall not report its findings publicly, unless all the Parties to the conflict have requested the Commission to do so.

6. The Commission shall establish its own rules, including rules for the presidency of the Commission and the presidency of the Chamber. Those rules shall ensure that the functions of the President of the Commission are exercised at all times and that, in the case of an enquiry, they are exercised by a person who is not a national of a Party to the conflict.

7. The administrative expenses of the Commission shall be met by contributions from the High Contracting Parties which made declarations under paragraph 2, and by voluntary contributions. The Party or Parties to the conflict requesting an enquiry shall advance the necessary funds for expenses incurred by a Chamber and shall be reimbursed by the Party or Parties against which the allegations are made to the extent of fifty per cent of the costs of the Chamber. Where there are counter-allegations before the Chamber each side shall advance fifty per cent of the necessary funds.

Article 91 — Responsibility

A Party to the conflict which violates the provisions of the Conventions or of this Protocol shall, if the case demands, be liable to pay compensation. It shall be responsible for all acts committed by persons forming part of its armed forces.

PART VI   FINAL PROVISIONS

Article 92 — Signature

This Protocol shall be open for signature by the Parties to the Conventions six months after the signing of the Final Act and will remain open for a period of twelve months.

Article 93 — Ratification

This Protocol shall be ratified as soon as possible. The instruments of ratification shall be deposited with the Swiss Federal Council, depositary of the Conventions,

Article 94 — Accession

This Protocol shall be open for accession by any Party to the Conventions which has not signed it. The instruments of accession shall be deposited with the depositary.

Article 95 — Entry into force

1. This Protocol shall enter into force six months after two instruments of ratification or accession have been deposited.

2. For each Party to the Conventions thereafter ratifying or acceding to this Protocol, it shall enter into force six months after the deposit by such Party of its instrument of ratification or accession.

Article 96 — Treaty relations upon entry into force of this Protocol

1. When the Parties to the Conventions are also Parties to this Protocol, the Conventions shall apply as supplemented by this Protocol.

2. When one of the Parties to the conflict is not bound by this Protocol, the Parties to the Protocol shall remain bound by it in their mutual relations. They shall furthermore be bound by this Protocol in relation to each of the Parties which are not bound by it, if the latter accepts and applies the provisions thereof.

3. The authority representing a people engaged against a High Contracting Party in an armed conflict of the type referred to in Article 1, paragraph 4,

may undertake to apply the Conventions and this Protocol in relation to that conflict by means of a unilateral declaration addressed to the depositary. Such declaration shall, upon its receipt by the depositary, have in relation to that conflict the following effects:

a) the Conventions and this Protocol are brought into force for the said authority as a Party to the conflict with immediate effect;

b) the said authority assumes the same rights and obligations as those which have been assumed by a High Contracting Party to the Conventions and this Protocol; and

c) the Conventions and this Protocol are equally binding upon all Parties to the conflict.

Article 97 — Amendment

1. Any High Contracting Party may propose amendments to this Protocol. The text of any proposed amendment shall be communicated to the depositary, which shall decide, after consultation with all the High Contracting Parties and the International Committee of the Red Cross, whether a conference should be convened to consider the proposed amendment.

2. The depositary shall invite to that conference all the High Contracting Parties as well as the Parties to the Conventions, whether or not they are signatories of this Protocol.

Article 98 — Revision of Annex I

1. Not later than four years after the entry into force of this Protocol and thereafter at intervals of not less than four years, the International

Committee of the Red Cross shall consult the High Contracting Parties concerning Annex 1 to this Protocol and, if it considers it necessary, may propose a meeting of technical experts to review Annex 1 and to propose such amendments to it as may appear to be desirable. Unless, within six months of the communication of a proposal for such a meeting to the High Contracting Parties, one third of them object, the International Committee of the Red Cross shall convene the meeting, inviting also observers of appropriate international organizations. Such a meeting shall also be convened by the International Committee of the Red Cross at any time at the request of one third of the High Contracting Parties.

2. The depositary shall convene a conference of the High Contracting Parties and the Parties to the Conventions to consider amendments proposed by the meeting of technical experts if, after that meeting, the International Committee of the Red Cross or one third of the High Contracting Parties so request.

3. Amendments to Annex 1 may be adopted at such a conference by a two-thirds majority of the High Contracting Parties present and voting.

4. The depositary shall communicate any amendment so adopted to the High Contracting Parties and to the Parties to the Conventions. The amendment shall be considered to have been accepted at the end of a period of one year after it has been so communicated, unless within that period a declaration of nonacceptance of the amendment has been communicated to the depositary by not less than one third of the High Contracting Parties.

5. An amendment considered to have been accepted in accordance with paragraph 4 shall enter into force three months after its acceptance for all

High Contracting Parties other than those which have made a declaration of nonacceptance in accordance with that paragraph. Any Party making such a declaration may at any time withdraw it and the amendment shall then enter into force for that Party three months thereafter.

6. The depositary shall notify the High Contracting Parties and the Parties to the Conventions of the entry into force of any amendment, of the Parties bound thereby, of the date of its entry into force in relation to each Party, of declarations of non-acceptance made in accordance with paragraph 4, and of withdrawals of such declarations.

Article 99 — Denunciation

1. In case a High Contracting Party should denounce this Protocol, the denunciation shall only take effect one year after receipt of the instrument of denunciation. If, however, on the expiry of that year the denouncing Party is engaged in one of the situations referred to in Article 1, the denunciation shall not take effect before the end of the armed conflict or occupation and not, in any case, before operations connected with the final release, repatriation or reestablishment of the persons protected by the Conventions or this Protocol have been terminated.

2. The denunciation shall be notified in writing to the depositary, which shall transmit it to all the High Contracting Parties.

3. The denunciation shall have effect only in respect of the denouncing Party.

4. Any denunciation under paragraph 1 shall not affect the obligations already incurred, by reason of the armed conflict, under this Protocol by such denouncing Party in respect of any act committed before this denunciation

becomes effective.

Article 100 — Notifications

The depositary shall inform the High Contracting Parties as well as the Parties to the Conventions, whether or not they are signatories of this Protocol, of:

a) signatures affixed to this Protocol and the deposit of instruments of ratification and accession under Articles 93 and 94;

b) the date of entry into force of this Protocol under Article 95;

c) communications and declarations received under Articles 84, 90 and 97;

d) declarations received under Article 96, paragraph 3, which shall be communicated by the quickest methods; and

e) denunciations under Article 99.

Article 101 — Registration

1. After its entry into force, this Protocol shall be transmitted by the depositary to the Secretariat of the United Nations for registration and publication, in accordance with Article 102 of the Charter of the United Nations.

2. The depositary shall also inform the Secretariat of the United Nations of all ratifications, accessions and denunciations received by it with respect to this Protocol.

Article 102 — Authentic texts

The original of this Protocol, of which the Arabic, Chinese, English, French, Russian and Spanish texts are equally authentic, shall be deposited with the depositary, which shall transmit certified true copies thereof to all the Parties to the Conventions.

ANNEX I*

REGULATIONS COMCERNING IDENTIFICATION

Article 1 — General provisions

1. The regulations concerning identification in this Annex implement the relevant provisions of the Geneva Conventions and the Protocol; they are intended to facilitate the identification of personnel, material, units, transports and installations protected under the Geneva Conventions and the Protocol.

2. These rules do not in and of themselves establish the right to protection. This right is governed by the relevant articles in the Conventions and the Protocol.

3. The competent authorities may, subject to the relevant rovisions of the Geneva Conventions and the Protocol, at all times regulate the use, display, illumination and detectability of the distinctive emblems and signals.

4. The High Contracting Parties and in particular the Parties to the conflict are invited at all times to agree upon additional or other signals, means or systems which enhance the possibility of identification and take full advantage of technological developments in this field.

CHAPTER I Identity cards

Article 2 — Identity card for permanent civilian medical and religious personnel**

1. The identity card for permanent civilian medical and religious personnel

---

* See the editor's note at the beginning of this booklet.

** This was formerly Article 1, of which para c) read: "be worded in the national or official language(and may in addition be worded in other languages)."

referred to in Article 18, paragraph 3, of the Protocol should:

a) bear the distinctive emblem and be of such size that it can be carried in the pocket;

b) be as durable as practicable;

c) be worded in the national or official language and, in addition and when appropriate, in the local language of the region concerned;

d) mention the name, the date of birth (or, if that date is not available, the age at the time of issue) and the identity number, if any, of the holder;

e) state in what capacity the holder is entitled to the protection of the Conventions and of the Protocol;

f) bear the photograph of the holder as well as his signature or his thumbprint, or both;

g) bear the stamp and signature of the competent authority;

h) state the date of issue and date of expiry of the card;

i) indicate, whenever possible, the holder's blood group, on the reverse side of the card.

2. The identity card shall be uniform throughout the territory of each High Contracting Party and, as far as possible, of the same type for all Parties to the conflict. The Parties to the conflict may be guided by the single-language model shown in Figure 1. At the outbreak of hostilities, they shall transmit to each other a specimen of the model they are using, if such model differs from that shown in Figure 1. The identity card shall be made out, if possible, in duplicate, one copy being kept by the issuing authority, which should maintain control of the cards which it has issued.

3. In no circumstances may permanent civilian medical and religious

personnel be deprived of their identity cards. In the event of the loss of a card, they shall be entitled to obtain a duplicate copy.

Article 3 — Identity card for temporary civilian medical and religious personnel

1. The identity card for temporary civilian medical and religious personnel should, whenever possible, be similar to that provided for in Article 2 of these Regulations. The Parties to the conflict may be guided by the model shown in Figure 1.

2. When circumstances preclude the provision to temporary civilian medical and religious personnel of identity cards similar to those described in Article 2 of these Regulations, the said personnel may be provided with a certificate signed by the competent authority certifying that the person to whom it is issued is assigned to duty as temporary personnel and stating, if possible, the duration of such assignment and his right to wear the distinctive emblem. The certificate should mention the holder's name and date of birth (or if that is not available, his age at the time when the certificate was issued), his function and identity number, if any. It shall bear his signature or his thumbprint, or both.

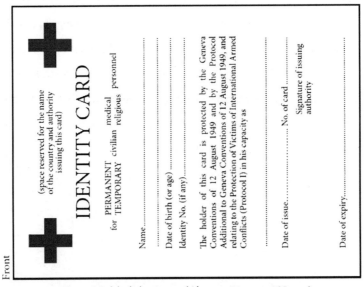

Fig. 1: Model of identity card (format: 74 mm x 105 mm)

CHAPTER II The distinctive emblem

Article 4 — Shape

The distinctive emblem (red on a white ground) shall be as large as appropriate under the circumstances. For the shapes of the cross, the crescent or the lion and sun*, the High Contracting Parties may be guided by the models shown in Figure 2.*

Fig. 2: Distinctive emblems in red on a white ground

Article 5 — Use

1. The distinctive emblem shall, whenever possible, be displayed on a flat surface, on flags or in any other way appropriate to the lay of the land, so that it is visible from as many directions and from as far away as possible, and in particular from the air.

2. At night or when visibility is reduced, the distinctive emblem may be lighted or illuminated.

3. The distinctive emblem may be made of materials which make it recognizable by technical means of detection. The red part should be painted on top of black primer paint in order to facilitate its identification, in particular by

---

* No State has used the emblem of the lion and sun since 1980.

infrared instruments.

4. Medical and religious personnel carrying out their duties in the battle area shall, as far as possible, wear headgear and clothing bearing the distinctive emblem.

CHAPTER III Distinctive signals

Article 6 — Use

1. All distinctive signals specified in this Chapter may be used by medical units or transports.

2. These signals, at the exclusive disposal of medical units and transports, shall not be used for any other purpose, the use of the light signal being reserved (see paragraph 3 below).

3. In the absence of a special agreement between the Parties to the conflict reserving the use of flashing blue lights for the identification of medical vehicles, ships and craft, the use of such signals for other vehicles, ships and craft is not prohibited.

4. Temporary medical aircraft which cannot, either for lack of time or because of their characteristics, be marked with the distinctive emblem, may use the distinctive signals authorized in this Chapter.

Article 7 — Light signal

1. The light signal, consisting of a flashing blue light as defined in the Airworthiness Technical Manual of the International Civil Aviation Organization (ICAO) Doc. 9051, is established for the use of medical aircraft

to signal their identity. No other aircraft shall use this signal. Medical aircraft using the flashing blue light should exhibit such lights as may be necessary to make the light signal visible from as many directions as possible.

2. In accordance with the provisions of Chapter XIV, para. 4 of the International Maritime Organization (IMO) International Code of Signals, vessels protected by the Geneva Conventions of 1949 and the Protocol should exhibit one or more flashing blue lights visible from any direction.

3. Medical vehicles should exhibit one or more flashing blue lights visible from as far away as possible. The High Contracting Parties and, in particular, the Parties to the conflict which use lights of other colours should give notification of this.

4. The recommended blue colour is obtained when its chromaticity is within the boundaries of the International Commission on Illumination (ICI) chromaticity diagram defined by the following equations:

green boundary　$y = 0.065 + 0.805x$

white boundary　$y = 0.400 - x$

purple boundary　$x = 0.133 + 0.600y$

The recommended flashing rate of the blue light is between sixty and one hundred flashes per minute.

Article 8 — Radio signal

1. The radio signal shall consist of the urgency signal and the distinctive signal as described in the International Telecommunication Union (ITU) Radio Regulations (RR Articles 40 and N 40).

2. The radio message preceded by the urgency and distinctive signals

mentioned in paragraph 1 shall be transmitted in English at appropriate intervals on a frequency or frequencies specified for this purpose in the Radio Regulations, and shall convey the following data relating to the medical transports concerned:

a) call sign or other recognized means of identification;

b) position;

c) number and type of vehicles;

d) intended route;

e) estimated time en route and of departure and arrival, as appropriate;

f) any other information, such as flight altitude, guarded radio frequencies, languages used and secondary surveillance radar modes and codes.

3. In order to facilitate the communications referred to in paragraphs 1 and 2, as well as the communications referred to in Articles 22, 23 and 25 to 31 of the Protocol, the High Contracting Parties, the Parties to a conflict, or one of the Parties to a conflict, acting in agreement or alone, may designate, in accordance with the Table of Frequency Allocations in the Radio Regulations annexed to the International Telecommunication Convention, and publish selected national frequencies to be used by them for such communications. The International Telecommunication Union shall be notified of these frequencies in accordance with procedures approved by a World Administrative Radio Conference.

Article 9 ― Electronic identification

1. The Secondary Surveillance Radar (SSR) system, as specified in Annex 10 to the Chicago Convention on International Civil Aviation of 7 December 1944, as amended from time to time, may be used to identify and to follow the

course of medical aircraft. The SSR mode and code to be reserved for the exclusive use of medical aircraft shall be established by the High Contracting Parties, the Parties to a conflict, or one of the Parties to a conflict, acting in agreement or alone, in accordance with procedures to be recommended by the International Civil Aviation Organization.

2. Protected medical transports may, for their identification and location, use standard aeronautical radar transponders and/or maritime search and rescue radar transponders. It should be possible for protected medical transports to be identified by other vessels or aircraft equipped with secondary surveillance radar by means of a code transmitted by a radar transponder, e.g. in mode 3/A, fitted on the medical transports. The code transmitted by the medical transport transponder should be assigned to that transport by the competent authorities and notified to all the Parties to the conflict.

3. It should be possible for medical transports to be identified by submarines by the appropriate underwater acoustic signals transmitted by the medical transports. The underwater acoustic signal shall consist of the call sign (or any other recognized means of identification of medical transport) of the ship preceded by the single group YYY transmitted in morse on an appropriate acoustic frequency, e.g. 5kHz. Parties to a conflict wishing to use the underwater acoustic identification signal described above shall inform the Parties concerned of the signal as soon as possible, and shall, when notifying the use of their hospital ships, confirm the frequency to be employed.

4. Parties to a conflict may, by special agreement between them, establish for their use a similar electronic system for the identification of medical vehicles, and medical ships and craft.

CHAPTER IV Communications

Article 10 — Radiocommunications

1. The urgency signal and the distinctive signal provided for in Article 8 may precede appropriate radiocommunications by medical units and transports in the application of the procedures carried out under Articles 22, 23 and 25 to 31 of the Protocol.

2. The medical transports referred to in Articles 40 (Section II, No. 3209) and N 40 (Section III, No. 3214) of the ITU Radio Regulations may also transmit their communications by satellite systems, in accordance with the provisions of Articles 37, N 37 and 59 of the ITU Radio Regulations for the Mobile-Satellite Services.

Article 11 — Use of international codes

Medical units and transports may also use the codes and signals laid down by the International Telecommunication Union, the International Civil Aviation Organization and the International Maritime Organization. These codes and signals shall be used in accordance with the standards, practices and procedures established by these Organizations.

Article 12 — Other means of communication

When two-way radiocommunication is not possible, the signals provided for in the International Code of Signals adopted by the International Maritime Organization or in the appropriate Annex to the Chicago Convention on International Civil Aviation of 7 December

1944, as amended from time to time, may be used.

Article 13 — Flight plans

The agreements and notifications relating to flight plans provided for in Article 29 of the Protocol shall as far as possible be formulated in accordance with procedures laid down by the International Civil Aviation Organization.

Article 14 — Signals and procedures for the interception of medical aircraft

If an intercepting aircraft is used to verify the identity of a medical aircraft in flight or to require it to land in accordance with Articles 30 and 31 of the Protocol, the standard visual and radio interception procedures prescribed by Annex 2 to the Chicago Convention on International Civil Aviation of 7 December 1944, as amended from time to time, should be used by the intercepting and the medical aircraft.

CHAPTER V Civil defence

Article 15 — Identity card

1. The identity card of the civil defence personnel provided for in Article 66, paragraph 3, of the Protocol is governed by the relevant provisions of Article 2 of these Regulations.
2. The identity card for civil defence personnel may follow the model shown in Figure 3.
3. If civil defence personnel are permitted to carry light individual weapons, an entry to that effect should be made on the card mentioned.

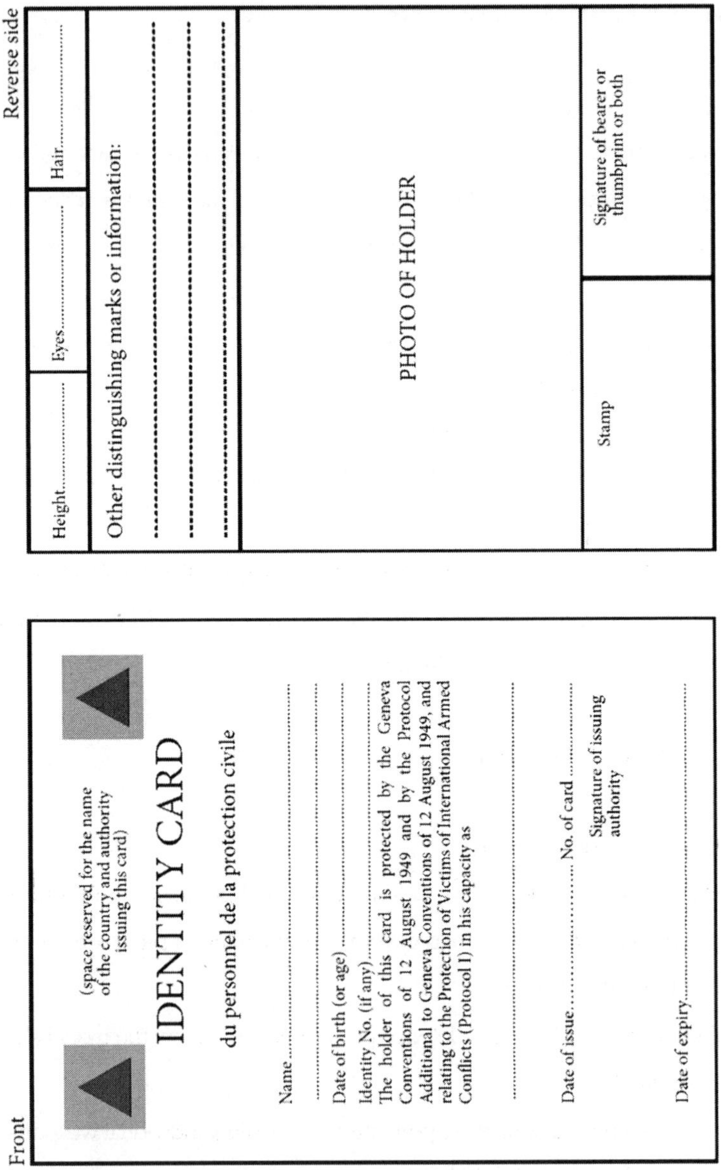

Reverse side

Height............... Eyes............... Hair...............

Other distinguishing marks or information:

PHOTO OF HOLDER

Stamp

Signature of bearer or
thumbprint or both

Front

(space reserved for the name
of the country and authority
issuing this card)

IDENTITY CARD

du personnel de la protection civile

Name...

Date of birth (or age)...............................

Identity No. (if any)..................................
The holder of this card is protected by the Geneva
Conventions of 12 August 1949 and by the Protocol
Additional to Geneva Conventions of 12 August 1949, and
relating to the Protection of Victims of International Armed
Conflicts (Protocol I) in his capacity as

....

Date of issue.............. No. of card..............

Signature of issuing
authority

Date of expiry..............

Fig. 3: Model of identity card for civil defence personnel
(format: 74 mm x 105 mm)

Article 16 — International distinctive sign

1. The international distinctive sign of civil defence provided for in Article 66, paragraph 4, of the Protocol is an equilateral blue triangle on an orange ground. A model is shown in Figure 4:

Fig. 4: Blue triangle on an orange ground

2. It is recommended that:

   a) if the blue triangle is on a flag or armlet or tabard, the ground to the triangle be the orange flag, armlet or tabard;

   b) one of the angles of the triangle be pointed vertically upwards;

   c) no angle of the triangle touch the edge of the orange ground.

3. The international distinctive sign shall be as large as appropriate under the circumstances. The distinctive sign shall, whenever possible, be displayed on flat surfaces or on flags visible from as many directions and from as far away as possible. Subject to the instructions of the competent authority, civil defence personnel shall, as far as possible, wear headgear and clothing bearing the international distinctive sign. At night or when visibility is reduced, the sign may be lighted or illuminated; it may also be made of materials rendering it recognizable by technical means of detection.

CHAPTER VI Works and installations containing dangerous forces

Article 17 — International special sign

1. The international special sign for works and installations containing dangerous forces, as provided for in Article 56, paragraph 7, of the Protocol, shall be a group of three bright orange circles of equal size, placed on the same axis, the distance between each circle being one radius, in accordance with Figure 5 illustrated below.

2. The sign shall be as large as appropriate under the ircumstances. When displayed over an extended surface it may be repeated as often as appropriate under the circumstances. It shall, whenever possible, be displayed on flat surfaces or on flags so as to be visible from as many directions and from as far away as possible.

3. On a flag, the distance between the outer limits of the sign and the adjacent sides of the flag shall be one radius of a circle. The flag shall be rectangular and shall have a white ground.

4. At night or when visibility is reduced, the sign may be lighted or illuminated. It may also be made of materials rendering it recognizable by technical means of detection.

Fig. 5: International special sign for works and installations containing dangerous forces

ANNEX II

IDENTITY CARD FOR JOURNALISTS

ON DANGEROUS PROFESSIONAL MISSIONS Front

(Name of country issuing this card)
(اسم القطر المصدر لهذه البطاقة)
(Nombre del país que expide esta tarjeta)
(Nom du pays qui a délivré cette carte)
(Название страны, выдавшей настоящее удостоверение)

IDENTITY CARD FOR JOURNALISTS ON
DANGEROUS PROFESSIONAL MISSIONS

بطاقة الهوية الخاصة بالصحفيين
المكلفين بمهمات مهنية خطرة

TARJETA DE IDENTIDAD DE PERIODISTA EN
MISION PELIGROSA

CARTE D'IDENTITÉ DE JOURNALISTE EN
MISSION PÉRILLEUSE

УДОСТОВЕРЕНИЕ ЖУРНАЛИСТА,
НАХОДЯЩЕГОСЯ В ОПАСНОЙ
КОМАНДИРОВКЕ

NOTICE

This identity card is issued to journalists on dangerous professional missions in areas of armed conflicts. The holder is entitled to be treated as a civilian under the Geneva Conventions of 12 August 1949, and their Additional Protocol I. The card must be carried at all times by the bearer. If he is detained, he shall at once hand it to the Detaining Authorities, to assist in his identification.

تنويه

تصدر هذه البطاقة للصحفيين الذين ينقلون بمهمات خطرة في مناطق المنازعات المسلحة. ويحق لحاملها أن يعامل معاملة المدنيين وفقا لاتفاقيات جنيف المؤرخة في 12 آب/أغسطس 1949 ولبروتوكولها الإضافي الأول. ويجب حمل البطاقة في كل الأوقات. وفي حالة اعتقال الحامل فعليه أن يسلمها فورا إلى السلطات الحاجزة لكي تساعد على تحقيق هويته.

NOTA

La presente tarjeta de identidad se expide a los periodistas en misión profesional peligrosa en zonas de conflictos armados. Su titular tiene derecho a ser tratado como persona civil conforme a los Convenios de Ginebra del 12 de agosto de 1949 y su Protocolo adicional I. El titular debe llevar la tarjeta consigo, en todo momento. En caso de ser detenido, la entregará inmediatamente a las autoridades que lo detengan a fin de facilitar su identificación.

AVIS

La présente carte d'identité est délivrée aux journalistes en mission professionnelle périlleuse dans des zones de conflit armé. Le porteur a le droit d'être traité comme une personne civile aux termes des Conventions de Genève du 12 août 1949 et de leur Protocole additionnel I. La carte doit être portée en tout temps par son titulaire. Si celui-ci est arrêté, il la remettra immédiatement aux autorités qui le détiennent afin qu'elles puissent l'identifier.

ПРИМЕЧАНИЕ

Настоящее удостоверение выдается журналистам, находящимся в опасных профессиональных командировках в районах вооруженных конфликтов. Его обладатель имеет право на обращение с ним как с гражданским лицом в соответствии с Женевскими Конвенциями от 12 августа 1949 г. и Дополнительным Протоколом I к ним. Владелец настоящего удостоверения должен постоянно иметь его при себе. В случае задержания он немедленно вручает его задержавшим властям для содействия установлению его личности.

Reverse side

Issued by (competent authority)
Expedida por (autoridad competente)
Delivré par (autorité compétente)
Выдано (компетентными властями)

Photograph
of bearer
Fotografía
del titular
Photographie
du porteur
фотография
предъявителя

	Place
	Lugar
	Lieu
	Место
	Date
	Fecha
	Date
	Дата

(Official seal imprint)
(Sello oficial)
(Timbre de l'autorité délivrant la carte)
(Отпечаток печати)

(Signature of bearer)
(Firma del titular)
(Signature du porteur)
(Подпись владельца)

Name
Apellidos
Nom
Фамилия
First names
Имена
Profession
Hora. Ocmeccmo
Place & date of birth
Lugar y fecha de nacimiento
Lieu & date de naissance
Дата и место рождения
Correspondent of
Corresponsal de
Correspondant de
Корреспондент
Specific occupation
Categoría professional
Catégorie professionnelle
Poca занятия
Valid for
Válida por
Durée de validité
Действительно

Height
Estatura
Taille
Рост

Weight
Peso
Poids
Вес

Blood type
Grupo sanguíneo
Groupe sanguin
Группа крови

Religion (optional)
Religión (opcional)
Religion (facultatif)
Религия (факультативно)

Fingerprints (optional)
Huellas dactilares (optativo)
Empreintes digitales (facultatif)
Отпечатки пальцев (факультативно)

(Left forefinger)
(Dedo índice izquierdo)
(Index gauche)
(Левый указательный палец)

Special marks of identification
Señas particulares
Signes particuliers
Особые приметы

Eyes
Ojos
Yeux
Глаза

Hair
Cabello
Cheveux
Волосы

Rh factor
Factor Rh
Facteur Rh
Rh-фактор

(Right forefinger)
(Dedo índice derecho)
(Index droit)
(Правый указательный палец)

찾아보기

일반사항

판례

저 자 약 력

김 명 기

배재고등학교 졸업
서울대학교 법과대학 졸업
육군보병학교 졸업(갑종간부 제149기)
단국대학교 대학원 졸업(법학박사)
영국 옥스퍼드대학교 연구교수
미국 캘리포니아대학교 객원교수
중국 길림대학교 객원교수
대한국제법학회 회장
세계국제법협회 한국본부 회장
화랑교수회 회장(제5대)
행정고시·외무고시·사법시험 위원
외무부·국방부·통일원 정책자문위원
주월한국군사령부 대외정책관
명지대학교 법정대학장·대학원장
육군사관학교 교수(육군대령)
강원대학교 교수
천안대학교 석좌교수
대한적십자사 인도법 자문위원장
영남대학교 독도연구소 공동연구원

현) 독도조사연구학회 명예회장
　　명지대학교 명예교수

훈상
황조근정훈장
월남시민훈장
인도장
현민국제법학술상
동산국제법학술상
국제법학회공로상
명지학술대상
독도 학술최고상

이 태 우

영남대학교 대학원 졸업(철학박사)
영남대학교 인문과학연구소 연구교수
대구가톨릭대학교 학술연구교수
한국근대사상연구단 연구교수
20세기 민중생활사연구단 연구교수

현) 영남대학교 독도연구소 연구교수
　　영남대학교 철학과 외래교수
　　범부연구회 부회장

김 도 은

대구가톨릭대학교 문과대학 졸업
계명대학교 대학원 졸업(석사)
일본 벳푸대학 대학원 졸업(문학박사)
수성대학교 겸임교수
계명대학교 외래교수
대구가톨릭대학교 강의전담교수
영남대학교 외래교수
영남대학교 인문과학연구소 연구원
영남대학교 독도연구소 연구원

현) 한국해양과학기술원 동해연구소 독도전문연구센터
　　연수연구원(선임급)
　　독도조사연구학회 출판이사
　　한국일본문화학회 일반이사

영남대학교 독도연구소 독도연구총서 30

독도의 역사적 권원의 대체에 관한
역사 · 국제법 융복합 연구

초판1쇄 인쇄 2023년 12월 10일
초판1쇄 발행 2023년 12월 20일

저　자 김명기 · 이태우 · 김도은

발행인 윤석현
발행처 박문사
등　록 제2009-11호
전　화 (02)992－3253(대)
전　송 (02)991－1285
주　소 서울시 도봉구 우이천로 353

책임편집 최인노
전자우편 bakmunsa@daum.net

ⓒ 영남대학교 독도연구소 2023 Printed in KOREA

ISBN　979-11-92365-50-3　93340　　　　　　　**정가** 40,000원